JUAN MANUEL STUDIES

JUAN MANUEL STUDIES

edited by

IAN MACPHERSON

TAMESIS BOOKS LIMITED

LONDON

Colección Támesis
SERIE A - MONOGRAFIAS, LX

ISBN: 0 7293 0024 2

Depósito legal: M. 17457.—1977

Printed in Spain by SELECCIONES GRÁFICAS
Paseo de la Dirección, 52 - Madrid-29

for
TAMESIS BOOKS LIMITED
LONDON

TABLE OF CONTENTS

EDITOR'S FOREWORD

It would be an over-simplification to trace back to one point in time the revival of interest in Don Juan Manuel of Castile which has been evident among literary critics and historians in recent years. Yet there can be little doubt as to the influence exerted on Manueline scholarship by the late María Rosa Lida de Malkiel, whose 'Tres notas sobre don Juan Manuel' were first published in Romance Philology, *IV (1950-1), 155-94. In this article, María Rosa Lida directed scholarly attention to the Castilian nobleman's relationship with the Dominican order and the teaching of St Thomas Aquinas, to his concern as a Christian nobleman with the search for salvation from within his noble estate, to his sympathy for Arabic life and letters, to his literary skills in handling both popular and learned source-material. These three notes produced some directly measurable results, in that they opened up lines of enquiry which have since been profitably explored by other scholars; the stimulus which they provided will be detectable, some twenty-five years later, in the content of this volume.*

The indirect results of this pioneering article are also worthy of comment. María Rosa Lida de Malkiel, although she could not bring herself to warm to the personality of the historical Juan Manuel, did draw attention to Don Juan both as a thinker and as a literary innovator; his surviving works, much underestimated and unavailable in textually reliable editions until half-way through this century, began to attract the attention of modern editors. Within the past quarter-century new editions of Don Juan's major works have been produced in Spain, the United States and Great Britain; only his Libro de la caza *now has to be consulted in a nineteenth-century edition; at present José Manuel Blecua is preparing a long-awaited edition of the complete works.*

The present volume of critical studies has to a very considerable extent grown out of this revival of interest in the Castilian nobleman. The articles which make up this collection have been specially commissioned by the editor, but are not in any sense the product of a 'school' of Manueline studies; rather, they illustrate the wide range and diversity of approach which has characterized recent Manueline scholarship. The aim of this collection is quite simply to bring together, with the minimum of editorial interference, the work of ten scholars who have something to say about Juan Manuel.

Don Juan was very much aware of his special position in fourteenth-century Spanish society as both a man of the world and a man of letters,

*and particularly sensitive to the problems posed him by the situation. In
'Las tensiones sociales en Castilla en tiempos de don Juan Manuel', the
historian Julio Valdeón Baruque examines the political and social back-
ground against which Don Juan was writing, and draws particular attention to the increasing political awareness of the Third Estate. R. B. Tate
turns to a more specialized and hitherto surprisingly neglected topic, reviewing the vicissitudes in the personal relationships between the Castilian nobleman and his young and dynamic brother-in-law: in 'The Infante
Don Juan of Aragon and Don Juan Manuel' Tate highlights the effect
which the exchanges between the two men may have had on the genesis
and content of the* Libro del cavallero et del escudero *and on both books
of the* Libro de los estados. *A major contribution towards the establish-
ment of a literary context for Don Juan's writings is made by Diego Catalán, who in 'Don Juan Manuel ante el modelo alfonsí —el testimonio
de la* Crónica abreviada' *directs attention to the much misunderstood* Crónica abreviada, *and to its position in the early development of Don Juan's
literary procedures and skills.*

*Five contributors turn their attention specifically to Don Juan's best-
known work. David Flory's 'A Suggested Emendation of* El Conde Lucanor, *Parts I and III' provides a further reminder of the need for a truly
critical edition of* El Conde Lucanor, *and Flory offers detailed suggestions
as to how Part III in particular might appear in such an edition. Celia
Wallhead Munuera, who considers 'Three Tales from* El Conde Lucanor
*and their Arabic Counterparts', illustrates in what ways Don Juan, while
remaining faithful to his source-material, was nevertheless able to impose
his personal stamp upon it. In '¿Et non el día del lodo?: the Structure
of the Short Story in* El Conde Lucanor', *John England offers a perceptive
analysis of one kind of symmetrical narrative structure which typifies a
high proportion of tales in the work; England shows how special the technique is to Juan Manuel, and adds to the now considerable body of evidence that Don Juan regularly drew inspiration for his* exempla *from oral
rather than written source-material. Harlan Sturm, in 'El Conde Lucanor:
the Search for the Individual', explores Juan Manuel's concern with the
inner nature of the individual as illustrated by three key* exempla *of* El
Conde Lucanor, *drawing attention to the way in which an understanding
of the work must be reached through the form and structure of the narrative as well as through the moral counselling of Patronio.*

*Germán Orduna, Kenneth R. Scholberg and Peter N. Dunn complete
the collection by taking a wider view of the works of Don Juan. Orduna,
in 'El* exemplo *en la obra literaria de don Juan Manuel', traces through
the early works the ways in which Juan Manuel made use of traditional
illustrative devices to highlight his didactic purpose, and shows how Don
Juan formulates a technique which has its culmination in the fifty-one
exemplary tales of* El Conde Lucanor. *Scholberg, by examining 'Figurative
Language in Juan Manuel', is able to demonstrate in detail how Don Juan
employs simile and metaphor throughout his work to clarify and explain
rather than merely decorate. Dunn's 'The Structures of Didacticism: Private Myths and Public Fictions' is an ambitious and wide-ranging essay*

which casts much new light on Don Juan's personal concerns and literary procedures.

The essays collected in this volume serve to demonstrate the complexity of the man and the period; they illustrate present literary concerns and also, it is to be hoped, point the way to the future. Much investigatory work remains to be done on Juan Manuel. We still await a standard edition of his works, and a truly critical edition of El Conde Lucanor *which takes into account all the surviving manuscripts; we cannot yet be sure that we fully understand the mind of Don Juan, nor that we have a firm grasp of his literary concerns and techniques in relation to their times. The studies which follow in no sense claim to present a rounded picture of Juan Manuel or of his work. It is to be hoped, however, that they will come to be considered a useful further step towards a fuller comprehension of one of the most able and intriguing men of letters in fourteenth-century Spain.*

Ian Macpherson

Durham.

NOTE

In the preparation of this volume, which involved the cooperation of scholars working thousands of miles apart, on both sides of the Atlantic, it was clearly desirable that an effort should be made to standardize references as far as possible. Such standardization, in the case of the works of Juan Manuel, presented problems. Don Juan's works survive largely in a single manuscript —MS. 6376 (formerly S.34) of the Biblioteca Nacional in Madrid— which, with the exception of *El libro de la caza,* has been edited only once as a whole, by Don Pascual de Gayangos in the collection Biblioteca de Autores Españoles in 1860. Gayangos's transcription, largely entrusted to amanuenses, is not reliable, and there was no question of using his text for quotations reproduced here. During this century most of Don Juan's works have been re-edited according to more rigorous criteria than were in vogue in Gayangos's time; contributors to *Don Juan Manuel Studies* have agreed to use the same modern edition for each Manueline text quoted in this volume, with a standard abbreviation throughout, and a list of the editions and abbreviations used follows this note. In the interests of consistency of presentation, orthography and word-division have been brought into line editorially with modern typographical conventions (use of accents, regularized word-spacing, vocalic and consonantal use of *i* and *j, u* and *v*); the text, however, is always that of BN MS. 6376. For works of other authors no regularization has been attempted.

References to journals and collections are abbreviated and standardized throughout, while more detailed bibliographical references are given in footnotes as appropriate. A complete list of works referred to by contributors would serve little purpose, but although no attempt has been made to compile such a list, authors, critics, and works substantially referred to in the main text, are included in the Index. Daniel Devoto's *Introducción al estudio de Don Juan Manuel y en particular de 'El Conde Lucanor': una bibliografía* (Madrid, Castalia, 1972) has now become an indispensable research tool for scholars working on Juan Manuel, and the publication of this volume offers an excellent opportunity to bring Devoto's bibliography up to date at the time of going to press, and also to repair a few omissions. Consequently we include a Bibliographical Appendix on pp. 193-6, trusting that it will prove a useful supplement to Devoto.

The editor would like to express his personal thanks, and the gratitude of contributors, to those who have helped in the preparation of this volume, in particular to Professor R. B. Tate of the University of Nottingham, to Professor A. D. Deyermond, of Westfield College in the University of London, and to Professor D. W. Lomax, of the University of Birmingham, all of whom gave generously of their time and skill in the reading of early versions, and without whose constructive comments and suggestions this volume would in many respects have been the poorer. A special word of thanks is also due to the General Editor of Tamesis Books, Professor J. E. Varey, who was present at the genesis of the book in a Madrid café, and without whose subsequent encouragement, energy and determination to overcome the daunting problems involved in financing this collection of scholarly essays in times of soaring publishing costs, *Don Juan Manuel Studies* would not have been possible.

ABBREVIATIONS

1. JOURNALS AND COLLECTIONS

AEM	*Anuario de Estudios Medievales*
AO	*Archivum* (Oviedo)
AST	*Analecta Sacra Tarraconensia*
BAE	Biblioteca de Autores Españoles
BH	*Bulletin Hispanique*
BHS	*Bulletin of Hispanic Studies*
BRAE	*Boletín de la Real Academia Española*
BRAH	*Boletín de la Real Academia de la Historia*
CHE	*Cuadernos de Historia de España*
CL	*Comparative Literature*
DA	*Dissertation Abstracts*
DAI	*Dissertation Abstracts International*
FiR	*Filologia Romanza*
HBalt	*Hispania* (U.S.A.)
His	*Hispania* (Madrid)
Hisp	*Hispanófila*
HR	*Hispanic Review*
KRQ	*Kentucky Romance Quarterly*
LR	*Les Lettres Romanes*
MLN	*Modern Language Notes*
PMLA	*Publications of the Modern Language Association of America*
RABM	*Revista de Archivos, Bibliotecas y Museos*
RF	*Romanische Forschungen*
RFE	*Revista de Filología Española*
RLit	*Revista de Literatura*
RPh	*Romance Philology*
RyF	*Razón y Fe*
SN	*Studia Neophilologica*
SP	*Studies in Philology*
ZRP	*Zeitschrift für Romanische Philologie*

2. OTHER WORKS

Abreviada	Juan Manuel, *Crónica abreviada,* ed. R. L. Grismer and M. B. Grismer (Minneapolis, 1958)
Armas	Juan Manuel, *Libro de las armas,* in *Obras de don Juan*

	Manuel, I, ed. José María Castro y Calvo and Martín de Riquer (Barcelona, 1955), pp. 74-92
Asunción	Juan Manuel, *Libro infinido y Tractado de la asunción*, ed. José Manuel Blecua (Granada, 1952), pp. 89-102
Cavallero	Juan Manuel, *Libro del cavallero et del escudero*, in *Obras de don Juan Manuel*, I, ed. José María Castro y Calvo and Martín de Riquer (Barcelona, 1955), pp. 8-72
Caza	Juan Manuel, *Libro de la caza*, ed. G. Baist (Halle, 1880)
Conplida	Juan Manuel, *La crónica conplida*. Nach der Handschrift neu herausgegeben von G. Baist, *RF*, VII (1893), 551-6
Estados	Juan Manuel, *Libro de los estados*, ed. R. B. Tate and I. R. Macpherson (Oxford, Clarendon, 1974)
Gen. est.	Alfonso el Sabio, *General estoria*, 1.ª parte, ed. A. G. Solalinde (Madrid, 1930); 2.ª parte, ed. A. G. Solalinde, L. A. Kasten and V. R. B. Oelschläger (Madrid, 1957-61)
Infinido	Juan Manuel, *Libro infinido y Tractado de la asunción*, ed. José Manuel Blecua (Granada, 1952), pp. 1-87
Lucanor	Juan Manuel, *El Conde Lucanor*, ed. José Manuel Blecua (Madrid, 1969; 2nd ed. 1971)
Partidas	Alfonso el Sabio, *Las siete partidas*, 3 vols. (Madrid, 1807)
PCG	Alfonso el Sabio, *Primera crónica general*, 2nd ed., ed. R. Menéndez Pidal (Madrid, 1955)
Prólogo	Juan Manuel, *Prólogo a sus obras*, in *Obras de don Juan Manuel*, I, ed. José María Castro y Calvo and Martín de Riquer (Barcelona, 1955), pp. 3-5

DIEGO CATALÁN

Don Juan Manuel ante el modelo alfonsí:
El testimonio de la *Crónica abreviada*

1. CUATRO SIGLOS DE ERUDICIÓN Y DE OLVIDO

Hace cuatrocientos años que la extraña curiosidad de Argote de Molina por la historia y la literatura medievales puso en manos de la erudición una noticia bien interesante: don Juan Manuel fue autor de una historia de España.[1]

La noticia procedía de la lista de obras que figura al frente del Prólogo de *El conde Lucanor,* donde se lee: 'Et los libros que fizo son estos que el a fecho fasta aqui: la *Cronica abreuiada...*' etc. Contando con este solo dato, los eruditos se dedicaron, durante siglos, a barajar conjeturas, desde Ambrosio de Morales,[2] hasta de Puymaigre,[3] que quiso reducirla al *Chronicon Domini Johannis Emmanuelis* dado a conocer por el p. Flórez.[4] Sin embargo, el verdadero carácter de la *Crónica abreviada* constaba ya desde fines del s. XVII, en que Nicolás Antonio lo vio, primero en la biblioteca de Cristóbal de Zambrana y luego en la del m. de Mondéjar, y lo describió sumariamente en su *Bibliotheca hispana vetus* (Roma, 1672-96);[5] a su vez, Mondéjar hizo constar (h. 1704) que poseía 'un manuscrito antiguo mui autorizado' del epítome y citó algunos fragmentos de su Prólogo.[6]

---

[1] EL CONDE LUCANOR. / *Compuesto por el excelentissimo principe don Iuan Manuel...* / Dirigido / Por Gonçalo de Argote y de Molina, al muy Illustre señor / DON PEDRO MANVEL... (Sevilla, 1575). Bibl. Nacional, Madrid, R-10647. También cita la Crónica de don Juan Manuel en *Nobleza de Andaluzia* (Sevilla, 1588).

[2] *Coronica general de España* (Alcalá, 1578), Lib. XIII, caps. IV y XXVIII.

[3] Comte de Puymaigre, *Les vieux auteurs castillans,* nouvelle éd. (Paris, 1890), páginas 184-5. Aún más desorientadora es la noticia de A. de Puibusque, *Le Comte Lucanor* (Paris, 1854), pp. 106-7, n. 1, quien creyó que el *Cronicon* era 'le résumé de don Juan Manuel, traduit en latin par Florez'.

[4] H. Flórez, *España sagrada,* II (Madrid, 1747), pp. 207-16. Hay otras eds. del *Chronicon*: A. Benavides, *Memorias de Don Fernando IV,* I (Madrid, 1860), pp. 675-9; G. Baist, *RF,* VII (1893), 551-6.

[5] En el t. II, Lib. IX, c. VI.

[6] *Memorias historicas del Rei D. Alonso el Sabio...* obra postuma de D. Gaspar Ibañez de Segovia, Peralta i Mendoza... ed. F. Cerdá (Madrid, 1777). El marqués murió en 1708; la obra parece ser de 1704.

2

Modernamente, el descubrimiento del 'manuscrito de Madrid',[7] con lo que pudiéramos llamar 'Obras completas' de don Juan Manuel (por desgracia, incompletas), vino a complicar las cosas, pues el *Prólogo general* que las encabeza incluye una nueva lista de obras, según la cual don Juan Manuel resulta ser autor, no de una crónica, sino de dos: '... et el otro de la *Cronica abreuiada,* et el otro de la *Cronica conplida'.*

Ticknor, que fue el primero en confrontar las dos listas, notó ya que ambas coincidían en nombrar 'la Crónica de España compendiada de la General que mandó escribir su tío D. Alfonso el Sabio'; pero, al ignorar el paradero del manuscrito que 'existia aun á mediados del s. XVIII [*sic*] en manos del marqués de Mondéjar', consideró perdida la obra y se extravió en sus juicios sobre el posible contenido del compendio.[8] Fueron los traductores de Ticknor, especialmente Gayangos, quienes aportaron, por fin (1851), la noticia de que el sumario de don Juan Manuel se conservaba en el ms. F-81 (hoy 1356) de la Biblioteca Nacional de Madrid.[9]

El descubrimiento de la *Crónica abreviada* fue, indudablemente, una gran decepción, incluso para Gayangos, pues la obra no pasaba de ser un incoloro índice de la *Crónica general* de Alfonso X.[10] Pero ya Amador de los Ríos se encargó de matizar esta valoración negativa, haciendo notar (1863) que ese 'índice razonado de la *Estoria de Espanna* del rey don Alfonso' era, a pesar de todo, una obra personal de don Juan Manuel perteneciente 'a la primera edad de su vida literaria', y destacando el interés del sumario para el conocimiento de la *Estoria* alfonsí y para la apreciación de Alfonso X como literato.[11] A fines del siglo, R. Menéndez Pidal, con ocasión de su magno esfuerzo por ordenar el caos que hasta entonces formaban los manuscritos de las varias crónicas generales

[7] Ms. S: 6376 (ant. S-34), Bibl. Nacional (2ª mitad s. XV).

[8] George Ticknor, *History of Spanish Literature,* 3 vols. (London, 1849), quien sólo conoció una copia incompleta (cfr. pp. 62-4 y n. 28 del c. IV) del ms. S (como el ms. 1497 de la Bibl. de Cataluña). Comparó (n. 22 del c. IV, p. 59) la lista del *Prólogo general* con la de la ed. Argote de *El Lucanor* (las dos historias son designadas: 'Chronicle of Spain' y 'La Cumplida'). La alusión a Mondéjar, retrasando su vida medio siglo, figura en las pp. 59-60. En la n. 23 del c. VIII, p. 153, supuso, gratuitamente, que la *Crónica particular del Cid* pudo estar basada en la *Crónica abreviada.* Cito las frases por la versión española de 1851.

[9] *Historia de la literatura española* por G. Ticknor, trad. por P. de Gayangos y E. de Vedia, I (Madrid, 1851), 'Adiciones y notas', pp. 516-7. Véase también la introducción de Gayangos a *Escritores en prosa anteriores al s. XV,* BAE, LI (Madrid, 1860), p. XXI, donde copia un fragmento del prólogo. Sin embargo, el propio Gayangos contribuyó a la confusión general, al proponer, como hipótesis preferente, la identificación del ms. 1356 con 'La Cumplida' y del *Chronicon* latino con 'La Abreviada'; aunque también admitió la posibilidad contraria, e incluso el que 'La Cumplida' fuese una 'Cronica castellana mas perfecta ó cumplida, que no ha llegado hasta nosotros'.

[10] En *Escritores en prosa* afirma tajantemente: 'No es más que la *Crónica general de don Alfonso,* en compendio. No es obra de don Juan, sino de alguno de sus servidores á quien él se la encargó'.

[11] *Historia crítica de la literatura española,* IV (Madrid, 1863), pp. 290-2; 237; 291-2; III, pp. 568 y 574-5, respectivamente. Se desorientó, sin embargo, al creer que la *Crónica cumplida* podía identificarse con la *Crónica de 1344.*

de España (1896), subrayó lo muy atentamente que don Juan 'leyó' la compilación histórica del rey su tío, y en vista de esa atención y de la personalidad del 'lector', tuvo por indudable que la *Crónica abreviada* debía considerarse testimonio de excepción al intentar identificar el verdadero texto de la *Estoria de España*.[12] No es, pues, de extrañar que hasta se propusiera editarla;[13] pero la perfecta concordancia del resumen manuelino con la *Primera crónica general* en las secciones estudiadas le hizo posponer la empresa una vez que dio cima a la edición completa (1906) de esta extensísima obra.

La aparente irrelevancia de la *Crónica abreviada* para la historia de la literatura y aún para la historia de la historiografía acabó por condenarla al olvido, hasta tal punto que en 1932, cuando A. Giménez Soler renovó documentalmente la biografía de don Juan Manuel, cayó en el error de creerla desconocida y llegó a escribir sobre ella unas páginas en que se amontonan las confusiones.[14] Así se explica que, recientemente (1969), José M. Blecua haya podido afirmar que Benito Sánchez Alonso, en su *Historia de la historiografía española,* I (Madrid, 1941) 'fue el primero en indicar que esta crónica se conserva en el manuscrito 1356 de la Biblioteca Nacional de Madrid, y que no es más que un resumen, capítulo por capítulo, de la *Crónica general'*.[15]

Esta pequeña historia, que acabo de esbozar, de cuatro siglos de erudición en torno a la *Crónica abreviada,* es tan deprimente que me ha parecido imposible el no aceptar la invitación a pergeñar un estudio de conjunto sobre esta olvidada obra de don Juan Manuel.

Mis observaciones tienen su punto de partida en la renovación de la historiografía romance de los siglos XIII y XIV iniciada, a mediados del presente, por Luis F. Lindley Cintra con la publicación del volumen introductorio (1951) de su edición de la *Crónica de 1344.* Aunque Cintra

---

[12] *La leyenda de los Infantes de Lara* (Madrid, 1896), pp. 52-4 (describe el ms. en pp. 393-4). Puede acudirse a la reedición de 1971 ('Obras completas', I), que reproduce fotográficamente el texto de 1896 y añade una 'Tercera parte'.

[13] *Primera crónica general. Estoria de España* que mandó componer Alfonso el Sabio..., I: Texto (Madrid, 1906). En el prólogo anunciaba un tomo II (que nunca se publicaría), en el cual 'Por apéndice irá la *Crónica Abreviada* de don Juan Manuel'.

[14] *Don Juan Manuel. Biogafía y estudio crítico* (Zaragoza, 1932), pp. 150 (lista de obras de los dos Prólogos, el *general* y el del *Lucanor;* por una errata evidente, desaparece en la primera frase 'et el otro de la cronica abreuiada', aunque después se alude a que en esa lista la *CA* 'es el sexto' libro); 152-4 (discusión sobre si la *CA* 'se ha perdido o existe'; toda ella gira alrededor de si el *Chronicon* latino puede o no identificarse con una de las dos crónicas; Giménez Soler se inclina, acertadamente, por una respuesta doblemente negativa); 172-3 y 176 (tras afirmar, respecto a la *CA,* que 'la erudición ha de resignarse a dar por perdida esta obra, por lo menos ignorada hasta hoy', discurre acerca de su fecha y acaba proponiendo la de 'después de 1337'); 206-9 (después de comentar que las dos crónicas 'son de los libros perdidos... aquellos cuya pérdida más debe lamentar la posteridad, por el valor literario y el histórico que debían reunir', pasa a reunir razones para creer que esas crónicas debían ser una continuación de la *Estoria de España* de Alfonso X).

[15] *Lucanor,* p. 21.

apenas se refiere a la *Crónica abreviada,* sus observaciones bastaron para poner de manifiesto que la versión de la Crónica general resumida por don Juan Manuel estaba lejos de ser un fiel trasunto de la *Primera crónica.*[16] De ahí que Menéndez Pidal, al revisar sus ideas sobre las Crónicas generales (en vista de los hallazgos de Cintra), prestase ya especial atención (1955) a la **Crónica manuelina,* esto es a la Crónica general desconocida que poseyó don Juan Manuel y para cuyo manejo redactó el sumario-índice que es su *Crónica abreviada.*[17] Por mi parte, nunca he olvidado en mis estudios sobre la historiografía medieval el testimonio manuelino.[18]

Quiero advertir que buena parte de las observaciones aquí reunidas han sido anticipadas en el texto o notas de otros trabajos míos; pero serán pocos los lectores que me conozcan tan a fondo como para haberlas agrupado en un esquema como el que aquí presento. Otra aclaración previa: a menudo cito directamente el ms. 1356, donde se conserva la *Crónica abreviada*; sin embargo, no debe olvidarse que la obra se puede hoy consultar a través de la edición de R. L. y M. B. Grismer (1958).[19]

En fin, para comodidad del lector, incluyo a continuación una clave simplificada de las siglas que empleo para nombrar a los manuscritos de las varias Crónicas generales. Quien desee más detalles sobre ellos, deberá acudir a las publicaciones que cito en la n. 18. Para las divisiones de la historia en 'antigua', 'media' y 'moderna', véase la explicación de la n. 44.

---

[16] Al estudiar la *Crónica ocampiana* y su fecha de composición, advierte: 'Noutra ocasião tratarei detidamente do principal argumento em que me apoio para o fazer: devo-o a análise da *Crónica abreviada* de D. Juan Manuel (Bibl. Nacional de Madrid, ms. 1356). Naquela obra do sobrinho de Alfonso X (que morreu em 1348), já se reflecte um texto muito semelhante ao que editou Ocampo' (L. F. Lindley Cintra, *Crónica general de Espanha de 1344,* I, Lisboa, 1951, p. CCCXV, n. 441).

[17] R. Menéndez Pidal, 'Tradicionalidad de las Crónicas Generales de España', *BRAH,* CXXXVI (1955), 131-97. En adelante, 'Tradicionalidad'.

[18] *De Alfonso X al conde de Barcelos* (Madrid, 1962), en adelante, *De Alfonso X*; 'Crónicas generales y Cantares de gesta: El *Mio Cid* de Alfonso X y el del pseudo ben-Alfaraŷ, HR, XXXI (1963), 195-215 y 291-306, en adelante 'El *Mio Cid* de Alf. X'; 'El taller historiográfico alfonsí. Métodos y problemas en el trabajo compilatorio', *Romania,* LXXXIV (1963), 354-75, en adelante 'El taller alfonsí'; 'La *Estoria de los Reyes del Señorío de Africa* del maestro Gilberto o Sujulberto: Una obra del siglo XIII perdida', *RPh,* XVII (1963-4), 346-53, en adelante 'Reyes de Africa de Gilberto'; 'El *Toledano romanzado* y las *Estorias del fecho de los godos* del siglo XV', *Estudios dedicados a James Homer Herriott* ([Madison], 1966), pp. 9-102, en adelante 'Toledano romanzado'; 'Poesía y novela en la historiografía castellana de los siglos XIII y XIV', *Mélanges offerts à Rita Lejeune* (Gembloux, 1969), I, pp. 423-41, en adelante 'Poesía y novela'. Véase también *La tradición manuscrita en la 'Crónica de Alfonso XI'* (Madrid, 1974), en adelante *La tradición manuscrita.* Escrito ya este trabajo, leo el interesante artículo de G. Orduna, 'Los prólogos a la *Crónica abreviada* y al *Libro de la caza:* la tradición alfonsí y la primera época en la obra literaria de don Juan Manuel', *CHE,* LI-LII (1970), 123-44, del que me haré eco en las anotaciones; en adelante 'Los prólogos'.

[19] J. Manuel, *Crónica abreviada.* Ed. with Introduction, Notes and Index Verborum by R. L. Grismer and M. B. Grismer (Minneapolis, 1958).

Estoria de España (historia 'antigua' y 'media').

B : 2022 Bibl. Universitaria de Salamanca (ant. 2-B-2 Bibl. de Palacio, Madrid), s. xv.
C : 12837 (ant. Cc-36) Bibl. Nacional, Madrid, s. xiv.
E₁ : Y-I-2 Bibl. del Escorial, s. xiii.
E₂ : X-I-4 Bibl. del Escorial, 'manos' 1, 3 y 5, s. xiii, 'manos' 2, 4 y 6, s. xiv.
ε : ms. E₁ y 'mano' 1 de E₂, antes de ser desmembrado.
Ɛε : base antigua del ms. E₂, esto es, 'manos' 3 y 5.
G : X-I-11 Bibl. del Escorial, s. xv.
I : 10134bis (ant. Ii-sin número, R-234 y Vit. 2-3) Bibl. Nacional, Madrid, s. xv.
J : 1347 (ant. F-42) Bibl. Nacional, Madrid, s. xv.
N : 2063 (ant. 2-N-1) Bibl. de Palacio, Madrid, s. xiv-xv.
Nn : 1264 (ant. 2-J-3) Bibl. de Palacio, Madrid, s. xvi.
Q : 5795 (ant. Q-66) Bibl. Nacional, Madrid, s. xiv.
Qq : Z-III-3 Bibl. del Escorial, s. xv.
St : Sp 30 Kungliga Bibl., Stockholm, s. xiv.
T : 316 Bibl. Menéndez Pelayo, Santander, s. xiv.
To : 104 Bibl. Pública, Toledo, s. xv.
U : 158 Bibl. de la Universidad Complutense (Fac. de Ciencias Políticas y Económicas), Madrid, s. xv.
V : 1277 (ant. F-85) Bibl. Nacional, Madrid, s. xv.
X : 10213 y 10214 (ant. Ii-113 y 114) Bibl. Nacional, Madrid, s. xv.
Xx : 7583 (ant. T-233) Bibl. Nacional, Madrid, s. xv.
Y : Y-II-11 Bibl. del Escorial, s. xiv.
Z : X-I-7 Bibl. del Escorial, s. xv.

Primera crónica general (historia 'moderna').

Para E₂, Ɛε, I, véase lista anterior.
F : 2628 Bibl. Universitaria, Salamanca (ant. II-429 y 2-E-4 Bibl. de Palacio, Madrid), s. xv.

Arreglo crítico de la Estoria de España (historia 'antigua' y 'media').

L : 1298 (ant. F-88) Bibl. Nacional, Madrid, s. xiv-xv.
*L' : ms. utilizado por la *Estoria del fecho de los godos*.

Crónica fragmentaria o 'Arreglo novelizado de la Estoria de España'.

Ms. Xx desde Pelayo a Alfonso II; mss. B, X, U, V del a. 18 de Alfonso II a Ordoño II.

Crónica particular de San Fernando.

D : 10273 (ant. Ii-120) Bibl. Nacional, Madrid, s. xv.
S : 9233 (ant. Bb-79) Bibl. Nacional, Madrid, s. xv.

Crónica ocampiana (historia 'moderna').

O : *Las quatro partes enteras de la Cronica de España,* ed. Florian d'Ocanpo, Zamora, 1541.
Q' : 1877 (ant. 2-M-5) Bibl. de Palacio, Madrid, s. xv.

Crónica manuelina interpolada (historia 'moderna').

U' : 6441 (ant. S-56) Bibl. Nacional, Madrid, s. xv.

2. EL PRÓLOGO DE LA CRÓNICA ABREVIADA. ANOTACIONES SOBRE EL DESPERTAR DE LA VOCACIÓN LITERARIA DE DON JUAN MANUEL.

La *Crónica abreviada* comienza con la 'tabla', en cuyo título se declara y precisa ya la personalidad política de su autor :

> Esta es la tabla deste libro que don Iohan fijo del muy noble ynffante don Manuel, tutor del muy alto e noble rrey don Alfonso su sobrino, adelantado mayor del rreyno de Murçia, fizo, que es dicho *Sumario de la Cronica de España.*[20]

Sabemos, por tanto, que la obra fue escrita durante aquellos años de la menor edad de Alfonso XI en que don Juan es reconocido (por más o por menos ciudades y comarcas) como tutor del rey. La *Crónica abreviada* resulta ser la primera obra de don Juan Manuel. Esta constatación nos obliga a examinar la circunstancia en que don Juan Manuel decide, por vez primera, 'hacer' un libro.

El 26 de junio de 1319 los infantes don Pedro (hijo de Sancho IV) y don Juan (hijo de Alfonso X), tutores del niño rey Alfonso XI, mueren en la Vega de Granada.[21] Este suceso proyecta a don Juan Manuel, hijo de infante y casado con una infanta,[22] al primer plano político de Castilla; para sus contemporáneos será, en adelante, 'el mayor omne que señor oviesse'. No es joven, tiene ya 37 años y una larga experiencia política. Desde el primer momento, se cree llamado a gobernar el reino, como tutor, hasta que Alfonso XI llegue a su mayor edad. Sin embargo, la 'prudente' (y astuta) reina doña María (abuela y tutora del rey niño) bloquea, con hábiles maniobras, la candidatura de don Juan Manuel y crea un pretendiente ri-

---

[20] En el Prólogo vuelve a titularse 'tutor del muy alto e muy noble señor rrey don Alfonso su sobrino e guarda de los sus rregnos, e fue adelantado mayor del rregno de Murçia'.
[21] He editado los relatos de la *Crónica de Alfonso XI* (1344) y de la *Gran crónica de Alfonso XI* referentes a este suceso en *La tradición manuscrita,* pp. 281-337.
[22] 'Don Johan fijo del infante don Manuel' llegó a ser Príncipe y Duque de Villena, por merced de los reyes de Aragón Alfonso IV y Pedro IV; pero nadie pudo hacerle 'infante' (como modernamente le hacen tantos y tan destacados historiadores), pues no nació, bien a su pesar, hijo de rey.

val en su hijo, el infante don Felipe. Don Juan tendrá que buscar el apoyo del otro don Juan, el hijo del infante don Juan, para compensar su relativa debilidad política en tierras de Castilla y León. Desaparecida la reina del escenario político (30 jun. 1321), el forcejeo continúa, y don Juan Manuel, a pesar de su habilidad y de su firmeza en las negociaciones, ve frustrada su inicial ambición a la tutoría indivisa. En la contienda, que opone a los dos don Juanes contra don Felipe, don Juan Manuel pasa entonces por una experiencia que nunca olvidará: la sorpresa traicionera de Villaóñez, en que estuvo a punto de ser muerto (jun. 1322).[23]

La coincidencia en el desarrollo de las ambiciones políticas de don Juan Manuel y el comienzo de su actividad como escritor no puede considerarse casual, pues, según él mismo comenta en el Prólogo del *Libro de los estados*:[24]

> Los tienpos et las cosas que en ellos acaesçen mudan los fechos. Et todos los philósofos et las prophetas et después los sanctos, segunt las cosas que les acaesçieron en cada tienpo, así dizían et fazían sus dichos et sus fechos; e aun todos los omnes en este nuestro tienpo de agora así lo fazen, ca segunt les acaesçen en los fechos, así an de fazer et de dezir. Et por esta manera oganno fiz un libro... que lo demás es fecho segund las cosas que entonçe acaesçíen o que eran acaesçidas. Et acaesçe que agora esto acaesçiente, commo dixo Boesço, 'carmina qui quondam, etc.'.

Una vez que 'hizo' su primer libro (entre 1320 y 25), don Juan no cesaría de producir uno tras otro (hasta alcanzar la madurez como escritor con el *Libro de Patronio* o *del conde Lucanor*, cuya primera parte es de 1331-3): el *de la caballería* (perdido), el *de la caza*, el *del caballero y el escudero* (empezado en Sevilla, h. nov. 1326 y acabado en el Castillo de Garcí Muñoz en 1327, antes de oct.) y el *del infante* o *de los estados* (iniciado 'luego que ove acabado' el anterior y cuya 'primera parte' fue concluida en Pozancos, 22 mayo 1330, antes de empezar en la 'Cinquaesma' el 'segundo libro').[25]

Estas obras tampoco son fruto del ocio; todo lo contrario, nacieron durante unos años en que don Juan Manuel se vio envuelto en un verda-

---

[23] Según recuerda en *Estados*, I, lxii, 113-4. Es de lamentar que los modernos editores de esta obra (que, por primera vez, nos han puesto en las manos un texto recomendable) malidentifiquen el suceso (n. 43, p. 294), por no atender al *Chronicon Domini Johannis Emmanuelis* y desconocer mi comentario en *AEM*, II (1965), p. 294 y n. 286. Véase ahora, Catalán, *La tradición manuscrita*, p. 170 y n. 99, y (para el relato cronístico de Fernán Sánchez de Valladolid, hasta ahora inédito) p. 352.

[24] *Estados*, I, i, 15. Tate y Macpherson restauran, por primera vez, la cita de Boecio malamente deformada por el pésimo ms. S (corrijo, en algún detalle, la puntuación).

[25] A pesar de los argumentos en contra de Giménez Soler, creo que el Prólogo del *Libro de la caza*, citado más adelante, prueba que don Juan sólo llevaba escritos hasta entonces la *CA* y el *Libro de la caballería*. En el *del caballero y el escudero* remite ya a este último. G. Orduna, 'Los prólogos', 123-44, considera también que los tres libros se agrupan estrechamente y representan una primera etapa 'alfonsí' en la obra de don Juan Manuel.

dero torbellino de actividad diplomática y militar: Al cumplir Alfonso XI catorce años (13 ag. 1325) y habiendo don Juan renunciado a la tutoría, el rey entrega el gobierno a los dos caballeros de la parcialidad de don Felipe que en 1322 organizaron 'la de Villaóñez';[26] en vista de ello, los dos don Juanes se coaligan para deservir al rey. Pero, súbitamente, una hábil maniobra de los privados coloca a la hija de don Juan Manuel, aún niña, en el trono de Castilla (pacto: 11 oct. 1325; casamiento: 28 nov.) y a su padre en la Frontera, como adelantado mayor, donde obtiene una resonante victoria sobre Ozmín, el vencedor de los infantes (29 ag. 1326).[27] Don Juan Manuel, suegro de un rey adolescente, con autoridad militar sobre Andalucía y Murcia, amigo entrañable del más poderoso señor en Castilla y Vizcaya (el otro don Juan), cuñado del arzobispo de Toledo, yerno del rey de Aragón, parecía destinado a ser un Fernando de Antequera del s. XIV. Sin embargo, en poco tiempo la rueda de la Fortuna y la astucia de los privados le colocan en la más desesperada situación: el 31 de octubre de 1326 Alfonso XI mata en Toro, en una entrevista traicionera, a don Juan hijo del infante don Juan; don Juan Manuel, a punto de correr igual suerte, huye de Sevilla y busca refugio en el Castillo de Garcí Muñoz (son estos los días en que escribe el *Libro del caballero y el escudero*).[28] El rey y sus privados ya no necesitan de doña Constanza Manuel; dispuestos a aislar políticamente a su padre, inician la negociación de unas bodas reales dobles, de Alfonso XI con María de Portugal y de su hermana la infanta doña Leonor con el heredero de Aragón (don Juan descubre el plan en 2 abr. 1327). La resistencia de Aragón a estos convenios, en atención a don Juan Manuel, se derrumba con la muerte de la infanta aragonesa casada con don Juan Manuel (ag. 1327) y del suegro de don Juan Manuel, Jaime II de Aragón (2 nov. 1327). Cuando la reina niña es reducida a prisión en Toro (oct. 1327), su padre, agraviado y acorralado, se decide a arriesgar todo en una 'guerra guerriada' (nov. 1327) contra Alfonso XI, en la que trata de envolver (16 dic.) al rey moro de Granada (es este 'el doloroso et triste tiempo' a que se refiere en la dedicatoria del *Libro de los estados*). La guerra, a pesar de la alianza entre los reyes cristianos,[29] no acabó con don Juan Manuel,[30] sino con los privados,[31] y don Juan 'ovo paz con el

[26] Esto es, Garci Lasso de la Vega y Alvar Núñez Osorio. Cfr. *La tradición manuscrita,* p. 352.
[27] Sobre este suceso y el relato de la *Gran crónica,* véase *La tradición manuscrita,* pp. 360-6 y p. 155, n. 7.
[28] Refiere estos sucesos, desde un punto de vista hostil a los privados, Rodrigo Yáñez en el *Poema de Alfonso XI* (1348), estrs. 247-52 y 259-66 (ed. Ten Cate, 1956), y, distorsionando los hechos para acusar a don Juan Manuel, Fernán Sánchez de Valladolid en la *Crónica de Alfonso XI* (1344). La *Gran crónica* combina las dos presentaciones. Cfr. *La tradición manuscrita,* pp. 154-68.
[29] A. Giménez Soler, *Don Juan Manuel,* pp. 82-90 y docs. 430-59. Don Juan Manuel comenta su angustiosa situación en *Estados,* I, lxx, 132. En *Lucanor, Ex.* xliii, creo que alude también al dudoso comportamiento de Alfonso IV de Aragón.
[30] Gracias a la resistencia de Escalona, a que alude, sin duda, en el *Ex.* xii del *Lucanor.*
[31] Cuyo desastroso fin celebra abiertamente don Juan en el *Lucanor, Ex.* xlv (la nota 773 de la ed. Blecua contiene varios errores históricos que reclaman corrección). Sobre el triunfo de la rebelión del prior de San Juan y el fin de los privados (que

rrey la mas onrada que nunca se falla por ninguna fazanna que la oviese omne en Espanna' (ag. 1329), según se vanagloria en el *Libro de los estados*.[32] Pero esa 'paz' de los años 1330 a 1333 era más bien una tregua ('commo quier que agora estamos avenidos et non ayamos guerra, siempre estamos a sospecha el uno del otro' confesará en el *Lucanor*);[33] y don Juan Manuel no desperdiciará la ocasión de devolver los golpes de 1327 cuando los benimerines pongan cerco a Gibraltar (1333).[34]

Esta conexión, tan evidente, entre la máxima tensión política en la vida de don Juan Manuel y su mayor actividad como escritor, nos lleva a preguntarnos sobre los motivos que le impulsaron a componer sus primeras obras. El Prólogo de la *Crónica abreviada* nos da una respuesta muy curiosa :

> ... E este muy noble rrey don Alfonso, entre muchas cosas nobles que fizo, ordeno muy conplida mente la Cronica de España, e puso lo todo conplido e por muy apuestas rrazones e en las menos palabras que se podia poner... Por que don Iohan su sobrino sse pago mucho desta obra e por la saber mejor, por que [por] muchas rrazones non podria fazer tal obra commo el rrey fizo ni el su entendimiento non abondaua a rretener todas las estorias que son en las dichas cronicas, por ende fizo poner en este libro en pocas rrazones todos los grandes fechos que se y contienen. E esto fizo el por que non touo por aguisado de començar tal obra e tan conplida commo la del rrey su tio, antes saco de la su obra conplida vna obra menor. E non la fizo si non para ssi en que leyese... E si otro leyere en este libro e non lo fallare por tan conplido, cate el logar onde fue sacado en la Cronica en el capitulo de que fara mencion en este libro...

Y algo muy semejante nos dice también el Prólogo del tercero de sus libros, el *de la caza:*[35]

> Entre muchos conplimientos e buenas cosas que Dios puso en el rrey don Alfonso, fijo del sancto e bien aventurado rrey don Ferrando, puso en el su talante de acresçentar el saber quanto pudo, e fizo por ello mucho, assi que non se falla que del rrey Tolomeo

---

canta el romance noticioso de *El buen prior Hernán Rodríguez*), cfr. Catalán, *La tradición manuscrita,* pp. 124-30, y *Siete siglos de romancero* (Madrid, 1969), pp. 15-56.

[32] Lugar cit. en la n. 29.

[33] *Ex.* xv, 107. Acerca de las dudas de don Juan Manuel sobre si fiarse en el rey (y en su amistad con el prior), véase el *Ex.* xxxiv, y sobre si empezar o no nuevamente la guerra, los *Exs.* iv, vi, xxix y xxxiii.

[34] En el *Ex.* ix del *Lucanor* don Juan Manuel, después de ponderar las ventajas de aliarse con un 'enemigo de que me vino mucho mal' (Alfonso XI) contra 'otro omne muy mas poderoso que nos entramos' (Albohacén) y contar un cuento favorable a la concordia, acaba por aconsejar lo contrario ('...si él tal fuer, fariades mal seso en le ayudar, ante tengo quel devedes estrañar quanto pudierdes'). Más hipócrita es en sus cartas a Alfonso IV de Aragón (véase Giménez Soler, *Don Juan Manuel,* doc. 510).

[35] Ed. G. Baist (Halle, 1880), pp. 1 y 2-3.

aca ningun rrey nin otro omne tanto fiziesse por ello commo el. Et
tanto cobdiçio quelos de los sus regnos fuessen m[u]y sabidores que
fizo trasladar en este lenguaje de Castiella todas las sçiençias... Et
por que don Iohan su sobrino, fijo del infante don Manuel hermano
del rrey don Alfonso, se paga mucho de leer en los libros que falla
que conpuso el dicho rrey e fizo escriuir algunas cosas que entendia
que cunplia para el de los libros que fallo que el dicho rrey abia
conpuesto, señalada mente en las Cronicas de España et en otro libro
que fabla de lo que pertenesçe a estado de cauallería, e quando llego
a leer en los dichos que el dicho rrey ordeno en razon de la caça,
por que don Iohan es muy caçador, ley mucho en ellos e fallo que
eran muy bien ordenados ademas...

Ante tan explícitas e insistentes razones no cabe duda de que el incentivo para escribir se lo proporcionó a don Juan la lectura de las obras
del rey don Alfonso y la admiración que sentía por el modelo de hombre
de estado que el hermano de su padre encarnaba.

Vemos también que, en un principio, el propósito de don Juan, al 'sacar'
de la Crónica o *Estoria de España* de Alfonso X 'vna obra menor', fue
sólo hacer más fácil su tarea de lector, poder asimilar mejor el contenido
de la obra 'cumplida'. Paralelamente, lo que mandó escribir acerca de la
caballería fue aquello 'que entendia que cunplia para el', esto es, los 'fechos' y 'rrazones' que podían serle de personal utilidad.

Esta finalidad 'autodidáctica' de los primeros libros de don Juan Manuel, tan reiteradamente expresada, podría creerse una invención del ilus-
tre hijo de infante para ponerse al resguardo de las posibles críticas de
sus contemporáneos;[36] pero basta intentar leer de corrido el texto de la
Crónica abreviada para convencerse de que don Juan no nos engaña en su
Prólogo. Si en el caso del *Libro de la caballería* (desconocido) es imposible
saber cuán de cerca siguió don Juan la estructura de la obra 'cumplida' del
rey su tío, respecto a su primer libro podemos asegurar que se limitó, con
devota admiración, a resumir, capítulo tras capítulo, el manuscrito de la
Crónica general de España que poseía, sin entremeterse a incorporar, como
hará en obras posteriores a partir del *Libro de la caza,* comentarios basados en su experiencia personal.[37]

[36] Sabemos que efectivamente era criticado, pero que tenía buenas respuestas a
esa crítica: cfr. *Infinido,* xxvi, 73-6.
[37] Es indudable que don Juan Manuel alcanzó a leer los tratados de caza y pesca
compilados por Alfonso X. En un interesante artículo (*SN,* XXII, 1950, 171-3), H. Tjer-
neld mostró que en los fols. 6 a 152 del ms. V-II-19 de la Bibl. del Escorial (y, muy
incompletamente, en el ms. 9 de la Academia Española) se conserva una traducción
alfonsí, acabada el 9 abr. 1250, del tratado árabe de halconería y perros de caza de
Moamin, y que esa traducción fue aprovechada, ampliamente en el *Libro de la mon-
tería* de Alfonso XI, que debe heredar mucho de los de Alfonso X. Sin embargo, como
observa bien G. Orduna, 'Los prólogos', el *Libro de la caza* de don Juan Manuel
'muestra una elaboración por la que la fuente alfonsí desaparece, hábilmente entre-
tejida, y dispuesta, con artificio tal, que hoy resulta difícil de discernir'. Orduna piensa que el texto conocido del *Libro de la caza* es una reelaboración de un libro anterior
más fiel a su fuente, cuyo Prólogo heredaría; pero el propio Prólogo explica ya que

Y, sin embargo, esta primera obra, que don Juan no hizo 'sino para sí', para leérsela a solas, va precedida de un Prólogo todo él ya muy personal y muy representativo de lo que reconocemos ser el estilo manuelino. ¿Quién no recuerda la prosa raciocinante de las obras mayores de don Juan Manuel al leer el pasaje de ese Prólogo en que se trata de explicar 'cumplidamente' por qué 'ninguno non podria y mas dezir nin tan bien' como dijo Alfonso X en su Prólogo de la *Estoria de España?*

E esto por muchas rrazones: Lo vno, por el muy grant entendimiento que Dios le dio. Lo al, por el grant talante que auie de fazer nobles cosas e aprouechosas. Lo al, que auia en su corte muchos maestros de las ciencias e de los saberes a los quales el fazia mucho bien (e) por leuar adelante el saber e por noblescer sus rregnos, ca fallamos que en todas las ciencias fizo muchos libros e todos muy buenos. E lo al, por que auia muy grant espacio para estudiar en las materias que queria componer algunos libros, ca moraua en algunos logares vn año e dos e mas, e avn segunt dizen los que viuian a la su merced, que fablauan con el los que querian e quando [querian] e quando el queria, e ansi auia espacio para estudiar en lo que el queria fazer p[or] si mismo e avn para veer e esterminar las cosas de los saberes que el mandaua ordenar a los maestros e a los sabios que traya para esto en su corte.

Pero nuestra sorpresa se convierte en asombro al ver que este Prólogo de una obra tan impersonal se abre con una especie de 'manifiesto literario' en que don Juan Manuel revela que tenía muy madura su concepción de la prosa desde antes ya de iniciar su actividad como escritor:

E por esta razon los que fazen o mandan fazer algunos libros, mayor mente en rromançe —que es señal que se fazen para los legos que non son muy letrados—, non los deuen fazer de rrazones nin por palabras tan ssotiles que los que las oyeren non las entiendan o por que tomen dubda en lo que oyen. E por ende, en el Prologo deste libro que don Iohan fijo del muy noble ynfante don Manuel... mando fazer, non quiso poner y palabras nin rrazones muy sotiles; pero quiso que lo fuesen yaquanto, por que, segunt dizen los sabios, quanto omne mas trabaja por auer la cosa, mas la terna despues que la ha...; pero son tales que todo omne que aya buen entendimiento, avn que non sea letrado, las entendera...

La preocupación que en este Prólogo manifiesta don Juan Manuel por conseguir una exposición plena y clara (esto es, 'lo mas conplida et declarada' posible, para que el lector no 'tome dubda' en lo que 'oye'), y a

---

don Juan Manuel, aunque admira la 'teorica' y la 'pratica' expuestas en el modelo alfonsí, ha creído más importante el dar a conocer cómo se caza 'agora', esto es, en sus propios días, pues en materia de caza la 'pratica', que se muda con los tiempos, es, al fin y al cabo, de mayor interés que la 'teorica' (cfr. adelante, § 12 y n. 110).

la vez concisa ('en las menos palabras' que pueda ser) y de cierta sutileza ('yaquanto sotil'), estará en la base de toda su producción literaria subsiguiente.

Por otra parte, el Prólogo de la *Crónica abreviada* nos muestra a don Juan Manuel obsesionado, como hombre político, por la 'decadencia' de España desde los días gloriosos de Alfonso X:

> ... en tal manera, que todo omne que la lea [se refiere a la *Estoria de España* de Alfonso X] puede entender, en esta obra e en las otras que el conpuso e mando conponer, que avia(n) muy grant entendimiento, e avia muy grant talante de acrescentar el saber, e cobdiciaua mucho la onrra de sus rregnos, e que era alunbrado de la gracia de Dios para entender e fazer mucho bien. Mas, por los pecados de España e por la su ocasion, e señalada miente de los que estonçe eran e avn agora son del su linage, ovo tal postrimeria que es quebranto de lo dezir e de lo contar; e siguiosse ende tal daño que dura agora e durara quanto fuere voluntat de Dios. ¡Bendito sea el, por todo lo que faze, ca derechos e marauillosos e escondidos sson los sus juicios!; e ansi commo agora e en otras muchas vezes enbio tribulaciones en España, despues la libro, ansi commo lo puede fazer e que lo fara quando fuere la su merced. E creo, que si mas amansassemos las muy malas nuestras obras, que amansaria el la su saña que a contra nos; e todo esto se fara como la su merced fuere.

Esta doble reacción ante el modelo alfonsí —literaria y política— nos hace pensar lo importante que sería el hallazgo de la *Crónica cumplida*[38] de don Juan Manuel; pero, privados de ella y teniendo que contentarnos con la *abreviada,* el Prólogo que venimos comentando representa un poderoso incentivo para intentar descubrir, a través del sumario manuelino, cómo era —literaria y políticamente— esa 'Crónica de España' en que don Juan tanto aprendió.

3. LA *CRÓNICA MANUELINA Y LA ESTORIA DE ESPAÑA.

Dada la personalidad de don Juan, hijo del infante don Manuel, la tarea de reconstruir la 'Crónica de España' resumida en su *Crónica abreviada* podría creerse idéntica y reductible a la identificación del texto primitivo,

---

[38] La significación del adjetivo 'conplido' en las obras de don Juan Manuel es tan clara que no se comprende cómo ha podido dudarse de que la *Crónica cumplida* tenía que ser, en contraste con la *abreviada,* una crónica amplia, plenamente desarrollada. Sin embargo, la hipótesis desatinada de la erudición decimonónica, que quiso identificar la *Crónica cumplida* con las apuntaciones analíticas del escuetísimo *Chronicon* latino editado por el p. Flórez, por Benavides y por Baist, ha llegado hasta la 'Bibliography' (p. 308) de la ed. Tate-Macpherson del *Libro de los estados.* 'Cumplido' con el significado de 'amplio, extenso, largo' perdura en el español canario (cfr. *ZRP,* LXXXII, 1966, pp. 499-500).

genuino, de la *Estoria de España* de Alfonso X. Así lo entendió R. Menéndez Pidal en 1896 :

> No estará demás aducir aquí una prueba que justifique plenamente la preferencia que hemos otorgado a la versión inédita a que nos venimos refiriendo... y esa prueba decisiva nos la suministra la *Crónica abreviada* que por los años 1320 a 24 escribió Don Juan Manuel... Nadie que considere el buen sentir literario de este célebre autor, así como la admiración y el respeto con que miraba todas las obras de su tío Don Alfonso, podrá poner en duda la verdad de este resumen, ni desconfiar de su filiación legítima, ni de su procedencia directa de la primitiva Crónica del Rey Sabio.[39]

Pero esta argumentación, por plausible que parezca, resultó ser falsa. El propio Menéndez Pidal, al tratar de actualizar en 1955 su concepción del 'género' constituido por las Crónicas generales de España, valoró el testimonio de don Juan Manuel en forma enteramente nueva :

> No habían pasado aún cuarenta años de la muerte del Rey Sabio, cuando el magnate don Juan Manuel maneja y estudia detenidamente un códice de la Crónica de España. Él, sobrino del difunto Rey Sabio; él, gran literato y devoto admirador de las obras del rey su tío, se encuentra en las mejores condiciones para conocer el verdadero texto de la Crónica real; abrevia, capítulo por capítulo, el códice escogido, para después consultarlo más fácilmente, pero el ejemplar que tan detenidamente estudia, en el que admira la docta ordenación y los caracteres estilísticos propios de la gran capacidad del rey su tío, vemos hoy con sorpresa que no contiene el texto regio, sino que es sólo una de tantas variedades análogas a él, con muchas alteraciones y muchas novedades.[40]

La doble y contradictoria apreciación de la 'Crónica de España' manejada por don Juan Manuel, por parte de un especialista como Menéndez Pidal, tiene, según vamos a ver, una explicación : la *Crónica manuelina* no era una obra unitaria, estaba compuesta de secciones con carácter y de valor distintos, que exigen un examen separado.

La necesidad de considerar cada sección de la *Crónica manuelina* con independencia se debe, en parte, al fenómeno que Menéndez Pidal ha llamado 'tradicionalidad de las Crónicas generales de España',[41] esto es, al carácter 'abierto' de la estructura de estas compilaciones historiales. Esta apertura, que Menéndez Pidal pone en relación con el proceso de refundición en los Cantares de gesta, se da, de forma no muy disimilar, en otras crónicas españolas no generales [42] y es considerada 'típica' de la novela arturiana;[43] es,

---

[39] Véase atrás, n. 12.
[40] 'Tradicionalidad', pp. 141-2.
[41] 'Tradicionalidad', pp. 138-42.
[42] Puede servir de ejemplo la *Crónica de Alfonso XI*, cuyas transformaciones he examinado en *La tradición manuscrita*.
[43] Frente a las hipótesis del comparatismo tradicional, hace tiempo que Eugène

en fin, según creo, una propiedad que compartieron, con los géneros de trasmisión oral, los géneros literarios de gran difusión entre la nueva sociedad laica letrada de los siglos XIII y XIV.

Por otra parte, la disparidad en carácter de unas secciones y otras de la *Crónica manuelina* depende también del estado en que Alfonso X dejó el arquetipo de las Crónicas generales, esto es, su *Estoria de España:* acabada (aunque no 'cerrada'), en las secciones referentes a lo que podríamos llamar historia 'antigua' y 'media'; inconclusa, en la historia 'moderna'; apenas comenzada a elaborar, en la historia 'contemporánea'.[44] A este respecto, creo preciso autocitarme para explicar el cambio en la valoración de la *Primera crónica general* ocurrido con posterioridad (1960-62) a la última actualización de las ideas de Menéndez Pidal sobre las Crónicas generales (1955):

> La *Primera crónica general de España* editada por Menéndez Pidal no puede identificarse con la *Estoria de España* de Alfonso X, aunque en líneas generales sea su más directo representante. En la cámara regia castellana debieron, según creo, quedar atesorados, conjuntamente, códices y cuadernos de trabajo del taller alfonsí, que contenían, bien secciones ya concluidas de la *Estoria de España,* bien fragmentos aún en curso de elaboración (unos ya bastante avanzados, otros en las etapas iniciales de la construcción); aprovechando esos materiales, pero sin continuar el inconcluso trabajo compilatorio, el formador de la *Primera crónica general* trató de componer una historia de España sin soluciones de continuidad.[45]

4. LA TRIPARTICIÓN DE LA *CRÓNICA MANUELINA.
   LOS LIBROS I Y II

Para comprender mejor la diversa personalidad de unas secciones y otras de la *Crónica manuelina* es preciso atender a una característica externa de la obra sobre la cual llama la atención el propio titular de la 'tabla' con que se inicia la *Crónica abreviada:*

> Esta es la tabla deste libro... que es dicho *Sumario de la Crónica de España,* que va rrepartido en tres libros.

En efecto, como ya subrayaron Nicolás Antonio y Mondéjar, el libro

---

Vinaver mostró, muy convincentemente, cómo operaba en la novela arturiana el proceso re-creador («the 'fitting in' process»). Una reexposición reciente de su revolución 'copérnica' en los estudios del género puede verse en *The Rise of Romance* (Oxford, 1971), cap. IV y, en parte, cap. VI.

[44] Desde la perspectiva de Alfonso X, sería 'antigua' la historia de España hasta la monarquía gótico-asturiana, 'media' la historia de los reyes de León, 'moderna' la de la dinastía navarro-castellana y 'contemporánea' la de la dinastía borgoñona (o, quizá, mejor, desde Alfonso VIII).

[45] 'El taller alfonsí', pp. 357-8.

consta de tres 'libros', cada cual con su independiente numeración de capítulos.

Esta tripartición podría creerse irrelevante; pero, dada su conexión con muy notables fronteras estructurales de la obra, creo que debe considerarse como un fuerte indicio de que la *Crónica manuelina estaba compuesta de partes varias, que, en alguna ocasión, gozaron de autonomía.

El corte entre los dos primeros 'libros' parece, a primera vista, muy arbitrario, pues el 'segundo libro' se inicia con el reinado de 'Chiodiselo' (PCG 454, p. 256a[45]), rey godo insignificante que no puede considerarse como cabeza de ningún linaje o dinastía. Sin embargo, la falta de continuidad entre uno y otro 'libro' es manifiesta, pues el 'primero' sólo alcanza hasta el fin del reinado de Eurico (PCG 429, p. 244b[45]).[46]

Por otra parte, la confrontación de la Crónica abreviada con el conjunto de la tradición manuscrita de la Estoria de España nos revela algo inesperado: esa extraña partición de la historia gótica tiene mucho que ver con el proceso de elaboración de la obra alfonsí. En efecto. Hasta el reinado de Alfonso II el Casto, la Estoria de España se nos conserva en un códice regio alfonsí, el ms. ε (base de la edición Menéndez Pidal), cuyos parientes son todos ellos descendientes directos o indirectos suyos.[47] Pero la sección de la historia 'antigua' de España correspondiente al Libro I de la Crónica abreviada nos es además conocida en un buen número de manuscritos independientes de ε, que se agrupan todos frente a ese texto regio:[48] Q; Qq y To (dos manuscritos que deben ser hermanos); St; N, parte inicial de B y Nn (cuatro manuscritos que forman familia);[49] Y; Z y su pariente T (que no comienza sino con la 'historia de los godos', PCG 386, p. 215b[46]), y, finalmente, L y el texto de la Crónica general que utilizó la Estoria del fecho de los godos (*L'), aunque estos dos ma-

---

[46] Si creyésemos a Nicolás Antonio, el manuscrito de Mondéjar tendría diferente número de capítulos en cada 'libro' que el conocido ('primus DV. secundus CCCXXV. tertius tandem CCCXLI. capitibus constat'); pero gracias a la descripción de Mondéjar mismo (cfr. n. 6), sabemos que no es así y que los 'libros' acababan y comenzaban como en el ms. 1356: el I (con 508 caps. y no con 505, que dice Nicolás Antonio) acababa en 'Theoderico'; el II comenzaba 'quando andava la era 586 en tiempo del Emperador Justiniano alzaron los Godos por Rei a Theodiscelo' y acababa (con 341 cap. y no 325) en la muerte de Bermudo III, y el III (con 341, sic) en la de Fernando III (sólo en este punto difiere del ms. 1356, que tiene 342).

[47] Sólo hacen excepción los mss. (y ed.) de la Crónica general vulgata (CGV), que en toda la historia 'antigua' marchan de acuerdo con la 'Versión regia'. Sobre estos mss., véase De Alfonso X, p. 190, nn. 53-56 (exclúyase el ms. L, cit. en la n. 57, que no es, propiamente, una CGV, según expliqué en 'Toledano romanzado', 57-64, y digo aquí más adelante); de entre ellos, el ms. F exige un estudio especial, pues combina más de una crónica (cfr. 'Toledano romanzado', 72-3 y nn. 238-42).

[48] Véase 'Toledano romanzado', 52-3. R. Menéndez Pidal y sus colaboradores, Primera crónica general [2] (Madrid, 1955), pp. lvii-lxii, no prestaron suficiente atención al problema de las varias versiones de la Estoria de España en la parte correspondiente al ms. E₁. La clasificación de los mss. propuesta por J. Gómez Pérez, 'Elaboración de la Primera Crónica General de España y su trasmisión manuscrita', Scriptorium, XVII, 2 (1963), 233-76, es superior, pero contiene también errores importantes.

[49] El parentesco es claro: todos ellos retrasan la narración de PCG, pp. 5 b[36]-7 b[26] detrás de PCG, pp. 7 b[27]-9 b[11], por derivar de un prototipo que tenía mal cosidos algunos folios.

nuscritos reflejan un 'Arreglo crítico' de la *Estoria de España* con variantes peculiares.[50] Curiosamente, la historia gótica posterior a la muerte de
Eurico, a pesar del interés que suscitaría en la Edad Media su mayor
conexión con la historia del reino astur-leonés, se conserva en muchos
menos manuscritos. De la 'Versión vulgar' sólo sobreviven Y, la familia T, Z, a la cual se añade (a partir del reinado de Rodrigo, *PCG* 552,
p. 306*a*[33]) un nuevo miembro (el ms. G), y el 'Arreglo crítico' (mss. L
y *L'); los restantes manuscritos se han detenido antes. El fin de To
(en *PCG*, p. 215*b*[44]) es comprensible, pues a continuación va a iniciarse
la 'estoria de los godos'; pero el de Qq (*PCG*, p. 244*b*[45]) es mucho más
interesante, ya que coincide exactamente con el del Libro I de la *Crónica
abreviada*. En vista de ello, me parece seguro que, si el prototipo de los
cuatro manuscritos hermanos (St, N, primera sección de B, Nn) termina-
ba truncado en medio de ese mismo capítulo final del reinado de Eurico
(dejando inacabada la frase 'fuxo del [campo muy mal desbaratado]', *PCG*,
p. 244*a*[42]), es porque en su original se había desprendido el último folio,
que contendría únicamente el resto del capítulo. También es muy posible
que el ms. Q, que acaba mutilado en el reinado de Teodorico (*PCG*,
p. 241*a*[31]), alcanzase originalmente hasta ese mismo punto.

La existencia de una frontera entre el reinado de Eurico y el de Alarico resulta manifiesta también en los manuscritos que continúan. Hacia
el final del reinado de Eurico, tanto los manuscritos que se interrumpen
como los que siguen incluyen (*PCG* 429, p. 244*b*[22-43]) un relato de las
victorias de 'Theodorico' sobre 'Odoacer' y 'Onoulpho':

...et fuesse pora Reuenna o se alçara Odoacer, et cercol y.
Odoacer, ueyendosse en grand cueta por la cerca que era mui luen-
ga et mui mala, puso su amiztad con el rey Theoderico, et metiosse
en su poder et fizol pleyt et omenage de seer siempre a su manda-
do et del obedecer en todo. El rey Theoderico descercol estonces
creyendosse en el por la postura que pusiera con el, et fuesse. Mas
Odoacer, quando se uio descercado et que el rey Theoderico era
ydo, quisosse alçar otra uez a esse rey Teodorico. E Theodorico, luego que lo sopo, uino sobrel et prisol et matol de mala muerte.
Despues que fue muerto Odoacer, un su hermano que auie nombre
Onoulpho quiso se alçar con las compannas que fincaran de su
hermano Odoacer contral rey Theoderico; mas el rey Theoderico
lidio con el, et uenciol et fizol foyr del campo; e Onoulpho, te-
miendosse mucho de la muerte, fuxo bien allend del rio Danubio.

Sin embargo, los manuscritos que continúan la historia vuelven a incluir estas noticias, procedentes de la *Ostrogothorum historia* del Toledano, en el reinado de Alarico (*PCG* 432, p. 245*b*[54]-246*a*[16]):

Theoderigo, rey de los ostrogodos, yaziendo sobre la uilla de
Reuena et teniendo y cercado a Odoacer rey de los erulos, assi

como auemos ya dicho, a cabo de tres annos metiosse Odoaçer en su mano et fizol uassallage, et desque se uio libre dell, trabaiosse de alçar se le otra uez. Theoderigo, luego que lo sopo, fue lidiar con ell et prisol et matol; desi conquirio toda Italia et fue rey et sennor della, et regno y treinta et dos annos. Vn su hermano de Odoaçer, que auie nombre Onoulpho, quiso se alçar estonçes contra Theoderigo con esfuerço et ayuda de la caualleria que fue de su hermano; mas Theoderigo, luego que lo sopo, fue lidiar con ell et uençiol; et fuxo Onoulpho de la tierra bien allend del rio Danubio.

La independiente redacción de una sección y otra de la *Estoria,* que esta repetición hace suponer, se comprueba al observar que la frontera entre los reinados de Eurico y Alarico coincide también con un cambio estructural muy notable. Durante toda la historia de los pueblos bárbaros, desde *PCG* 365 hasta el reinado de Eurico (que acaba en el cap. 429), se prescinde en la *Estoria* de la era cristiana (que había venido citándose, con regularidad, durante la historia romana en el primer año de cada emperador); en cambio, a partir del reinado de Alarico (*PCG* 430) se utiliza de nuevo la era cristiana, pero con la novedad de hacerlo por 'el año de la Encarnacion' y no, como en la historia romana, por 'el año de Nuestro Señor'; además, desde el reinado de Alarico, se consigna el año del rey franco y el año del papa correspondientes, sincronías hasta este punto desatendidas.[51]

Creo que no cabe duda. El Libro I de la *Crónica manuelina no es una creación artificiosa, sino que refleja la existencia en la *Estoria de España* alfonsí de secciones elaboradas con relativa independencia unas de otras y que no siempre se transmitieron ensambladas. La tradición manuscrita nos muestra que la 'Versión vulgata' conoció un Libro I autónomo, y que, si la 'Versión regia' y algunos manuscritos de la 'Versión vulgar' unieron este Libro I al siguiente, lo hicieron sin realizar un trabajo cuidadoso de 'ayuntamiento' de las partes.

A pesar de su independencia, el Libro I y el Libro II de la *Crónica manuelina* tenían mucho en común. Tanto uno como otro reproducían fielmente, sin arreglos críticos, sin interpolaciones y sin amplificaciones retóricas, una sección de la *Estoria de España* tal como salió del taller historiográfico alfonsí.

El Libro I era (según muestra toda una serie de variantes) un manuscrito de la que hemos llamado 'Versión vulgar'; esto es, semejante a

[51] Sin percatarse de su conexión con otros indicadores de la discontinuidad, señala la diferencia J. Gómez Pérez, 'Fuentes y cronología de la *Primera Crónica General de España'*, *RABM*[3], LXVII (1959), 629-31. La importancia y significado de la estructura analística en las obras históricas de Alfonso X ha sido objeto de muy valiosos comentarios por parte de Francisco Rico, *Alfonso el Sabio y la General estoria: tres lecciones* (Barcelona, 1972), pp. 56-64.

3

Q, Qq, To, St, N, parte inicial de B, Nn, Y, Z, T.[52] Aunque esta 'Versión vulgar' en algunas de sus particularidades se aleja más de las fuentes que la 'Versión regia alfonsí' del ms. ε,[53] creo que refleja también un estado de la *Estoria de España* atribuible al taller historiográfico de Alfonso X. Si se tratara de un arreglo posterior, sería difícil de explicar por qué la mayoría de sus representantes (incluido el Libro I de la *Crónica manuelina*) se detienen en una frontera estructural de la *Estoria de España* relacionada con su elaboración por secciones (esto es, en la muerte de Eurico).

El Libro II parece estar muy apegado a la redacción original, primitiva de la *Estoria de España* anterior a 1271. En la historia de los reyes godos posteriores a Eurico desconoce las actualizaciones[54] y arreglos[55] de la 'Versión enmendada después de 1274', que nos conserva la familia T, G, Z y que sirvió de base al 'Arreglo crítico' contenido en el ms. L y utilizado por la *Estoria del fecho de los godos* (a través del ms. *L*); en consecuencia, se asemeja a ε, a Y y a la *Crónica general vulgata*, textos que no ofrecen innovaciones en común y que, por tanto, sólo se agrupan en lo que tienen de anti-familia. En la historia de los reyes de Asturias, la *Crónica general vulgata* cambia de carácter y pasa a emparentarse con el 'Arreglo crítico' de L y *L';[56] nada semejante ocurre en la *Crónica manuelina*, que, por otra parte, tampoco comparte las omisiones y adicio-

---

[52] La *CA*, de acuerdo con la 'Versión vulgar', habla de 'Alarigo rey de los vgnos' (y no de los 'herulos'), vencido y sometido por Hermanarigo (*CA* I-478; *PCG* 400, p. 225 *b* [19-23]) y, en consecuencia, al trazar la historia de los hunos y consignar que alzaron por rey a 'Vualamer', interpola la noticia 'e ante desto avia avido otro que avie nonbre Alarigo de que de suso a dicho' (*CA* I-480; *PCG* 402, p. 226 *b*-[40 *var*]); consigna la edad que tenía Hermanarigo cuando murió ('lo al por que avia cient años' *CA* I-489; *PCG* 411, p. 233 *b* [6]) y, a continuación, abre un nuevo capítulo (*CA* I-490) con la cronología correspondiente ('en el sesto año del rey Vualia...'); del mismo modo, en el de Theodaredo consigna que 'fasta el XIIIIº año del su rregnado non dize ninguna cosa, si non que morio el enperador Theodosio e fue puesto en su logar Marçian' (*CA* I-491; *PCG* 412, p. 234 *a* [53]); etc.

[53] Tanto el cambio de 'herulos' en 'vgnos', como el perfeccionamiento de la cronología, que hemos cit. en la n. 52, son evidentes retoques.

[54] La actualización más notable consiste en dar noticia del hallazgo en Pampliega de los restos de Bamba y de su traslado a Santa Leocadia la Nueva de Toledo, realizado por Alfonso X en 1274 (véase la n. 174 del 'Toledano romanzado', en que reproduzco el doc. alfonsí donde consta toda la historia de ese traslado). La actualización figura tanto en T y Z, como en L y *L'; en cambio, el ms. ε, la *CGV*, el ms. Y el libro II de la *Crónica manuelina* desconocen el hallazgo y el traslado, y dicen, poco más o menos, lo mismo que resume don Juan Manuel en su sumario: 'E metiose monje en Panpliega e visco siete años en el monesterio e morio, e dize que y yaze enterrado' (*CA* II-85; cfr. *PCG* 538, p. 300 *a* [46-49]). Para más detalles, véase 'Toledano romanzado', 53-6 y nn. 174-6.

[55] Sirva de ejemplo el reinado de Rodrigo. La *CA* organiza el reinado dando preferencia a la cronología del Toledano sobre la del Tudense ('Dize que, seyendo Vetiza biuo en Cordoua, començo a rregnar el rey Rodrigo, e regno tres años, los dos en vida de Vetiza e el vno despues. Pero dis don Lucas de Tuy que fueron siete años e VI meses'). Lo mismo hacen ε, la *CGV* e Y. En cambio, T, G, Z, junto con L y *L', redistribuyen los hechos de Rodrigo a lo largo de los siete años que le daba de reinado Lucas de Tuy.

[56] Véase 'Toledano romanzado', 58-64 y nn.

nes del ms. Y,[57] ni los pequeños errores [58] y lagunas [59] que singularizan al texto regio (ms. ε y sus descendientes).

En el reinado de Alfonso II ocurren en la tradición manuscrita cambios muy importantes: súbitamente (al final del último folio de un cuaderno regular de 8, pero dejando inconcluso un capítulo —PCG 616— e incluso una frase —PCG, p. 350a[10]) nos vemos privados del texto fundamental de la Estoria de España, el ms. ε,[60] y con él desaparece la 'Versión regia alfonsí'.[61] Poco después, al comenzar el reinado de Ramiro I (PCG 628, p. 358b[39]), junto a la 'Versión vulgar alfonsí' anterior a 1271, aparece una 'Versión retóricamente amplificada' de 1289, esto es, de tiempo de Sancho IV (que es la versión editada, de aquí en adelante, por Menéndez Pidal). Se nos conserva, fundamentalmente, en el ms. ξε, códice de factura regia (y en sus derivados); pero desde Ramiro I al año 1.º de Alfonso III se halla también en la familia T, G, Z. La *Crónica manuelina desconoce las amplificaciones, interpolaciones y retoques de ese texto regio de 1289 [62] y marcha de acuerdo, en toda su extensión, con los manuscritos que, en cada caso, conservan la 'Versión alfonsí' anterior a 1271.[63]

En suma. El hallazgo de la *Crónica manuelina nos habría proporcionado un Libro I muy semejante a los manuscritos conocidos de la 'Versión vulgar' de la Estoria de España, y un Libro II más fiel que ninguno de los manuscritos conservados a la redacción original de la Estoria de España anterior a 1271.

[57] El ms. Y abunda en omisiones y ofrece algunas interpolaciones muy particulares, como las ocho líneas en que cuenta la muerte, por hambre y sed, del obispo traidor Oppas (en PCG, p. 324a[6]).

[58] Por ejemplo: 'Alcaman' (CA II-113) y no 'Achaman' (PCG, p. 321 b[30]), 'Vrben' (CA II-118) y no 'Vrbera' (PCG, p. 325 b[39var.]); 'Ista' (CA II-121) y no 'Ysma' (PCG, p. 328 a[14-var.]). Cfr. De Alfonso X, pp. 33, 40, 41.

[59] El resumen de don Juan Manuel, 'dize que enbio Ysem, vn moro rey de Cordoua, a vn moro que avia nonbre Adixmelit que corriese tierra de cristianos' (CA II-157), conserva memoria de la frase '... Abdelmelic con grant hueste a tierra de cristianos que la destruyesse et la crebantasse' (PCG, p. 346 b[18-20]), omitida, por homoiographon, en el ms. ε (y sus descendientes), pero que procede de la fuente (Toledano, Hist. arabum, XX, p. 261: 'misit quemdam a suis, qui Abdelmelic dicebatur cum magnu exercitu, ut christianorum patriam devastaret'). Cfr. De Alfonso X, pp. 35 y 40.

[60] El ms. C (del s. XIV) copió el ms. ε antes de que se le segregaran los dos cuadernos finales para formar el códice facticio E2; gracias a él sabemos que, antes de esa operación, el ms. ε acababa truncado en la forma indicada.

[61] Conservada, aparte de ε, por el ms. C (copia de ε), por los mss. B, X, U, V (procedentes de C), por los mss. I y J (copias de E2); etc. Cfr. De Alfonso X, pp. 32-49.

[62] Cfr. De Alfonso X, pp. 145, n. 22; 146, n. 25; 155, n. 47; 156, n. 48; 157, n. 49; 161, n. 56; 163, n. 60; 166, n. 64; 168, n. 70; 169, n. 74; 170 y 172-4, 176, 194.

[63] Con el ms. Y, en toda su extensión, y con la familia T, G, Z, desde el año 2.º de Alfonso III. Naturalmente, también coincide, frente a la 'Versión amplificada', con la Crónica fragmentaria (CF), salvo en sus características interpolaciones, y con la CGV, el ms. *L' y la Crónica de veinte reyes (CXXR), salvo en sus característicos arreglos críticos.

5. Don Juan Manuel y los Libros I y II
de la *Crónica manuelina

En esos dos 'libros' don Juan Manuel pudo admirar las principales características de la *Estoria de España* alfonsí: a) la visión unitaria de 'el fecho d'Espanna', esto es, la voluntad de construir una historia nacional que no se reducía a la historia de un pueblo o de un reino, sino que se interesaba por todos los pueblos y reyes que han ejercido o ejercen 'señorío' sobre el solar hispano; b) la concepción enciclopédica de la historia, que exigía contar, no sólo los hechos de los reyes, sino 'todos los fechos que fallar se pudieron' referentes a España; c) el espacioso 'estudio' de las fuentes historiográficas, que los dos principios anteriormente expuestos hacían ineludible; d) el cuidadoso 'ayuntamiento' o coordinación de toda la información reunida, y la creación de un relato fluido que embebe, de forma exhaustiva, todo lo dicho por las fuentes; e) la exposición razonada, 'conplida', de los 'fechos', buscando satisfacer las posibles 'dubdas' del lector, tanto en lo que toca a la comprensión del hecho, como al de su motivación histórica; y, en fin, f) la precisión verbal, que descarta el empleo de la palabra superflua, de la frase retórica, en favor de la comunicación directa, bien 'declarada', de hechos y razonamientos.

Me parece evidente que estas características son las que impulsaron a don Juan Manuel a considerar modélica la obra de su tío, a leerla repetidas veces a fin de asimilar sus lecciones políticas y sus lecciones estilísticas.

Pero en el 'tercero libro' don Juan Manuel debió encontrarse con una obra bastante diferente.

6. El Libro III de la *Crónica manuelina

La división entre el Libro II y el Libro III de la *Crónica abreviada* no es tan sorprendente como la división entre los dos primeros. Nada más natural que comenzar la historia 'moderna' de España con la subida al trono de León de Fernando I. Sin embargo, desde el punto de vista de la tradición manuscrita, la frontera merece tanta atención como la de la muerte de Eurico, según vamos a ver.

Hasta el fin de los reyes de León (muerte de Vermudo III) la *Estoria de España* nos es conocida, según ya hemos dicho, en una versión alfonsí anterior a 1271, sujeta aún a posibles actualizaciones y, quizá, a revisión,[64] pero indudablemente concluida desde el punto de vista compilatorio. Es la versión reproducida por el Libro II de la *Crónica manuelina* y por el ms. Y, en toda su extensión, y desde el año 2.º de Alfonso III, por la familia T, G, Z. En ella se basan las amplificaciones, arreglos y refundi-

---

[64] Como ejemplo de una actualización alfonsí introducida en el curso de la *Estoria*, véase n. 54. Revisiones alfonsíes, o inspiradas en directrices alfonsíes, podrían ser los arreglos críticos citados en la n. 55 y aquellos a que aludimos en la n. 66.

ciones que dieron lugar a las restantes Crónicas generales. Ante todo, la 'Versión retóricamente amplificada de 1289', conservada por el ms. Ɛɛ, que no se diferencia compilatoriamente de la versión original, pero que altera profundamente el discurso;[65] por otro lado, la 'Versión crítica' a que remontan la *Crónica general vulgata*, el ms. *L* (utilizado por la *Estoria del fecho de los godos*) y, a partir de Fruela II, la *Crónica de veinte reyes*;[66] finalmente, la 'Versión anovelada' propia de la *Crónica fragmentaria*, que acaba con Ordoño III.[67]

Desde Fernando I, en cambio, no conocemos una versión alfonsí de la *Estoria de España*. De los textos citados, sólo sobreviven la 'Versión retóricamente amplificada' del ms. Ɛɛ y la *Crónica de veinte reyes*, que siguen teniendo el mismo carácter. Al lado del ms. Ɛɛ aparece ahora una nueva versión de la *Primera crónica*, contenida en el ms. F, que ofrece variantes importantes (a veces, por mayor fidelidad al prototipo de ambas; otras, porque innova por su cuenta; ocasionalmente, porque los dos textos se apartan en forma discrepante del prototipo);[68] pero ambas versiones tienen en común muchas amplificaciones retóricas, análogas a las que en secciones anteriores de la historia caracterizaban a la versión de 1289. También comienza en este punto la *Crónica de Castilla* (conservada en múltiples manuscritos),[69] que hasta el reinado de Urraca, por lo menos, puede definirse como una refundición revolucionariamente anovelada de la versión de la *Primera crónica* conservada en el ms. F.[70] Aunque la *Primera crónica* en sus dos versiones sigue estando basada, en buena parte de su extensión (no en toda), en la compilación historial de Alfonso X, es evidente que su prototipo no era una *Estoria de España* perfectamente acabada: al lado de pasajes en que el trabajo compilatorio, la cronologización y la sincronización responden perfectamente a las directrices de la obra alfonsí, surgen, aquí y allá, ciertos fragmentos estructuralmente imperfectos, en que el formador de la *Primera crónica* se con-

[65] Según estudio en *De Alfonso X,* pp. 124-71.
[66] Sobre los arreglos que tienen en común la *CGV* y la Crónica general (*L*) utilizada por la *Estoria del fecho de los godos* (*EFG*), véase 'Toledano romanzado', 57-64; sobre los que comparten la *CGV* y la *CXXR* (con la cual viene ahora a coincidir *L*) trato, de pasada, en *De Alfonso X,* pp. 188 y 192-3, y en 'El taller alfonsí', 374 (sobre la relación entre la *CXXR* y la *EFG*, véase 'Toledano romanzado', 45-9).
[67] Este arreglo de la *Estoria de España,* que, según nuestros conocimientos, sólo abarcaba la materia correspondiente al Lib. IV del Toledano, incorpora a la 'Versión alfonsí' un texto cíclico de las leyendas de *Flores y Blancaflor, Berta y Mainete*; también incluye, en toda su amplitud, la lista de reliquias del arca santa de Pelayo Ovetense. El arreglo nos es conocido, desde la mitad de su cap. 5, que corresponde al año 3.º del reinado de Pelayo, hasta el fin del de Alfonso II, a través del ms. Xx, y desde mediado el reinado de este rey hasta la muerte de Ordoño II, gracias a los mss. B, U, X, V. Véase *De Alfonso X,* pp. 176-7, y J. Gómez Pérez, 'Leyendas medievales españolas del ciclo carolingio', *Anuario de Filología,* Maracaibo, II-III (1963-4), 7-136. Cfr. adelante, n. 104.
[68] Cfr. 'El taller alfonsí', 369, n. 2.
[69] Sobre los mss. y las varias versiones de la *Crónica de Castilla* (*CC*), véase *De Alfonso X,* pp. 325-45 y nn. 17-28, 33-43 y 46-7.
[70] En toda su parte final, la *CC* es una obra independiente de la *PCG,* aunque también tenga como fuente básica (no única) al Toledano.

tenta con amplificar retóricamente el relato del Toledano, olvidando las restantes fuentes y prescindiendo de la cronología y sincronías.[71] Esta imperfección deja de ser ocasional a partir del reinado de Alfonso VIII (*PCG* 988), en que la *Primera crónica* pasa a ser, sin más, una traducción amplificada de la *Historia Gothica* del arzobispo don Rodrigo (basada, eso sí, en un cuaderno de trabajo alfonsí anterior a 1273).[72] Más distante aún del proyecto de Alfonso X es el fragmento (extraño al ms. &ɛ) dedicado a completar la historia del Cid (*PCG* 896b-962 [=963]), sobre el cual hablaremos luego más largamente.

No nos puede sorprender, después de lo dicho, que el Libro III de la *Crónica manuelina* sea estructuralmente muy distinto de los anteriores. Mientras los dos primeros 'libros' de la *Crónica manuelina* confirman la 'filiación legítima', la 'procedencia directa' de la *Crónica abreviada,* respecto a la primitiva *Estoria de España* de Alfonso X, que Menéndez Pidal daba por sentada en 1896, el 'tercero libro' justifica, en cambio, por sí solo, el que Menéndez Pidal tuviese necesidad de hablar en 1955 de la *Crónica manuelina,* como una obra diferente de la *Estoria de España* alfonsí (en cualquiera de sus versiones conocidas o reconstruibles) e incluso de todas las Crónicas generales conservadas.

La singularidad de este Libro III no supone, sin embargo, que la *Crónica manuelina* contuviese una historia 'moderna' de España desconocida de las demás Crónicas; todo lo contrario: Durante sus primeros 94 capítulos y medio, la *Crónica abreviada* es un resumen fiel de los capítulos 802 a 895a de la *Primera crónica general*; mientras en el resto de la historia del Cid, hasta el cap. III-166, se asemeja a la *Crónica de Castilla.* A partir del reinado de Alfonso VII (*CA* III-171; segunda mitad de *PCG* 966 [=967], p. 648a[7]), o quizá desde las postrimerías de Alfonso VI (*CA* III-167; *PCG* 963 [=964]), la *Crónica abreviada* vuelve a ser un resumen de la *Primera crónica*; sin embargo, en el reinado de Alfonso VIII incorpora, en dos ocasiones, varios capítulos (III-197 a III-205 y III-213 a III-215), que se relacionan íntimamente con la *Crónica ocampiana.* Finalmente, en el reinado de Fernando III, la *Crónica abreviada* resume la historia, interpolada y continuada con el 'Seguimiento del Toledano', propia de la *Crónica particular de San Fernando.*

Podría creerse, en vista de esta descripción, que el Libro III de la *Crónica manuelina* representaba un intento (análogo al de la *Crónica ocampiana*) de construir una Crónica general más 'completa' que las preexistentes, a base de combinar secciones de una crónica y otra. Pero no es así. Las divisiones internas de la *Crónica manuelina* coinciden con importantes fronteras estructurales de la Crónica general y, por tanto, deben estar relacionadas con la historia de esas fronteras; por otra parte, el parentesco de la *Crónica manuelina* con la *Crónica de Castilla* y con la *Crónica ocampiana* no supone filiación. Creo de interés estudiar con detalle las relaciones de la *Crónica manuelina* con las varias Crónicas generales.

[71] 'El taller alfonsí', 366 y 369-73.
[72] *De Alfonso X,* pp. 103-4.

7. EL LIBRO III Y LA PRIMERA CRÓNICA

En los capítulos correspondientes a *PCG* 802-96*a*, la **Crónica manuelina* va de acuerdo con la versión de la *Primera crónica* contenida en el ms. F, no con el texto regio Ɛɛ. Ello ocurre, tanto en los casos en que el ms. F se aleja menos de las fuentes, como en los casos en que se aleja más.

Por ejemplo: Al tratar de la conquista de Toledo (y de otros sucesos de carácter no eclesiástico del reinado de Alfonso VI), el ms. F reorganiza, en atención a la cronología, el relato del Toledano y lo enriquece con pasajes o detalles procedentes del Tudense; en cambio, el ms. Ɛɛ no hace sino amplificar retóricamente el texto del Toledano, manteniéndose apegado a su ordenación de los hechos y a su exposición. La *Crónica abreviada* resume la versión de F.[73] En la invasión almorávide, el prototipo de Ɛɛ y F había empalmado malamente, convirtiéndolas en un relato continuo, dos versiones, aún no armonizadas, de los sucesos, que encontró yuxtapuestas en los borradores alfonsíes.[74] En vista de las repeticiones e incongruencias que este relato ofrecía, tanto Ɛɛ como F, intentaron cada cual por su lado, mejorar la versión del prototipo, omitiendo, retocando y añadiendo. La *Crónica abreviada* desconoce los arreglos de Ɛɛ y comparte los de F.[75]

El parentesco entre la **Crónica manuelina* y el ms. F cesa, súbitamente, en medio del cap. 896 de *PCG*. Curiosamente, en ese mismo punto se

---

[73] Comienza por contar, en el a. XVII, la muerte del rey García (*PCG*, páginas 546*a*[50]-547*a*[15]; adviértase que la ed. no consigna todas las vars. de F) y el comienzo del cerco de Toledo, con la partición de la hueste en cuatro y el anuncio de que tardará en ganar la ciudad cuatro años; entre tanto, en el a. XIX muere la reina doña Urraca Fernández (*PCG*, p. 547*a*[32-38]); seguidamente se enumeran las villas comarcanas de Toledo que el rey don Alfonso conquista o adquiere (*PCG*, p. 538 *a*[37]-*b*[28 y *var*.]) y se explica por qué Alfonso decide titularse 'enperador de España'; a continuación se da noticia de los casamientos de la hermana del rey, doña Elvira, con el conde don García de Cabra, y de la hija, doña Urraca, con el conde don Ramón, cuyos hijos se consignan (*PCG*, página 538 *b*[28 *var*.]). El ms. Ɛɛ, en vez de esta compilación del Toledano y el Tudense, prefiere una versión, muy amplificada, del Toledano, tanto en los capítulos dedicados a la conquista de Toledo (*PCG* 867 y 868), como en el que se cuentan las muertes de don García y doña Urraca (*PCG* 876).
[74] Véase 'El taller alfonsí', 367-9 y nn.
[75] Por ej. conserva el nombre de 'Yuçef miramomellin' donde Ɛɛ lo omite (*PCG*, pp. 556 *b*[43-46] y 557 *a*[11-16 *vars*.]), por retoque evidente; en cambio, supone, con F (y contra Ɛɛ), que 'Yuçef' 'priso a Aly el que enbiara a España e cortole la cabeça por que sse llamara mira mamelyn' (*CA* III-85). Los dos retoques representan intentos varios de solucionar la alternante aparición de dos miramomelines, debida a la yuxtaposición de dos relatos de la invasión almorávide (uno de ellos basado en las fuentes básicas; otro utilizando fuentes árabes). A la misma razón se debe la omisión, en F y en *CA*, del fragmento de Ɛɛ (que en *PCG* se consigna sólo en *var*. a p. 554*b*[1]), basado en las fuentes básicas, sobre la derrota de los condes en Roda y de Alfonso en Sacralias y sobre el ataque del rey contra Sevilla.

interrumpe, no el ms. F, pero sí el ms. ℰε.[76] La coincidencia sería inexplicable si no tuviéramos en cuenta que la desaparición del ms. ℰε está conexionada con una frontera estructural. Hasta ese punto (*PCG* 896*a*) las dos versiones conocidas de la *Primera crónica* (la del ms. ℰε y la del ms. F), aunque no contengan un texto acabado de la *Estoria de España*,[77] remontan a un prototipo que utilizó un cuaderno de trabajo o borrador alfonsí en que se hallaban ya entretejidas las diversas fuentes de la *Estoria* (previamente traducidas, prosificadas, etc.), tanto latinas, como árabes, como romances, y en que ese relato había ya sido encasillado en una estructura analística y completado con todo un sistema de sincronías, de acuerdo con las directrices de Alfonso X. En cambio, para el resto de la historia del Cid los manuscritos no remontan a una compilación alfonsí, seguramente porque Alfonso X y sus colaboradores nunca llegaron a redactar esa sección de la *Estoria de España*.[78] Aunque el ms. F continúa, y aunque un interpolador del siglo XIV (la 'mano cuarta' del ms. facticio E₂) intentó completar el texto de ℰε con un relato idéntico al de F,[79] los capítulos 896*b* a 962 [=963] de *PCG,* que nos ofrecen no responden al modelo estructural de la *Estoria de España* (con su cuidadosa explotación de todas las fuentes, su organización analística y sus sincronías), sino que derivan de una 'Estoria del Cid' atribuida al alguacil histórico del Cid en Valencia ('Abenalfarax') e indudablemente fabricada en el monasterio de Cardeña con materiales en parte ajenos al taller de Alfonso X.[80]

La inexistencia, a partir de *PCG* 896*b*, de una **Estoria de España* alfonsí se comprueba con el comportamiento de la *Crónica de veinte reyes*: mientras en toda la sección anterior de la historia 'moderna' seguía siendo una refundición crítica de la *Estoria de España* (basada en un texto más cercano a la redacción primitiva que el de ℰε y F), ahora, al encontrarse sin una compilación alfonsí, se lanza a construir por su cuenta la historia, echando directamente mano del conjunto de fuentes reunidas para la elaboración de la *Estoria de España* (e ignorando los materiales del pseudo-Abenalfarax).[81]

Acabada la 'Interpolación caradignense', volvemos a contar con dos versiones de la *Primera crónica,* la de F y la de ℰε, y de nuevo la **Crónica manuelina* deriva de la *Primera crónica* y parece emparentarse con el ms. F.[82]

---

[76] *De Alfonso X,* pp. 61-3.

[77] 'El taller alfonsí', 367-73.

[78] 'El *Mio Cid* de Alf. X', 205-15 y 291-306.

[79] Es de notar que los caps. de esta interpolación llevan la misma numeración que en el ms. F, a pesar de que hasta este punto el ms. ℰε no numeraba los caps. Cfr. *De Alfonso X,* pp. 64-9.

[80] 'El *Mío Cid* de Alf. X', 304-6 y n. 129.

[81] 'El *Mío Cid* de Alf. X', 210-4.

[82] Alfonso VI es enterrado 'con sus mugeres doña Ynes e doña Costança e doña Maria la Çayda' (*CA* III-168); la Zaida no se nombra en ℰε. En *CA* III-180 se dice que doña Rica era 'fija del duc de Bolerma', como en F ('fija del duque de Palerna'); ℰε no lo consigna. En cambio, el resumen de *CA* no se hace eco de la adición de F en *PCG* p. 654*b*[40]-655*a*[4], basada en Tol. VI.3 y Tol. V.24.

Más adelante, cuando la *Primera crónica* se convierte (en el reinado de Alfonso VIII) en una traducción amplificada del Toledano, la hermandad de la **Crónica manuelina* con el ms. F perdura aún.[83]

Pero la sostenida concordancia de la **Crónica manuelina* y del ms. F no se extiende hasta el final de la Crónica. En el reinado de Fernando III, el ms. F sigue siendo una traducción de la *Historia gothorum* sin aditamentos y acaba allí donde el arzobispo don Rodrigo abandonó la historia;[84] en cambio la **Crónica manuelina* completaba la crónica del reinado.

8. EL LIBRO III Y LA CRÓNICA DE CASTILLA

Dado el carácter tan poco alfonsí de la 'Interpolación caradignense', podría pensarse que, si el Libro III de la **Crónica manuelina* se aparta del ms. F en la segunda parte de la historia cidiana, ello se debe a que alcanzó a conocer un texto de la Crónica general más fiel al proyecto de **Estoria de España*. Pero ese no es el caso. El parentesco de la *Crónica abreviada* con la *Crónica de Castilla* se establece, en una mayoría de casos,[85] a través de innovaciones patentes:

a) Sustitución (en *PCG* 906) del nombre genérico de 'Ramiro', que, de conformidad con la fuente árabe (Ibn Alqama), se daba al rey de Aragón, por el de 'Pedro', en atención a la circunstancia histórica (*CA* III-106).

b) Intento de enlazar el relato épico (cfr. *Mio Cid*, 1221-1235) del ataque del rey de Sevilla contra Valencia (*PCG* 922 [=923]) con la historia de Ibn Alqama, suponiendo que es el adelantado de los almorávides

---

[83] Por ej., en *PCG*, p. 690*a*[17], ambos textos coinciden en explicar erróneamente el nombre de la Gallia Bélgica: 'por que la gano vn prinçipe que dixeron Belges' (*CA* III-230); 'del nonbre del cabdiello que la gano' (ms. F). En cambio, el ms. δε se muestra mejor enterado: 'del nombre de la su yent'. La corrección errónea de F y *CA* procede de una errata, común a F y δε, en *PCG*, pp. 689*b*[47]-690*a*[1]: 'A la otra dizen Gallia Belgica por la yente de los gallos françeses que la gano et la sennoreo *el* que auie nombre Belgis.'

[84] Realmente, hoy no 'acaba' en este punto, pues se ha perdido una hoja. Pero la 'tabla' nos asegura que acababa en ese capítulo.

[85] La *CC* y la *CA* son claramente superiores al ms. F (y a la 'mano cuarta' del ms. facticio E₂) en la segunda parte del c. 896 de *PCG*, pues conservan el relato de Ibn Alqama anunciado en el titular de ese capítulo ('...et de lo que el enuio dezir al rey de Saragoça, et de como cercaron los almorauides el castiello que dizien Alaedo'), sin la laguna (malamente disimulada) que caracteriza a la *PCG*. Menéndez Pidal esclareció las causas de la laguna ('Tradicionalidad', 154-85); pero su imagen del *borrador alfonsí me parece insostenible (véase Catalán, 'El *Mio Cid* de Alf. X', 205-15). Tampoco tienen otra 'laguna' (si es que no es una adición deducida del contexto) que Menéndez Pidal suple en *PCG*, pp. 633*b*[20]-634*a*[17] (visión de San Pedro). Incluso podría admitirse que el capítulo final de la historia cidiana, referente a cómo 'el rey don Sancho de Navarra visnieto del Çid', estando en guerra con Alfonso VIII, dejó en San Pedro de Cardeña la presa que llevaba 'e fizo muy grant ofrenda por el alma del Çid', figuraba ya en la versión original de la 'Interpolación caradignense' y fue omitido por el prototipo de la *PCG* en vista de que se refería a tiempos muy posteriores. Sobre otros detalles del parentesco entre *CC* y *CA*, véase '*Reyes de África*, de Gilberto'.

Ali Abenaxa quien envía contra Valencia a su 'yerno', el rey de Sevilla (*CA* III-122).

c) Inclusión de una historieta (*CA* III-123) sobre cómo el Cid logró crear un valiente caballero a partir de un cobarde (Martín Peláez de las Asturias de Oviedo), y subsiguiente interpolación del nombre de este caballero en varios pasajes relacionados con el 'Cantar de Corpes' (*CA* III-137, 139, 140).

Retoques varios en el relato de origen épico referente al ataque a Valencia de los reyes de Marruecos 'Iunes' (*PCG* 923 [=924]-926 [=927]) y 'Bucar' (*PCG* 930 [=931]-931 [=932]); d) 'Iunes' (o 'Yuñez') es 'fijo' del miramomelín y no el miramomelín (*CA* III-126); e) el Cid gana de él (y no de Búcar) la espada Tizona (*CA* III-126); f) 'Iunes' (o 'Yuñez'), con el pesar de la derrota, enferma y, al ir a morir, conjura a 'su hermano' Búcar para que le vengue (*CA* III-130); g) Búcar echa pregón, al que acuden treinta reyes (*CA* III-130); h) en la batalla con el Cid mueren quince de esos treinta reyes (*CA* III-133).

i) Colocación en 'Requena' de las vistas del Cid con el rey don Alfonso (que duran ocho días, en los cuales 'el vn dia comien todos con el rrey e el otro con el Cid', *CA* III-128; cfr. *PCG* 927 [=928]).

j) Adición de la condena 'por aleuosos' de los infantes de Carrión (*CA* III-148) como remate del juicio ante el rey don Alfonso (cfr. *PCG* 946 [=947]).

k) Interpolación, en la 'Leyenda de Cardeña', de la venida del 'ynfante Garcia Rramirez' al entierro de doña Jimena y de la noticia de que entonces 'porfijo doña Sol al ynfante Garci Rramirez e lo crio' (*CA* III-163).

Estas y otras coincidencias de la *Crónica manuelina* con la *de Castilla* no suponen, sin embargo, la directa utilización de esta crónica. Por lo pronto, sorprende que varias de las interpolaciones no se integren de la misma forma en la narración preexistente:

La *Crónica abreviada* cuenta la historieta de Martín Peláez en un solo capítulo, detrás del relativo a la arrancada del rey de Sevilla y llegada del obispo don Jerónimo a Valencia (*PCG* 922 [=923]); en cambio, la *Crónica de Castilla* interpola tres capítulos en medio de la historia del cerco de Valencia basada en Ibn Alqama (entre *PCG* 915 [=916] y 916 [=917]) con una alusión a la hazaña de Martín Peláez, un relato de su cobardía y de la lección que recibe del Cid y una referencia a cómo, en la arrancada del rey de Sevilla, será el mejor caballero, logrando así convertirse en muy privado del Cid; después, en el capítulo de la arrancada (correspondiente a la primera mitad de *PCG* 922 [=923]), se conformará con repetir, muy brevemente, que no hubo caballero tan bueno como él en el alcance.

Paralelamente, la *Crónica abreviada* coloca el pasaje e), sobre Tizona, al final del capítulo correspondiente a *PCG* 925 [=926] y crea un capítulo nuevo, entre *PCG* 928 [=929] y 929 [=930] a base de los pasajes f), muerte de Yúñez, y g), pregón de Búcar; mientras la *Crónica de Castilla* (que fragmenta el cap. 925 [=926] de *PCG* en cuatro) agrupa f) con e) y deja, después, aislado el pasaje g).

Estas vacilaciones en la colocación de los episodios interpolados parecen indicar que una y otra crónica conocieron esos datos en forma de anotaciones marginales o en hojas adosadas al manuscrito base.

La independencia de la *Crónica manuelina* respecto a la *de Castilla* se confirma al ver que conservaba los capítulos largos propios de la *Primera crónica,* sin subdividirlos según hace la *de Castilla*,[86] y en que mantenía la denominación correcta 'almoravides', donde la *Crónica de Castilla* corrige malamente 'alarabes'.[87]

9. Las interpolaciones en la historia de Alfonso VIII

Entre todas las secciones y fragmentos, en que hemos descompuesto el Libro III de la *Crónica manuelina,* se destacan, por su interés, las dos interpolaciones en el reinado de Alfonso VIII. La primera ocurre en medio (*PCG*, p. 672b[1]) del cap. 991 de *PCG* (cuya parte inicial se resume en *CA* III-196 y el resto en III-206); la segunda divide (en *PCG*, p. 677a[6]) el cap. 997 de *PCG* (que, a su vez, se reparte entre *CA* III-212 y 216).

Lo añadido no es un relato exclusivo de la *Crónica manuelina*. Reaparece en los dos textos que conocemos de la *Crónica ocampiana*: la impresión de 1541 por Florián de Ocampo (=O) y el ms. Q', del siglo xv. Además figura en el singular ms. U', del siglo xv, y en el *Suplemento antiguo de pergamino* que utilizó el p. Pineda.[88] Tanto Q' y O, como U', anuncian expresamente, a propósito de la primera interpolación (a la cual Pineda no alude), que interrumpen la historia según el Toledano para dar entrada a otro relato en que ciertos sucesos se contaban con razones menos 'atajantes' que las del arzobispo. Es muy posible que la *Crónica manuelina* contuviera una advertencia similar.

Para comprender mejor la relación entre los varios manuscritos, interesa notar que en la *Crónica abreviada* y en el ms. U' las interpolaciones se añaden a un texto base que consiste, simplemente, en la *Primera crónica general;* en cambio, tanto Q' como O 'completan' la *Primera crónica* con la *Crónica de Castilla*. Esto explica que, en medio de la primera interpolación, la *Ocampiana* incluya la historia de la judía de Toledo, mientras la *Crónica abreviada* y el ms. U' nada saben de ella. El especial parentesco entre la *Crónica manuelina* y el ms. U' se confirma en la colocación de la primera de las dos interpolaciones: mientras U' divide con

[86] La *CC* tiene, en sus varias redacciones, una misma capitulación como base.
[87] La sustitución no es un error ocasional, pues se repite sistemáticamente. La *CA* conserva siempre la denominación correcta: III-95 (*PCG* 896), III-97 (*PCG* 897), III-98 (*PCG* 898), III-99 (*PCG* 899), III-102 (*PCG* 902); etc.
[88] Véase 'Toledano romanzado', 64-70, en especial, nn. 207, 209 y 210.

ella el cap. 991 de *PCG* por el mismo punto que la *Crónica abreviada,*
Q' la sitúa entre *PCG* 990 y 991 y O tras el cap. 992 de *PCG* (p. 677*a*[6]).
La esencial identidad entre el relato interpolado en la *Crónica abreviada,* en el ms. U', en la *Crónica ocampiana* (Q', O) y en el *Suplemento de pergamino* (en los pasajes en que nos es conocido), no supone que el único interés del sumario de don Juan Manuel consista en poder fechar este relato antes del período 1320-25. La *Crónica abreviada,* a pesar de su concisión, refleja, a veces, mejor que la *Ocampiana* el contenido de la fuente utilizada. Bastará con citar un caso de máximo interés.
Cuando Lope de Arenas, para apoyar la causa de Fernán Ruiz de Castro, se alza en Zorita, y el rey niño, tutelado por el conde don Nuño de Lara, acude a cercarlo (1169), la *Crónica ocampiana,* junto a otros muchos detalles (entre los que no falta, claro está, la prisión de los condes a traición por Lope de Arenas), cuenta lo siguiente:

> E el conde don Lope de Auia, oyendo de commo el rrey niño don Alfonso yua ya cobrando e creçiendo e apoderando de todo su rreyno, ... lo vno por lo adebdar para adelante e aver su ayuda, lo otro rreconoçiendo los bienes de su padre el rrey don Sancho e del su señorio, lo al dando a entender que auia sabor de lo seruir, en oyendo en commo este rrey don Alfonso fazia hueste para yr sobre Çorita, guiso el otrosy su hueste e veno en su ayuda. El conde don Lope de Nauarra non sopo de la hueste syno tarde, de guisa que non vuio y llegar con el rrey... pero, con todo eso, el conde don Lope, desque lo sopo, puño de ser apresurar e de guisar mucho ayna, e veno se para el rrey muy bien guisado de muncha gente de cauallo e de pye e de muncho conducho... (ms. Q').

Esta venida de dos condes Lope al cerco de Zorita parece un puro desatino. Los documentos de Alfonso VIII, redactados estando 'super Zoritam, tunc temporis quando comes Nunnio et comes Pontius a nequissimo illo Lupo de Arenis ibi detinebantur captiui' (5 y 14 mayo 1169) o ya 'in Zorita, tunc temporis quando comes Nunio et comes Pontius a captiuitate inde fuerunt liberati' (19 mayo),[89] nombran entre los confirmantes a un 'Comes Lupus', no a dos. Nadie dudará en identificarlo con don Lope Díaz de Haro o de Nájera (el 'de Nauarra' que dice el ms. Q'). Pero el otro don Lope llamado 'de Auia' (o 'de Euia' O) es personaje inexistente.[90] Sin embargo, la presencia en el relato de la *Crónica ocampiana* de dos condes don Lope se confirma a la hora de despedirse los vasallos del rey. El 'de Auia' aparece ahora escoltado por un contingente de moros:

> El conde don Lope, que veniera a esta çerca en ayuda del rey commo ya dicho avemos, pues vio quel pleyto era ya librado... e las

[89] Julio González, *El reino de Castilla en la época de Alfonso VIII,* 3 vols. (Madrid, 1960), docs. núm. 116, 118 y 119.
[90] Ya le llamó la atención a R. Menéndez Pidal, *Crónicas generales de España*[3] (Madrid, 1918), p. 129: 'también es nueva la continua mención del conde D. Lope de Evia al lado del conde D. Lope de Navarra (edic. fol. 385*b* y 386*c*)'.

gentes començauan ya derramar cada vnos a sus tierras, saluo los que auian a fyncar con el rrey, el otro[sy] despedyose del rrey, e prometyole su seruiçio e su ayuda para quando el menester ouiese; [e] el rrey don Alfonso gelo gradesçio mucho e le prometio su ayuda otrosy; [e] fuese con sus moros para su tierra. E otrosy el conde don Lope, que veno a esta çerca commo ya desuso oystes, con grand voluntad que auia de seruir al rey... se despydio del para se yr a su tierra...

La perplejidad que nos causan estos pasajes de la *Crónica ocampiana* desaparece al leer los dos resúmenes correspondientes en el sumario de don Juan Manuel:

... E el rrey fuelo cercar. E dize commo el rrey Lope de Denia e el conde Lope de Najara vinieron alli con grandes gentes en ayuda del rrey. Otro ssy dize qu'el rrey de Denia e el conde don Lope despidieron sse del rrey e fueron se para sus casas muy pagados del rrey don Alfonso (*CA* III-203).

Todo resulta ahora claro: el primer 'conde don Lope' de la *Ocampiana* es el 'Rex Lupus', Ibn Mardanīš, que en 11 de julio de 1160 había confirmado, como 'uasallus regis Ildefonsi', un documento del rey niño,[91] y que en 1167 sabemos 'entró' en Toledo, sin duda para reafirmar su vasallaje y su alianza con Castilla.[92] El nuevo dato de la *Crónica manuelina* —la presencia del rey Lobo en la hueste contra Zorita, en cumplimiento de sus deberes de vasallo— creo que debe tenerse por indudable, aunque haya sido ignorado hasta ahora por los historiadores.[93]

El ms. U' (el cual, en vista de su estructura,[94] podríamos llamar *Crónica manuelina interpolada*)[95] conserva también memoria de la venida de un 'rey', pero no comprende el pasaje:

El rrey Lo de Tenia (*el ms. escribe 'lode/tenia', con cambio de línea en /*), oyendo en commo el niño rrey don Alfonso yua ya cobrando... [etc.]... rreconosçiendo los bienes de su padre el rrey don

---

[91] Doc. núm. 52 de la colección publicada por J. González.

[92] Según los *Anales Toledanos I⁰⁸*, 'Entro el Rey Lop en Toledo era MCCV' (ed. H. Flórez, *España sagrada*, XXIII, Madrid, 1767, p. 391).

[93] Sobre las relaciones de Ibn Mardanīš con los reinos cristianos durante este período ha tratado especialmente J. M. Lacarra, 'El rey Lobo de Murcia y la formación del Señorío de Albarracín', *Estudios dedicados a Menéndez Pidal*, III (Madrid, 1952), pp. 515-26. También se interesó por la cuestión J. González, *obra cit.*, pp. 894-907. No comparto la idea de ciertos historiadores 'documentalistas' que creen necesario desechar las crónicas a la hora de reconstruir los 'hechos'; lo que se impone es estudiarlas seriamente y críticamente, cfr. n. 96.

[94] Nada sabemos de la estructura del ms. U' antes de los reinados de Sancho III y Fernando II, pues comienza mutilado a la mitad de su cap. 101, correspondiente a *PCG* 986 (p. 665b[33]); pero, en la parte conservada, su estructura coincide con la de la *Crónica manuelina* (sin embargo, la filiación no es segura).

[95] La principal interpolación es una historia del linaje de 'don Esteuan Yllan', el que entregó Toledo a Alfonso VIII, que se hace remontar al 'conde don Pedro de Costantinopla', quien habría asistido a la conquista de Toledo.

Sancho e el su señorio e el enperador su ahuelo... [etc.]... El conde
don Lope de Najara non sopo de la hueste sinon muy tarde... [etc.].

En cambio, en la segunda alusión, habla también de dos 'condes' don
Lope, como la *Ocampiana:*

> Mas el conde don Lope, que viniera a esta çerca en ayuda del
> rrey por lo seruir e adebdar commo dicho es, pues vio que el pleyto
> librado era... [etc.]... fue con sus moros a su tierra. Otrosy el conde
> don Lope, que vino a esta çerca... [etc.].

La confrontación de estas dos parejas de textos, la *Crónica abreviada*
y U', de una parte, y Q' y O, de otra (por no hablar ahora del *Suplemento
de pergamino*) es, por tanto, obligada al tratar de reconstruir la fuente
de la 'Historia menos atajante' (que la del Toledano), a que se alude
en U', Q' y O. Ese relato era, evidentemente, una historia atenta al punto
de vista nobiliario (con retoques a favor de los Castro), emparentada
(pero no derivada) de la que utilizó otra pareja de crónicas, la *de Castilla*
y la *de veinte reyes* (que, desde Alfonso VII, son hermanas), para completar la historia, demasiado personalista, del arzobispo don Rodrigo. El
examen comparativo de las cuatro crónicas es esencial para comprender
la estructura primitiva de la interesantísima *Historia nobiliaria* que está
en la base de todas ellas (como complemento de la del arzobispo) y del
cómo y el por qué de sus transformaciones.[96]

10. El Libro III y la Crónica particular de San Fernando.

La *Crónica abreviada* contiene todas las adiciones a la historia del
Toledano características de la *Crónica particular de San Fernando* (mss.
D, S, ed. Sevilla 1526) y textos derivados:[97]

En *CA* III-260 y en *CA* III-261 a 264 interpola el relato de la cabalgada contra Jerez de don Alvar Pérez de Castro y del infante don Alfon-

---

[96] No hay lugar para estudiar aquí el contenido de la *Interpolación manuelina-
ocampiana,* ni sus relaciones con la fuente nobiliaria utilizada por el prototipo de
la *CC* y la *CXXR.* Sólo quiero apuntar que ambos prototipos parecen basados en
un mismo arquetipo, transformado en direcciones divergentes bajo la presión de
distintas ideologías políticas y en virtud de concepciones diversas de la prosa historial. Frente a lo que piensa J. González y otros 'puristas' de la historia docu-
mental, la información política de las Crónicas es imprescindible para entender la
historia interna de Castilla desde Alfonso VIII a Fernando III. La documentación
eclesiástica que proporcionan los archivos no da luz alguna sobre múltiples facetas
de la historia de ese período. De otra parte, no es posible aceptar ciegamente
—como los historiadores suelen hacer— el apasionado y personalísimo resumen del
arzobispo don Rodrigo Ximénez de Rada.
[97] Entre ellos: la versión adicionada en el s. xiv ('mano sexta') que figura en
el ms. facticio E₂ de la *PCG* (editada por Menéndez Pidal) y en ms. derivados
de E₂; la continuación (desde la subida al trono de León de Fernando III) de
la *CXXR,* el *Suplemento en pergamino* del p. Pineda, el ms. M del *Toledano romanzado,* etc. (cfr. *De Alfonso X,* pp. 80-6, y 'Toledano romanzado', 67-71).

so; en *CA* III-266 añade varios detalles sobre cómo fue la conquista de Córdoba, y en *CA* III-270 explica cómo, 'por que los fechos del rrey don Fernando non cayesen en oluido, conposieron las Cronicas de aquel logar en adelante do las dexo el arçobispo don Rrodrigo. Pero que non dize quien las conpuso', y, en efecto, a continuación incluye el 'Seguimiento del Toledano', hasta el capítulo final (*CA* III-342) referente al entierro del rey (omite, sin embargo, los caps. 1112-1123 de *PCG*).

No sabemos de cierto en qué punto abandonaba la **Crónica manuelina* el texto análogo a F para empezar a transcribir la *Crónica particular,* pues varias coincidencias del resumen contenido en la *Crónica abreviada* con los mss. D, S, en contra de la 'mano sexta' (s. XIV) del ms. E₂, caen en una laguna (por pérdida de folios) del ms. F.[98] La primera muestra de su parentesco con D, S, frente a F (y también frente a E₂ 'mano sexta'), es la división en dos del cap. 1039 de *PCG*.[99]

Sea como quiera, interesa destacar que la versión de la cabalgada contra Jerez que conoció don Juan Manuel contenía ya la falsa identificación del 'infante don Alfonso' con el 'fijo' (*CA* III-260) de Fernando III, esto es, con el futuro rey Alfonso X, cuando el protagonista de ella fue, en realidad (según nos dice el Tudense),[100] el hermano del rey Fernando. Este craso error pone de manifiesto que, si bien la fuente del pasaje pudo ser más o menos contemporánea de los hechos narrados, la redacción incluida en las Crónicas generales es, evidentemente, post-alfonsí.[101]

11. LA REVOLUCIÓN HISTORIOGRÁFICA POST-ALFONSÍ Y DON JUAN MANUEL.

A diferencia de la historia 'antigua' y 'media', la historia 'moderna' de España de la **Crónica manuelina,* que el estudio comparativo de las Crónicas generales nos ha permitido reconstruir, se apartaba profundamente del modelo alfonsí.

Es cierto que las extensas secciones del Libro III relacionadas con el ms. F de la *Primera crónica* siguen estando basadas en materiales historiográficos alfonsíes, ya sea elaborados de acuerdo con las directrices de la *Estoria de España* (especialmente los reinados de Fernando I, Sancho II y Alfonso VI), ya sea en bruto (como la historia de Alfonso VIII y

---

[98] En *PCG* 1035, p. 719b[30], la 'mano sexta' de E₂ dice 'Baena', donde *CA* (III-254) y los mss. S y D de la *Crónica particular* (*CSF*) traen 'Bae(s)ça'. En *PCG* 1036, p. 720b[21-38], *CA* (III-255) coincide con S y D en la omisión, por homoiographon, de los hechos de un año (esto es, atribuyen al 'terçero año' los sucesos del 'quarto'); E₂ 'mano sexta' es correcto. En F faltan tres folios.

[99] En *PCG*, p. 723b[39]. Por otro lado, la *CA* no parece basada en la *CSF* desde el principio del reinado, pues incluye (*CA* III-249) el cap. del entierro de Enrique I (detrás del de la proclamación de doña Berenguela y cesión del reino a Fernando III), que la *CSF* omite (cfr. *De Alfonso X,* pp. 81-2, en que explico las consecuencias de esta omisión en los titulares de los capítulos).

[100] *Chronicon Mundi,* ed. Andreas Schott (Francofurti, 1608), p. 115.

[101] *De Alfonso X,* pp. 85-6.

Enrique I, que es sólo una traducción de la *Historia Gothica* del Toledano);
pero, en muchos capítulos, el relato conciso original ha sido revestido de
un atuendo nuevo, con el solo propósito de contar los hechos 'con las
más (no con las menos) palabras que se podía poner'.

Mayor novedad, frente a la *Estoria* de Alfonso X, ofrecen las secciones
restantes: esto es, la 'Interpolación cidiana caradignense' (que en la **Crónica manuelina* es análoga a la de la *de Castilla*); los pasajes de la 'Historia
menos atajante' sobre Alfonso VIII (semejantes a los de la *Ocampiana*),
y el 'Seguimiento del Toledano' (e interpolaciones relacionadas). Todas
ellas se apartan del modelo alfonsí, tanto en el estilo de su prosa, como
en la concepción de lo que es historia, como en el ideario político que las
informa.

El falsario que aprovechó la historia valenciana de Ibn Alqama para
autentizar una 'Estoria del Cid' de inspiración monacal, destinada a fo-
mentar el turismo de la peregrinación a San Pedro de Cardeña, tenía un
concepto de la narración histórica bien distinto de un Alfonso X. Preocu-
pado por racionalizar los episodios del *Mio Cid* refundido [102] y la leyenda
quasi-hagiográfica de las postrimerías del Cid, trató con extraordinaria libertad los relatos de las fuentes e inventó sucesos y escenas de corte
novelesco para redondear la historia.[103]. Una vez creada, la novela cidiana
siguió creciendo, incluso después que la historia del pseudo-Abenalfarax
entró a formar parte de la Crónica general: el nuevo 'historiador' creador
del prototipo de la *Crónica de Castilla* la retocó para dar cabida en ella
a otras innovaciones de carácter novelesco (como la historieta de Martín
Peláez), que, en algunos casos (detalles sobre 'Iunes' y 'Bucar'), se dicen
tomadas de la *Estoria de los reyes de África* del maestro Gilberto.[104].

A su vez, la 'Historia menos atajante' contenía una importante novedad, la introducción del punto de vista aristocrático en la historia: frente
a la orientación eclesiástica heredada de la vieja historiografía peninsular
en latín y frente al cerrado monarquismo de la versión alfonsí, las interpolaciones en la historia de la menor edad de Alfonso VIII responden a una
ideología política cuya voz no se había dejado oír en las historias generales
de España hasta la revolución nobiliaria que humilló a Alfonso X.

[102] Aunque buena parte de las modificaciones sufridas por la materia épica
pueden ponerse a la cuenta del 'estoriador' caradignense, el *Mio Cid* que está en
la base no creo que sea identificable con el de Per Abbat y Alfonso X. En este
sentido, malinterpreta mi opinión C. Morón Arroyo en *HR*, XXXVIII, núm. 5
(nov. 1970), 38, cuando resume: 'De esta forma sólo queda constancia de un
Poema sin refundiciones'.
[103] Cfr. 'El *Mio Cid* de Alf. X', 304-6, y 'Poesía y novela', 431-3.
[104] Véase '*Reyes de África* de Gilberto', en que comento las citas de esa obra
en la *Gran crónica de Alfonso XI* (pp. 346-8) y en la *CC* (pp. 348-50). También se
cita en la *CF* para autorizar las adiciones basadas en la historia cíclica de *Flores y
Blancaflor*, *Berta* y *Mainete* (véase arriba, n. 67). ¿Tendrán un mismo origen las
versiones anoveladas de la Crónica general que llamamos *CF* (de Pelayo a Ordoño II) y *CC* (de Fernando I a Fernando III)? J. Gómez Pérez supone que la *Estoria de los rreys moros que rregnaron en el señorío de África* del maestro Gilberto
nunca ha existido y que se trata de una falsa autoridad; sin embargo nada impide
que fuera una gran compilación de historias y leyendas (¿no estamos, acaso, en
los tiempos de la *Gran conquista de Ultramar*?).

Pero más trascendental, quizá, fue lo novedosamente que concibió la historia de Fernando III el continuador post-alfonsí del arzobispo don Rodrigo. Su selección de los hechos que 'deben ser contados'[105] difiere profundamente de la de su predecesor, según ponen de manifiesto los varios pasajes que consideró preciso añadir a la crónica antes de la fecha en que el arzobispo 'se partió' de la historia.[106] La atención prestada a las hazañas en la Frontera de personajes jerárquicamente secundarios o, incluso, a hechos ejemplares que lindan en lo anecdótico (como el suceso que explica el sobrenombre de 'Machuca' dado a Diego Pérez de Vargas, un caballero de don Alvar Pérez de Castro 'el Castellano', en *PCG*, página 728*a*[3-30], o el que dio origen a la frase '¡cata Melendo!', con que se amenazaba a los niños que lloran para hacerlos callar, que se refiere a Men Rodríguez Gallinado, un sobrino de don Lorenzo Suárez, en *PCG*, página 740*b*[11-28]), son bien indicativos de la intrusión en la historia de una perspectiva enteramente nueva.

En el plano estilístico, la revolución historiográfica, que estas tres secciones post-alfonsíes ejemplifican, no es menos drástica. El científico respecto a las fuentes y el racionalismo didáctico, característicos de las escuelas alfonsíes, exigían del historiador el empleo de una prosa muy controlada y, en cierto modo, 'aliteraria'; en cambio, la nueva historiografía se libera de la sumisión al contenido histórico y al texto y ensaya otras formas de historiar, en que la novelación y el retoricismo tienen perfecta cabida. La 'Historia caradignense del Cid' nos sorprende por la amplitud novelesca con que concibe las escenas, tanto las de nueva invención (por ejemplo, la embajada del Soldán de Persia, *PCG*, páginas 627*b*[43]-630*b*[9], o el entierro del Cid, *PCG*, pp. 639*a*[28]-641*a*[20]), como las de ascendencia épica (por ejemplo, el socorro de las afrentadas hijas del Cid, *PCG*, pp. 609*a*[41]-*b*[25], 610*b*[42]-611*b*[14]); también llaman la atención sus manierismos retóricos, desconocidos de la *Estoria de España* (como la pregunta retórica narrativa encabezada con '¿Qui vos podrie contar...?', que se repite por lo menos quince veces).[107] La 'Historia menos atajante' tiene una prosa más incolora; pero los episodios histórico-legendarios de la menor edad de Alfonso VIII (entrada del rey niño en Toledo, muerte del conde don Manrique gracias a un 'ardid' de Fernán Ruiz de Castro, cerco de Zorita y traición de Dominguillo) se cuentan complaciéndose en el relato anecdótico. En fin, el 'Seguimiento del Toledano' practica un nuevo arte de historiar, en que hacen su aparición el largo discurso oratorio (como la arenga de Diego Pérez de Vargas 'Machuca' cuando Aben Alahmar tenía cercada a la condesa en Martos, *PCG*, pp. 738*a*[38]-*b*[40]), los 'consejos' en que se airean varias opiniones (*PCG*, pp. 747*a*[21]-*b*[13]), la historia-exemplo (como la recupera-

---

[105] 'Et esto destas razones todas sobredichas deuiera seer contado en la estoria del dicho arçobispo et non lo fue', *PCG*, p. 740*a*[1-3].

[106] *PCG*, pp. 724*b*[24-40], 725*a*[18]-729*a*[17]; 729*a*[13]-730*a*[8], 730*a*[10]-*b*[45], 730*b*[48]-731*a*[10], 731*a*[21]-733*a*[44]; 736*b*[35]-740*a*[25].

[107] *PCG*, pp. 595*b*[25-26], *b*[40-44], 602*b*[15-21], *b*[28-34], 606*a*[43-45], 611*b*[37-39], 614*b*[22-24], *b*[30-33], 619*a*[45]-*b*[1], 624*a*[29-32], *b*[9-10], 625*a*[47]-*b*[1], 627*b*[12-13], 631*a*[33-36].

4

ción por Garcí Pérez de Vargas de su cofia, *PCG,* pp. 751*b*[25]-752*b*[43]), la pregunta retórica variada ('¿que vos diremos?', '¿qui vos podria dezir et contar...?', '¿qual podrie ser aquel que podrie saber nin asmar...?', 'pues ¿commo non puede ser muy buena et muy preciada...?', '¿quien vio tanta duenna... et tanta donzella... quien vio tanto infante, tanto rico omne, tanto infançon, tanto omne de prestar...?'), el paréntesis retórico ('et la muerte —que mucho es auiesa et descomunal et tortiçera en judgamiento de convalentia et forçante de las uidas— diol ssalto...', *PCG,* página 739*b*[13-16]) etc.

No sabemos cuál sería la reacción de don Juan Manuel ante estas novedades, pues nada comenta en relación con la división tripartita de la Crónica de España que manejaba. Creo, sin embargo, que rechazó los ocasionales excesos retóricos de la nueva historiografía (pues siempre que abandona la claridad es en favor del conceptismo y no del retoricismo). Pero, sin duda, algo debió de aprender de la espontaneidad expositiva de los historiadores post-alfonsíes que rompieron con la extremosa fidelidad a las fuentes practicada por sus predecesores; y, desde luego, se sintió atraído por la nueva concepción histórica de la 'Historia menos atajante' del 'Seguimiento del Toledano', con su énfasis en la importancia ejemplar de ciertos hechos y razones particulares, a través de los cuales unos individuos —naturalmente, ricos hombres o infanzones— establecen normas de conducta modélicas. La transformación de algunos sucesos similares a los contados en el 'Seguimiento del Toledano' (y en que intervienen los mismos personajes) en 'exemplos' del *Libro de Patronio* no nos deja lugar para dudarlo.[108]

12. Más acá del modelo alfonsí.

El modelo alfonsí de prócer —codicioso de honra para sí y sus reinos, capaz de gobernar y de acrecentar el saber— estaba muy presente en la ambición de don Juan Manuel, su sobrino, tío y tutor del niño rey Alfonso XI (1320-25). De ser mero lector y gustador de obras ajenas, don Juan pasó entonces a ser autor de libros. En un principio, apenas se atrevió sino a sumariar las obras 'cumplidas' del rey don Alfonso (*Crónica*

---

[108] El *Ex.* xv ('De lo que conteçio a don Lorenço Suarez sobre la çerca de Sevilla') y el xxviii ('De lo que conteçio a don Lorenço Suarez Gallinato quando descabesço al capellan renegado') se basan en la actuación de dos personajes (Lorenzo Suarez y Garci Pérez de Vargas) alrededor de los cuales giran varias de las acciones ejemplares contadas por el 'Seguimiento del Toledano'. Claro está que entre el suceso ejemplar cronístico y el cuentístico hay aún un gran trecho: el '*Exemplo* xv' de don Juan Manuel trata de un 'fecho' que se asemeja, de lejos, al que cuenta el c. 1107 de *PCG* (resumido en *CA* III-327). En ambos se presenta un suceso ejemplar en que el valor prudente y mesurado de don Lorenzo contrasta con la heroicidad imprudente de Garci Pérez; pero en la crónica el 'exemplo' debe deducirse del relato mismo, mientras en el *Libro de Patronio* la hazaña se cuenta como parte de una 'porfía' entre tres caballeros sobre 'qual era el mejor cavallero d'armas' y acaba con un juicio, convocado por el rey, en que los 'omnes buenos' deciden, tras larga deliberación, la superioridad de don Lorenzo.

abreviada, Libro de la caballería) para mejor retener los 'fechos' y 'rrazones' que 'entendio que cunplian para el'. Pero, en medio de esa tarea (*Libro de la caza*), se percató de que, si bien el rey don Alfonso 'puso muy conplida mente la teorica e la pratica commo conuiene a esta arte —et tan conplida mente lo fizo que bien cuydan que non podra otro emendar nin enader ninguna cosa mas de lo que el fizo, nin avn fazer tanto nin tan bien commo el—', sin embargo 'lo que mas cunple para esta arte es la pratica, que quiere dezir el vso' y los usos se mudan;[109] por tanto, él, don Juan, que era 'muy caçador', se decidió a 'escreuir en este libro lo que el u[i]o que se vsa en esta arte et lo que oyo dezir'. El aplastante modelo del rey 'sabio', tan inimitable, había sido, por fin, sustituído por un modelo mucho más al alcance de don Juan Manuel, la vida misma.[110] Desde entonces don Juan Manuel se sintió seguro. De la obra alfonsí sólo quedaría, siempre presente, la lección estilística, el saber escribir poniéndolo 'todo conplido e por muy apuestas rrazones e en las menos palabras que se podia poner'.

Cátedra-Seminario Menéndez Pidal y
University of California, San Diego

---

[109] '...touo que el vio commo se mudo la manera de la caça de aquel tienpo fasta (que) este que agora esta.'

[110] Mi lectura de este Prólogo (que ha solido ser malinterpretado) explica el contraste entre la fidelidad de la *CA* a su modelo alfonsí y la libertad con que don Juan Manuel acomoda las enseñanzas de Alfonso X sobre la caza a su anecdotario y a su conocimiento práctico de cazador. Sin duda es en este libro cuando don Juan decide, por primera vez, acudir a la experiencia para poder escribir al margen del 'saber' de su tío. El cambio de actitud no exige suponer que el *Libro de la caza* haya sido refundido en un período más tardío de la actividad literaria manuelina (como piensa Orduna, cfr. n. 37); todo lo contrario, aclara perfectamente el paso hacia obras como el *Libro del caballero y el escudero* y el *Libro de los estados,* que siguen inmediatamente.

PETER N. DUNN

The Structures of Didacticism:
Private Myths and Public Fictions

Julia Kristeva has noted that 'Le nominalisme marque une étape décisive du passage du symbole au signe dans le discours moyenâgeux'.[1] Complementarily, one may say that the intention of literature is less frequently to induce a state of awe, or to persuade the reader to a radical reorientation of his being. The rhetorical deployment of saintly exemplars and figural types in the clerical tradition, and the intricate play of moral flaws, choices and rewards in the symbolical world of romance, are yielding place to a more open, contingent world of problematic situations. The new literary strategy (we need a larger concept than *form* or *genre* here, since a variety of forms may be instrumental in this strategy)[2] is the collection of tales gathered around a central dialogue. The dialogue may be presented as passing between two or more persons who remain present throughout, as in the *Canterbury Tales* or the *Conde Lucanor;* between a pseudo-author or *persona,* and the reader, as in the *Libro de buen amor,* or a combination of these, as in the *Decameron.* However interestingly developed or richly wrought the individual stories or fables may be, they may never be allowed to become independent of the whole. Whatever brilliance they may have is contributory to their function, which is to represent the variety and openness of the world, and to present this world to a mind which is capable of reflecting on it. This mind, as we have just observed, may be the reader's addressed directly, or a person or group of persons within the text. Whatever the case, the range of fictional situations (and, in the example of Chaucer, the range of styles) is such that they cannot be reduced to a dogmatic uniformity of meaning. Within the dialogue they are submitted to discussion and analysis upon which no absolute conclusions need be imposed. Let the reader grasp the meaning for himself, if he will.

King Alfonso X had already used the imprecisions of the vernacular

[1] Julie Kristeva, *Sur le Texte du roman* (The Hague, 1970), p. 30.
[2] The word 'strategy' (which indicates the author's use of received materials in order to achieve some result at a given moment) enables the structuralist critic to maintain contact with literary history. For a recent view of Juan Manuel's literary inheritance (no mere cliché), see Richard P. Kinkade, 'Sancho IV: Puente literario entre Alfonso el Sabio y Juan Manuel', *PMLA,* LXXXVII (1972), 1039-51.

entendimiento in order to relate the effort of the reader to the craft and expressive skill of the writer rather than to the spiritual value of the declared subject.

> Por que trobar e cousa en que iaz
> entendimento, porén quen o faz
> á-o d'auer, et de razon assaz,
> perque entenda et sabia dizer
> o que entend'e de dizer lle praz;
> ca ben trobar assí s'a de ffazer.[3]

Similarly Juan Ruiz with his 'entiende bien mi libro'.[4] *Mi libro*: literary technique, the skills of rhetoric, whatever binds the reader to the work, not to the archetype. With a new generation of writers (Juan Manuel, Juan Ruiz, Boccaccio, Chaucer) the author becomes a *persona* in his work and bares his optic lens among the other characters. His point of view exists in counterpoint to that of others, or slants across the expectations of the reader. Boccaccio's confessional mode in the prologue to the *Decameron* and his hint of an allegory in the Florentine plague are transformed by the stories and by the dialogues into a posture which is that of a modern writer claiming his right to open his art to every impulse, without preconceptions. The undogmatic humanist unifies his work in the steadiness of his style, equally free from evasions and pieties. Don Juan is no humanist, but even so his *Conde Lucanor,* as the prologue makes clear, is also conceived as a verbal mediation between the *entendimiento* of the author and that of the reader, in relation to a world of flux and uncertainty. Though Boccaccio's hundred stories demanded a more obvious formality of arrangement, the *Decameron* grows out of an interaction between a course of events which has already escaped into 'past' time, and the author's reflexion 'here', 'now', which rescues them, meditates upon them and shapes them as literature. As with Chaucer, there is one simple discourse for a variable relation with the reader, and again the author has become part of his work. Recall the Prologue, and the preamble to the Fourth Day, and it is clear that the author is as much framed and justified by his work as the work is shaped and directed by the author.

In the *Canterbury Tales* and the *Decameron* we could say that the formal divisions of the work do not merely divide, but are made to enhance the diversity contained within it, while the authorial presence, subtly varying the style, the presentation and the other features of the discourse, creates more flexible structures deeper within the whole. In both London and Florence, a middle class strong enough to mingle with the traditional nobility had created a fascinating cultural diversity, made the city, as such, a model of the formal together with the improvised,

---

[3] Alfonso el Sabio, *Cantigas de Santa María,* edited by the Marqués de Valmar (Madrid, 1889), I, 1.
[4] Juan Ruiz, *Libro de buen amor,* 64d.

the fixed with the fluid. A God-given hierarchy has to debate with social contract, a national pride rooted in the culture of a distant past (London='New Troy') accommodates an immediate pragmatism of trade, finance and expanding territory. The decline of knighthood as a social force and a source of values is manifest also; the rise of mercenary armies, and the success of the English bowmen in France during this period bear witness to the loss of pre-eminence by the cavalry, which is to say the knights in their most characteristic function. Juan Manuel offers a most instructive series of parallels and contrasts.

There is no evidence that Juan Manuel was interested in any philosophical elaboration on the meaning of writing which went beyond the Aristotelian 'goods' of *honestum* and *utile*. It is clear from the works themselves, however, that his personal care for their future preservation (expressed in the general Prologue to his *Obras* as a concern with verbal accuracy) has been matched with a keen sense of their internal symmetry, and with an equal sense of the basic unity of his *oeuvre*. With the exception of the brief *Armas* and the chronicles, the surviving works which posterity has found most interesting are all, in a broad sense, allegories[5] or demonstrative fictions. They filter the world through the heuristic device of question and answer, and medieval culture's insistent polarities are reflected in them. So, on a vertical axis: God-man, lord-vassal, noble-base. On a horizontal plane: life-death, youth-age, friend-enemy, honour-dishonour, among others; also a number of discriminations (e.g., *franqueza-escasez*: *Cavallero* xix, 16; *esforçado-medroso*; *Cavallero* xxv, 32). Don Juan's works also reflect those mediations which are possible between these opposites. Between lord and vassal, the formal ties of service, to which are to be added those of prudence: gifts, circumspect alliances, and so on. Between a man and his enemy, prudence again will tell whether there can be peace or not. Dishonour and death alone among the horizontal relations are beyond remedy. But the vertical scheme allows of grades of mediacy or, if one prefers, it is a continuous scale; the 'chain of Being'. The *Libro infinido* is a micro-universe within that chain. The father speaks to the son of the social world, from top to bottom, rank by rank, duty by duty, privilege by privilege. Also, the horizontal nexus, with man the *animal mortal razonal* (*Cavallero* xxxviii, 41) at its centre, has its vertical contexts. Man is on a higher plane than woman; transactions between equals must have regard for honour and one's necessity of salvation. I will not elaborate on what is obvious and what, in any case, is part of the common vision of the world in the High Middle Ages. I mention it only to stress the structural perspectives which it imposed on every feature of the created world: the oppositions, from God and Satan down to the 'war' of hot and cold, moist and dry, resolved and held in creative suspense by the various manifestations of God's plenitude of love.

The device of question and answer, common to the major works, is

---

[5] See under 'Allegory' in M. H. Abrams, *A Glossary of Literary Terms,* 3rd ed. (New York, 1971).

implicit also in others. *Armas, Infinido* are supposedly written in response to questions put to the author. As Ernst Cassirer has observed,

> It is only in this twofold process that true thought emerges. Plato has said that 'questioning and answering each other in discourse' is our only access to the world of the 'idea'. In question and answer 'I' and 'you' must be distinguished, not only that they may understand each other, but even if each is ever to know himself. Here both factors are in continual interplay. The thought of one partner is kindled by that of another. And by virtue of this interaction each constructs for himself a 'shared world' of meaning *within the medium of language* [author's italics].[6]

The meaning of the form of *Armas, Infinido,* etc. as expository monologues can be gathered from the further remarks of Cassirer:

> This 'dialectic' is apparent not only in true dialogue but even in a monologue. For even thinking to oneself is, as Plato has remarked, a 'conversation of the soul with itself'. Paradoxical as it may sound, there is good reason for saying that in the monologue the function which predominates is *division* of self, whereas in the dialogue it is *reintegration* that is central. For the 'conversation of the soul with itself' is only possible by virtue of the fact that in the process the soul in a sense undergoes a division within itself. It must undertake both the function of speaking and that of hearing, of questioning and answering. To this extent the soul ceases to be purely singular, purely an 'individual'. It becomes a 'person' in the basic etymological meaning of the word, which goes back to the mask and the role of the player on the stage (p. 114).

Looking at the *Libro del cavallero et del escudero* and *El conde Lucanor* from this perspective we can see that the 'meaning' of the former is a group of concentric questions: what would the world be like if it were ruled by standards of chivalry? Why has the world need of knights? What are the qualities required in a knight, and what training must he undergo? What is the essence of knighthood? What is the nature of man (of whom the knight is to be a purified example) and of the world in which he finds himself? These questions though concentric (turning about the definition and status of knighthood) are not all on the same plane: rather they are two sets of circles set at an angle of ninety degrees to each other, since one set of questions concerns the social world to which the knight is dedicated, and the other set refers to the created world in which he finds himself. The number of questions asked by the young novice is much larger than this, item by item, but the progress is clear. On two occasions the young knight asks the aged one a series of questions pertaining to the purposes of his profession, and the nature of the

[6] Ernst Cassirer, *The Logic of the Humanities* (New Haven, 1960), p. 113.

world: these two occasions are separated by the young knight's return to his native land. But at the very beginning, the *cavallero novel* is a visitor at the court of an exemplary king: 'muy bueno et muy onrado et que fazía muchas buenas obras...' *Cavallero,* 11. This king gives wisely and generously and so increases his friends and vassals that his kingdom prospers in peace and in war. All men know that they will receive from him a just reward, and are willing to lay down their lives and their goods in his service,

> Et por estas cosas era muy amado et muy reçellado; et tan grant sabor avían las gentes del servir, que non dubdavan de poner los cuerpos et los averes por levar su onrra adelante, et tenían que la muerte et la lazería en su [servicio] les era vida et folgura. (p. 12)

The just king as *imago dei* could not be clearer. He is such that men are drawn to serve and to love him and willingly give their lives. He is both loved and feared. Here we see two of the attributes of God, power and love, and an effect, justice. The third attribute— wisdom and knowledge— is found in the old knight, not in the king. The *cavallero anciano* patiently replies to all the young man's queries, and to each question relating to the nature and purpose of the physical and the celestial worlds (the orders of angels, the planets, the elements, etc.), he says that he cannot presume to know God's intention, but that they were surely created to perform the function that they do, and to illustrate God's great power and love and wisdom. Finally he begs the young man to stop asking questions and go away so that he can prepare himself for his last days on earth. What looks like a simple formula borrowed from Llull's *Llibre del orde de la cavayleria* is less naïve than it appeared to be. Preceding and following the questions asked by the young are two fundamental implicit but unstated questions which sustain all the rest: what is the end and purpose of knighthood in this world? Is being a perfect knight all that a man is called upon to be? These embedded questions are simultaneously posed and answered by, in the first case, the description of the court of the good king, the magnet of chivalry, where the youth learns and is knighted; and in the second case by the old knight's confessions of ignorance, and solitary preparation for death. The knight who was a hermit when the youth met him, has confessed the inadequacy of knighthood before God, and of natural philosophy for salvation. These are the large questions which justify asking the others at all, and the fictions which serve as signifiers are substituted for the questions. It is proper, then, to speak of the *Libro del cavallero et del escudero* as addressing us through what Jakobson has discerned as two aspects of language: metaphor and metonymy.[7] The fictional frame is metaphor, having sub-

[7] Roman Jakobson, 'Two Aspects of Language and Two Types of Aphasic Disturbances', in Roman Jakobson and Morris Halle, *Fundamentals of Language* (The Hague, 1971), especially pp. 90-96.

stitution as its *modus operandi*; within this metaphor metonymy builds on metonymy: a series of specific statements, each one incomplete, is given in answer to questions. By aggregation, these partial answers lead towards a definition of the world as a whole, a definition which will always be incomplete, the incompleteness of each part symbolising repeatedly the impossibility of reaching a total knowledge of the world. The 'shared world' of meaning, the 're-integration' (in the words of Cassirer), are both incomplete, not because of failure of the form, but because that is what the form is meant to signify. The dialogue is not only a presentation of its content, but a definition of its own boundary. Just as the rim of the crescent moon leads the eye beyond the bright area and to circle what it cannot see, so the medieval system of thought continually defines its ignorance as it projects common structures upon the known and the unknowable. The complementariness of the two knights, the young and the old, presents a most appropriate frame. At first glance, it is emblematic of that desire to efface the traditions of the worldly hero by the Christian hero, as martyr or as ascetic, to which St. Bernard had given great impetus two centuries previously. But in fact the old knight does not try to lure the young man away from the life of the world. There is no antagonism between them, no sense that they are striving for the world or for the reader's soul. The desire for knowledge is as proper to the young knight as the Boethian withdrawal and cultivation of the soul are proper to the old one. The *topos* of Youth versus Age has become a two-part image of the life of man in the world, one which is characteristic of Juan Manuel's own desire to combine in himself both the life of action and the life of contemplation.[8] If he was unable to achieve this joining of opposites in his own career, he did so in his fiction but, with typical realism, the mediation is effected by the passage of time.

It is obvious that for Don Juan a knight is not simply a singular figure in the varied tapestry of human society. If the intellectual idea of hierarchy was still essential to Chaucer and Boccaccio, it did not interfere with their sense of the fortuitous order of contingent circumstances which they developed as artists, or with their awareness of the naturalistic impulses which rank and protocol have so little power to contain. There is an undoubted irony in *The Knight's Tale,* namely that the man who exemplifies the rational control of conduct tells a story of single combat in such a way that we see the combatants at the mercy of Saturn and Mars who wage war in the bodies of the two men. Juan Manuel is a long way from this detachment, but he does exhibit another kind of objectivity. In explaining the scheme of value in the activities of men he says that the religious estate is the best, and of the lay estates the best is that of the *caballeros*:

[8] See María Rosa Lida de Malkiel, 'Tres notas sobre don Juan Manuel. 1. Don Juan Manuel y la orden de los dominicos', *RPh*, IV (1950-1), 155-65. Reprinted in the same author's *Estudios de literatura española y comparada* (Buenos Aires, 1966), 92-103.

> Et por ende vos digo que el mayor et más onrado estado que es entre los legos es la cavallería, ca commoquier que entre los legos ay muchos estados, assí commo mercadores, menestrales et labradores et otras muchas gentes de muchos estados, la cavallería es más noble et más onrado estado que los otros. Ca los cavalleros son para defender et defienden a los otros, et los otros deven pechar et mantener a ellos. *(Cavallero,* 13-14.)

The most interesting feature, however, and one which is not found in Lull, is his likening of knighthood to a sacrament:

> Et otrosí porque desta orden et deste estado son los reys et los grandes sennores, et este estado non puede aver ninguno por sí, si otri non gelo da, et por esto es commo manera de sacramento. *(Cavallero,* 14.)

But—and this I find the most interesting part of his argument—the comparison is based, not on what the sacrament signifies, or the transformation that it effects, but on its structure. To illustrate his meaning he refers to the sacraments of marriage, baptism, and penitence, each of which requires *cosas ciertas*—certain constituent objects—and a relation between them. Now, sacramental theology had always recognised the existence of two 'elements' in a sacrament, those elements being sanctified by the prayers which were said over them. In the twelfth and thirteenth centuries the newly assimilated hylomorphism of Aristotle provided a model for understanding the sacraments. According to this model, the undetermined *elementa* may be thought of as 'matter', while the *verbum* which shapes them to their purpose, is the determining 'form'. Taken together, both elements (and the verbal 'form' which binds them) constitute a single 'sign'.[9] But observe the words of Don Juan:

> En el casamiento, que es uno de los sacramentos, a mester que sea ý omne que quiere casar, et la muger que ha de casar con él; et las palabras del otorgamiento et del reçibimiento que a de fazer el uno al otro. Et éstas son las cosas que fazen al casamiento, ca todas las otras que se fazen son bendiciones et aposturas et conplimientos. Otrosí, el baptismo ha mester el que lo recibe et [el] que lo batea et las palabras que dizen cuando lo meten en el agua. ...Otrosí, la cavallería a mester que sea ý el sennor que da la cavallería et el cavallero que la reçibe, et la spada con que se faze. Et así es la cavallería conplida, ca todas las otras cosas que se ý fazen son por bendiçiones et por aposturas et onras. *(Cavallero,* 14.)

Juan Manuel is highly unusual, if not unique, in this presentation of knighthood 1) as if it were a sacrament, and 2) in leaving out all the ce-

---

[9] See the article 'Sacraments, Theology of' in *New Catholic Encyclopedia* (New York, 1967), X, especially pp. 807b-808a.

remonial—preparation, vows, etc.—as non-essential to the conferring of knightly status. It is to be noted also that his manner of stating the relation which subsists between the *cosas çiertas* and the act which joins them does not conform to the orthodox model of the sacrament. Instead of the material elements being given form by the word, he describes a transactional model thus:

GIVER $\rightarrow$ symbolic object + verbal signal $\rightarrow$ RECEIVER

Transformational
instrument.

Our surprise here is doubly provoked. First, by Don Juan's wish to dignify the chivalrous estate by going as close as he dare to saying that it is a sacrament. Second, by his radically structural analysis of the sacraments, without reference to any holy spirit, mediating grace or consequent sanctification of the objects. We may note, in confirmation, that the *cosas* are the human participants in the sacrament. Both of these observations now require to be placed in a larger context. The first must be considered in relation to Don Juan's sense of social preeminence, while the second—his feeling for the play of structures—has to be confirmed in other texts and in particular in *El Conde Lucanor*. But, just as we have based these two observations on the same text, so we shall expect to find that, in the phenomenology of the literary form, the narrative structure is the signifier of socio-ethical values.

As we can see from the foregoing example, *El libro del cavallero et del escudero,* the structure of Don Juan's world stands out more stark and rigid than that of Chaucer and Boccaccio, in whose work a rich diversity of surface forms and of narrative textures overlays the traditional medieval patterns of being and order. We have commented on his reference to knighthood as a *manera de sacramento,* showing how he examined cultural forms with an eye for their determining structure, which would win him fraternal respect from our contemporary cultural anthropologists. In fact, as readers of his other works soon become aware, he had a particularly simple, firm and socially determined view of his world. On the vertical axis of that world —around which *El libro infinido* is written— we see a very simple opposition of 'our rank' versus 'below'. For the instruction of the infant Don Fernando, the world is not described objectively, but from a high point on the scale almost, but not quite, at the pinnacle. In chapters iv, v, vi of that work, Don Juan advises his son of the appropriate manner of dealing with kings, with friends of higher degree than himself, and with friends who are his equals in rank. After treating of the respect due to kings, the next two chapters leave little to be said since 'loado sea Dios non ha omne en Espanna de mayor grado que vós, si non es rey' (*Infinido,* v, 35):

Bien vos digo que commoquier que esto pongo generalmente —porque es manera de fablar así— pero desque vengo a cuidar en ello, dígovos que en este capítulo non sé cómmo vos fable en ello quanto tanne a vós, ca yo en Espanna non vos fallo amigo en egual grado. (*Infinido*, vi, 36.)

This lofty view is confirmed by the well-known claim which he makes in the same chapter:

Et otrosí de la vuestra heredat [podedes] mantener çerca de mill cavalleros, sin bien fecho del rey, e podedes ir del reino de Navarra fasta el reino de Granada, que cada noche posedes en villa cercada o en castiellos de los que yo he. (vi, 36-7.)

Given this perspective, it is scarcely surprising that the parts of this book which deal with social relations should warn the young Infante of the jealousy, the envy, the smiling treachery that he must learn to recognise, and to outwit. In a world where those who are not kings are your inferiors, every man may be against you. Such is the perspective also from which *El Conde Lucanor* is written.

On the horizontal axis we find another opposition, a moral and spiritual one which complements, in a peculiar way, the one which we have just noticed. In the elevated world of Juan Manuel, the small group of people who make up the narrowing apex of the pyramid are, of course, his own family. Here is a vertical split between those (the royal line) who inherit the throne and those (the branch of Don Manuel) who do not. Power, in this world, is in the hands of the less worthy —the descendants of Alfonso X. But against this reality of power Don Juan sets the dreams of his grandmother Queen Beatrice:

dígovos que... oí que quando la reina donna Beatriz, mi abuela, era ençinta de mío padre, que sonnara que por aquella criatura et por su linage avía a ser vengada la muerte de Jesucristo, et ella díxolo al rey don Fernando su marido; et oí dezir que dixera el rey quel parecía este suenno muy contrario del que ella sonnara quando estava ençinta del rey don Alfonso, su fijo, que fue después rey de Castiella... (*Armas*, 76.)

Insofar as he is of royal stock and immensely endowed with property Don Juan is set apart from other men. Insofar as he is of the elect, according to the Queen's prophetic dream, he is set spiritually apart from and above the descendants of Alfonso X. So that we may not miss the significance of this polarity 'elect'/'reprobate', he also records the story of the king's blessing. King Ferdinand did not give his blessing to his son Alfonso who, in turn, did not bless his son Sancho IV. On the other hand, Ferdinand did bless his other son Manuel, and the blessing was, of course, transmitted to the writer (*Armas*, 89-91). For the Infante these are matters of the most intense seriousness, as the circumstances and the consequences which derived from them demonstrate. Both the dreams which establish the dichotomy 'elect'/'reprobate', and the actions which cause the same persons to be split by a confirmatory dichotomy 'blessed'/'unblessed' are associated, significantly, with the sainted King Ferdinand III. And the story of the blessed and the unblessed lines of succession is told in the most portentous way by Don Juan: he puts the whole matter into the mouth of the King Sancho, who confesses in his dying moments that he was cursed by his father (*Armas*, 90). The confession of an abject and dying king exalts the lineage of the writer who reports (or edits) it in a most satisfying way. I have so far omitted the consequence of the dreams which had shown disfavour to the older son and favour to the younger: the latter (Don Juan's father) was baptised Manuel [*Immanuel*='God with us', the name of the prophetic child] in witness to the truth of the dream that his line would avenge the death of Jesus. We can therefore describe Don Juan's situation as follows. Superior in wealth and power to all men in Castile except the king, and the equal of other rulers in Spain. This is, as he says, 'thanks to God'. If power and spiritual superiority go together in relation to the rest of the Castilian nobility, they diverge however vis-à-vis the throne — the rest of Don Juan's family. Here we find a familiar pattern — that of the myth of the outcast who has superior moral qualities or divine protection while the reprobates enjoy power (a myth that is often confirmed by history). Thus, in relation to the divinely derived royal authority, he can enjoy the prophetic certainty that he is an instrument of apocalypse. Yet at the same time as he cherishes his Messianic role, this 'outcast' (who is not too humble and not exactly clad in beggar's rags) defends his castles, makes alliances and endeavours to shape the young Alfonso XI to his own advantage. His position was unique, detached from every vested interest but containing them all, and the same keen intelligence which could perceive the reality of knighthood, could read with equal clarity the forms of human experience and provide for them a universalising structural fiction.

By way of introduction to *El Conde Lucanor* I must refer briefly to a form of semantic problem which Don Juan poses to himself and his reader on several occasions in the course of the *Libro del cavallero et del escudero*. The field of each of these problems is scholastic psychology, and for our example we may simply take the first, on generosity. As is to be expected, Juan Manuel starts from the traditional binary opposition of moral qualities under the divisions of good/bad or positive/negative. Men, says Don Juan, may be known by whether they are generous or stingy:

> por el dar et por el tener razón an las gentes al omne por franco o por escaso, et porque las más vezes non catan en esto las gentes lo que es razón, si non lo que es voluntad de cada uno, quiérovos yo mostrar qué cosa es franqueza et qué cosa es escaseza. (*Cavallero*, xix, 15-16.)

Don Juan's method of *catar en esto* is to begin by opening up the distinction to the extreme cases. On the one hand is *desgastamiento* or reckless spending and on the other is *avareza*. The one is giving both what one should give and what should be retained: the other is retention of both what should be given and what should be retained. Here we might expect the Aristotelian definition of virtue as the mean between two extremes, as courage occupies the mean between foolhardiness and cowardice. But instead of providing one middle term on which to pivot the opposition, he provides another pair, the *franqueza/escasez* of the starting point. Here, he says, is the difficulty because outwardly it is impossible to tell the difference. Both give what should be given and both retain what should be retained. The truly *franco,* however, gives happily, and is pained that he cannot give what it is his duty to keep, whereas the *escaso* gives grudgingly, because it would be to his shame not to, or because he calculates some advantage to be got from it, and finds pleasure only in what he can retain. Thus, in the structure of this opposition, we find two extremes, two opposed middle terms, and in each pair of middle terms there is a symmetry pleasure-pain/pain-pleasure. Now, this analysis occurs in the context of the old knight's recommending *buen seso*. *Buen seso* will instruct in what you should give and what you should keep, for example. But the following examination of the concepts *escasez* and *franqueza* does not tell how to exercise *franqueza,* but only that it is difficult to distinguish it from *escasez* when one examines the conduct of other people. Here, in the use of *buen seso,* is an ambivalence similar to that of *entendimiento* as both the critical judgement of the author and the intelligent response of the reader. In fact, in this discussion, and in the others which follow the same pattern, Juan Manuel has defined analogically the fictional world of *El Conde Lucanor*. The difficulty, as the knight said, was that 'non catan en esto las gentes lo que es razón, si non lo que es voluntad de cada uno'. This world of individual wills and private interests is the world of *El Conde Lucanor,* where the *buen seso* of Patronio explicates the dilemma by amplifying it. In the reasonings of the knight, *concepts* are amplified by logical distinction and contrast: in the conversations of Conde Lucanor and Patronio, *situations* are amplified by *exempla* in which, again, the mind may discriminate and contrast. It is clear in *Cavallero* that the difficulties are not in perceiving the extreme cases, but those others which appear identical but are not; where an evil masquerades as a good, concealing its true nature, sharing, apparently, that virtuous middle ground with the truly good. The kind of diagnosis that the knight then gives, by reference to inner feelings on the pleasure/pain axis, can only be carried out in real life by acute observation of how men act in the world of encounter and circumstance. *El Conde Lucanor* is just that: a contrived world of encounter and circumstance in which the perplexities of that middle ground (where dubious good takes on the protective colouration of the truly good) are expanded and the real oppositions made clear.

This contrived world of *El Conde Lucanor* contains a variety of demonstrative fictions, from animal fables to stories related about real historical personages. Juan Manuel has not tried to unify the collection according to any common standard of realistic invention, nor to make their truth verifiable in any historical sense. There is a common standard — didactic usefulness in explicating a dilemma — which is verified within the book itself. None of the *exemplos* would have gained a place in it if they had not been 'found to be' true in the experience of the young Count. This is a feature to which we shall return. Before doing so, we must note two ambivalences in the idea of such a fictional universe. First, the more a 'personal' style develops, permitting the deployment of esthetic, non-functional devices of language or imaginative presentation, the more the *exemplum* — illustration of a general truth — strains towards a unique particularity. Second, the atemporality of the *exemplum,* its value beyond the event it represents and beyond any number of situations to which it may be applied, is contradicted by its being placed in a structure which represents temporal flux. So, in *El libro de buen amor* we are acutely aware of the disparity between *exempla* enjoining a well-defined code of conduct, and the immediate concern of the speaker to arouse those desires which the *exempla* sought to regulate. As to the first point, the generality of the *exemplos* in *Lucanor* is never in danger because of the formulaic quality of question-and-response which is the framework. By the time we reach such curiously developed stories as xi (concerning the Dean of Santiago and Don Illán of Toledo) or xliv (concerning don Pero Núñez el Leal) the repetition of nearly identical prelude and coda for each one has established the bounds within which we may respond to style and picturesque detail. The continuing identity of the framework reflects and confirms a quality in the medieval *exemplum* itself, which has been admirably characterized by Salvatore Battaglia:[10]

> E' un' attualità aprioristica, quella del proverbio e però dell' essempio, ottenuta sul fondamento della astoricità di vivere. Gli uomini si rinnovano, ciascuno si rivela diverso dall'altro, si sentono magari originali e inediti rispetto ai loro passati, ma l'esperienza basilare che sono chiamati a vivere e che li circonda e li sollecita, è sempre la medesima, e i movimenti che stringono l'animo sono quelli d'ogni tempo, e il traguardo che attende l'esistenza di tutti non muta mai. (p. 472)

The historical particularity of some stories does not impair their exemplariness: on the contrary, the value of history is precisely in its capacity to point beyond the individual to the enduring nature of man and the recurrent patterns of human experience.

> Tutta la storia per lo spirito medievale non ha che questo valore 'esemplare': fatti e personaggi di qualunque epoca sono chiamati a rispecchiare le costanti morali dell' umanità. (p. 479)

---

[10] Salvatore Battaglia, 'L'esempio medievale', *FiR*, VI (1959), 45-82. Reprinted in his *La coscienza letteraria del medioevo* (Naples, 1965), 447-85.

The *exempla* are the accumulated wisdom of the culture. The structure of *El Conde Lucanor* makes available a selection of that wisdom, thereby providing for a continuity of values from the past into the future, a continuity symbolized also by the same narrative device as we find in *Cavallero* : age transmits its wisdom to youth. But this is not all, because *El Conde Lucanor* not only transmits lessons from the past, but revalidates them. Each *exemplo* is, in the words of Salvatore Battaglia's brilliant essay again :

> un accadimento registrato dall'esperienza e affidato alla memoria delle generazione, che vale appunto come paradigma del reale e può sempre proiettarsi nell'avvenire : un esempio di vita con valore perenne. (p. 453)

But if the *exemplo* clothes universals in the familiar guises of human activities, Juan Manuel reveals the need to reaffirm its validity before the reader. It is easy not to notice that a principal function of the framework in *El Conde Lucanor* is to admit that, in life, each truth has to be tested anew in the unique circumstances of each man's existence. Whereas Boccaccio and Chaucer test their received fictions more subtly — through the values of the teller-within-the-book, and his or her position of moral or social authority in the assembled company, for example — Juan Manuel uses the single repeated device of a problem to which the story provides the answer. *Fízose luego et fallóse ende bien* : the fixity of the formula should not hide the meaning of the words, that the *exemplo* has been included in the book not just because it has the authority of the past, but because it has been newly tested and shown to work. Here one must be careful not to exaggerate Juan Manuel's pragmatism, since the 'problems' presented by Conde Lucanor to Patronio are formalized conflicts and dilemmas, told with the least possible detail, and they have no artistic dénouement. *Fallóse ende bien* tells us nothing of *how* Conde Lucanor applied the story to his 'real' situation. The result is a world of complete, significant, developed actions (the *exemplos*) offered as a key to a series of formalized and condensed situations. Here we may once more make use of the linguistic model we introduced earlier, namely the metaphoric (substitutive) and metonymic (aggregative) aspects of language. Each *exemplo* is not merely a variation of the rhetorical technique of *amplificatio,* it replaces the dénouement of the frame story. In fact, its function in relation to the problem posed by Conde Lucanor is threefold. It transfers the problem to a situation and a set of characters where it can be worked out to a solution; in formal terms it substitutes for the young count's consequent action (the action which validates the truth of the *exemplo*): it also is one of an aggregate, potentially unlimited, of evidences for the permanence of certain values in the real world, of which Conde Lucanor and Patronio (youth and age, innocence and experience, power and wisdom) are a stylized image. If the *exemplo* is 'metaphoric' in relation to the structure which generates it, it is 'metonymic' in relation to every other *exemplo* and to the experience of the reader.

It remains to consider briefly the order of *El Conde Lucanor*, the meaning of sequence. Is there a sense of time in the book, or is the semblance of a non-temporal scheme of values imposing its order on an unruly world too completely achieved for time to matter? Clearly, time does operate in the book. Each *exemplo* is a narrated action, but *its* time is doubly determined. The action unfolds along lines of force which one may reasonably call providential. Ends correspond to intentions, ethically evaluated. Also, its narrative past tense is not employed in a spirit of realism (catching in its net whatever objects may swim into its forward motion, and celebrating them because they exist) but a didactic tense, the detemporalized past which myths use to present models. Conde Lucanor and Patronio repeatedly meet, but their conversations are, again, models, which need never be exhausted. The one temporal pattern which recurs in each chapter, is that of problem-and-resolution, the 'before' and 'after' which enable each *exemplo* to become a message for the reader, a transformational agent for each of the little dramas of Conde Lucanor. But again, the idea that the message is repeatable both as a verbal act and as conduct allows no special significance to time. More revealing is the temporal structure implied by the presence of the author. Juan Manuel appears in his work in a double *persona*. First there is the Don Juan of the prologue, who conceived the work, weighed the *exempla* and adjusted the whole to his idea of the needs and the rationality of his readers. (He knows that his best reader will use *entendimiento* to match that of the author; another reader will be like that unreflecting organ, the liver, absorbing the physic so long as it comes in a pleasant form.) Then there is the 'other' Don Juan who watches each episode take place and like God, sees that it was good, and therefore *lo puso en este libro*. This second Don Juan is more deeply immersed in the fiction of the first Don Juan: he has seen the *exemplos* tested in 'real life'. The *exemplos* come doubly recommended to the reader, because they have been 'proved' by Conde Lucanor in his experience and this proof has been 'witnessed' by Don Juan. If Patronio is the ostensible narrator, Don Juan is the reporter —perhaps 'evangelist' is not too far beyond the everyday to suggest his own idea of his role. These two masks converge in the Don Juan who wrote the verses at the end of each section, confirming the intimate connections between proverb and *exemplum*, and, ultimately, the dependence of truth on language. In this sense, the *viessos*, because they introduce a level of generality beyond that proposed by the 'reporter' Don Juan, lead us back to the Don Juan of the prologue, 'making' his book with his mind, with judgment, with words (*fiz este libro compuesto de las más apuestas palabras que yo pude*) and with pictures.[11] The verses make us

[11] José Manuel Blecua (*Lucanor*, 61, n. 100) conjectures that the original MS was illustrated. *Estoria*='escultura', 'pintura', is attested in *Alexandre*, 990, 2388, and in *Conquista de Ultramar*. See review of Keuck, *Historia. Geschichte des Wortes...* in *RFE*, XXII (1936), 304. Blecua also notes that MS S has spaces between the *exempla* which appear to have been left for the illustrations.

aware of the book as a continuous act of language: the pictures demand a visual response and so remind us that the book is a physical object. Both verses and pictures serve to re-connect each section to the prologue with its emphasis on 'making', 'choosing', 'shaping'. If the formula *Un día fablava el conde Lucanor con Patronio* (p. 52) serves to discriminate levels, to separate the narrative act from that of composition, to create a fictional distance between intention and discourse, the end of each section contrives to remind us of the unity of the book in each aspect of its existence.

Finally, we are left with the book as its own subject. Patronio, by telling stories, has enabled Conde Lucanor to bring order from the tangled web of treachery, and to serve those three ends set out in the prologue: 'que los omnes fiziessen en este mundo tales obras que les fuessen aprovechosas de las onras et de las faziendas et de sus estados, et fuessen más allegados a la carrera porque pudiessen salvar las almas', p. 47. True, we do not see Conde Lucanor saving his soul, but the last seven of the series are not so much models to be imitated in action as exemplary types of being, in which, again, he recognises the meaning. (An example, presumably, of a challenge to the reader's *entendimiento*.) The three faculties of the soul are all engaged in this exercise, though Don Juan omits to mention memory in his prologue. The reason for this is that the book itself is a vicarious memory, the memory of the wise man and good counsellor Patronio, through whom the memory of the culture is mediated in its model fictions. The book, of course, is addressed by Don Juan to individual readers, and it mediates both his problematic world and his contention that such is the world of all of us. Each story begins with a brief aspect of that divided world of which Juan Manuel was so vividly conscious contained between the parameters of 'blessed/cursed', 'elect/reprobate'. Each one ends with the triumph of the man whose soul is alert in all its faculties; a happy ending where the understanding of Conde Lucanor having co-operated with the rich *memoria* of Patronio, disposes the will to act. The effect of this ordering of the soul is that the world's chaos is amenable to order. This struggle for order is reflected in the structure of each component of Juan Manuel's narrations. To the extent that such happy resolutions are invariably achieved, *El Conde Lucanor* verges on romance. Moreover, it illustrates prudence and *buen seso,* which are public rather than spiritual values, and shows them availed by power, not by humility. To this extent, Juan Manuel's private myth of the elect improperly deprived of power has accumulated public fictions which endlessly repeat a metaphorical reconstruction of itself. And to the extent that the stories are positively didactic, the reconstruction embodies the desire within the myth for the latter's reversal: a world in which 'good' and 'powerful' mean the same.

University of Rochester

JOHN ENGLAND

'¿*Et non el día del lodo*?':
The Structure of the Short Story in *El Conde Lucanor*

In medieval Spain, the *exemplum* was one of the most important vehicles of expression and the tradition of the vernacular *exemplum* was stronger there than elsewhere in medieval Europe, while it performed a wide variety of functions: for example it was used orally to illustrate sermons, and as a literary form by authors as accomplished as Juan Ruiz and Juan Manuel. The history of the *exemplum* in Spain is long and complicated, but one feature which becomes apparent even from the briefest summary is that, from the point of view of artistic achievement, the literary *exemplo* reaches its peak in the second quarter of the fourteenth century, with the two versions of the *Libro de buen amor* (1330, 1343), and *El Conde Lucanor* (1335).[1] In a recent study, Ian Michael has demonstrated the individual way in which Juan Ruiz adapted and manipulated traditional material,[2] but there has been little analysis of Juan Manuel's methods as a teller of short stories, and in particular, of the structure of these stories; this is surprising, since his reputation as a literary figure rests almost exclusively on one collection of short stories.

In fact, Don Juan himself was the first reader to be impressed by his ability as a story-teller: 'Et entendiendo don Iohan que estos exiemplos eran muy buenos, fízolos escribir en este libro...' (*Lucanor*, I, i, 61 *et passim*). And ever since, readers have tended to agree with his judgement of himself. No fewer than five manuscripts of Part I of *El Conde Lucanor* have survived, in addition to several further copies which are now known to have been lost.[3] When one thinks of the scarcity of manuscripts of medieval Castilian literature, the survival of five in this case suggests that *El Conde Lucanor* was something of a 'best-seller'. It was edited in the Golden Age by Argote de Molina (Seville, 1575; reprinted Madrid,

---

[1] For a concise history of the *exemplum* in Medieval Spain, see A. D. Deyermond, *A Literary History of Spain. The Middle Ages* (London and New York, 1971), pp. 96-9, 144-5, etc.

[2] 'The Function of the Popular Tale in the *Libro de buen amor*', in '*Libro de buen amor*' *Studies*, ed. G. B. Gybbon-Monypenny (London, 1970), pp. 177-218.

[3] For full details, see Daniel Devoto, *Introducción al estudio de Don Juan Manuel y en particular de 'El Conde Lucanor'. Una bibliografía* (Madrid, 1972), pp. 291-2 and 481.

1642), a distinction accorded to few works of medieval fiction, whilst the warm praise conferred on it by Gracián shows that the stories were still read with enthusiasm.[4]

In the early histories of Spanish literature in the nineteenth century, praise of Juan Manuel's collection of short stories continued, although before Menéndez y Pelayo comments are still of a general nature. Amador de los Ríos, for example, speaks of the 'bellísimo cuento' about Don Yllán, and says that the book contains 'las joyas que le presentan los indo-orientales'.[5] Menéndez y Pelayo too begins in general terms:

> Pero don Juan Manuel, como todos los grandes cuentistas, imprime un sello tan personal en sus narraciones, ahonda tanto en sus asuntos, tiene tan continuas y felices invenciones de detalle, tan viva y pintoresca manera de decir, que convierte en propia la materia común, interpretándola con su peculiar psicología, con su ética práctica, con su humorismo entre grave y zumbón.[6]

Then, in more detail, he proceeds to analyse the qualities which make a good short story, his final point being that the story-teller should '... graduar con ingenioso ritmo las peripecias del cuento' (150).

Even in the more detailed studies of recent years, no one has developed this comment of Menéndez y Pelayo in order to analyse how Juan Manuel constructed his stories. María Rosa Lida de Malkiel discusses *Exemplo* xxx in comparison with a similar story in Arabic, and concludes that Don Juan's version 'se singulariza por la arquitectura exquisitamente graduada',[7] whilst P. L. Barcia, in his *Análisis de 'El Conde Lucanor'* (Buenos Aires, 1968), discusses the function of reiterated events or expressions in *Exemplos* xi and xxxv:

> La repetición de situaciones similares (los mensajeros, las elecciones, los pedidos de don Illán, las negativas del Deán), van edificando el clima creciente del relato.
>
> Son frecuentes en Juan Manuel los recursos de reiteración para la creación de tensión en el relato; este efecto, por ejemplo, juega la frase repetida del XXXV del mancebo y la mujer brava: "¡Dame agua a las manos!", que va enfatizando la acción y preparando una reacción final (55).

My intention in the present study is to draw attention to one particular type of structure found frequently in *El Conde Lucanor,* involving repetition followed by contrast, and to suggest that this is one of the

---

[4] See Erasmo Buceta, 'La admiración de Gracián por el infante don Juan Manuel', *RFE,* XI (1924), 63-6. Gracián makes a brief comment on the structure: 'Nótese... como se va enredando la ficción, sobre todo la ingeniosa y prompta salida' (p. 65).

[5] In *Historia crítica de la literatura española,* IV (Madrid, 1863), 277 and 281.

[6] In *Orígenes de la novela,* 2nd ed. (Madrid, 1961), I, 147.

[7] 'Tres notas sobre don Juan Manuel', *RPh,* IV (1950-1), 155-94 (p. 167).

ways in which Juan Manuel has succeeded in pleasing generations of readers. However, before examining individual stories in detail, one should first discuss the problem of determining exactly how much an individual writer has contributed in his use of traditional material. In the case of medieval short stories, a definitive answer will always remain an impossibility, and Michael, in his discussion of this general problem ('The Function of the Popular Tale', pp. 177-83), points out the dangers of judgements based on a limited comparative analysis. I have adopted the following criteria:

1) A careful examination of a collection of short stories can reveal recurrent features of style and structure. The absence or scarcity of such features in other writers within the same tradition suggests a personal contribution.

2) Selection of a particular version of a tale frequently involves choice; even if a feature does not represent the original contribution of an individual author, its frequent appearance is an indication of personal taste.

The tales of *El Conde Lucanor* are full of repetition. That Don Juan should make use of repetition in his stories is not surprising, since it is a common feature of both written and oral short stories. Key phrases are repeated in many of the *exemplos,* as are minor sequences of events, but this type of repetition is no more than one would expect in any collection of short stories; the structural technique which sets Juan Manuel's *exemplos* apart from other collections of short stories in medieval Spain consists of a sequence of events repeated three or more times, with verbal similarities on each occasion, in which one element (frequently the last one) of the final sequence stands in direct contrast to the corresponding element in the preceding sequences. This narrative technique occurs in thirteen of the stories; comparison of these thirteen stories with analogous tales suggests that Don Juan used his source material in a highly individual way.

Limitations of space have meant that I can present schematic analyses of only six of these stories, with briefer comment on the other seven. For the analogous tales, I have for the most part limited myself to versions in Latin and the Romance languages, considering that these provide sufficient analogues to demonstrate that this structure is one which Don Juan uses much more freely than other writers of short stories.

Exemplo ii: *De lo que contesçió a un omne bueno con su fijo.* (62-7)

This story is constructed around four sequences of similar events, each of which contains eight basic structural units (although in each case other details are added):

1. a) Et yendo amos a mercado...
   b) Et yendo así por el camino...
   c) Et a poca pieça...
   d) Et yendo así...

71

2. a) ... encontraron unos omnes...
   b) ... fallaron otros [omnes]...
   c) ... toparon con otros...
   d) ... encontraron otros omnes...

3. a) ... començaron a departir ellos entre sí et dizían...
   b) ... començaron a dezir que...
   c) ... et dixieron que...
   d) ... començaron a dezir que...

4. a) ... que non les paresçían de buen recabdo aquel omne et su fijo...
   b) ... que lo errara mucho aquel omne bueno...
   c) ... que fazía muy desaguisado...
   d) ... que fazían muy grant yerro...

5. a) ... pues levavan la vestia descargada et yr entre amos de pie.
   b) ... porque yva él de pie, que era viejo et cansado, et el moço, que podía sofrir lazeria, yva en la vestia.
   c) ... dexar el moço, que era tierno et non podría sofrir lazeria, yr de pie, et yr el omne bueno, que era usado de pararse a las lazerias, en la vestia.
   d) ... yr entramos en la vestia.

6. a) El omne bueno, después que aquello oyó, preguntó a su fijo que quel paresçía daquello que dizían.
   b) Preguntó estonçe el omne bueno a su fijo que quel paresçía de lo que aquellos dizían.
   c) Estonçe preguntó el omne bueno a su fijo que quél paresçíe destos que esto dizían.
   d) Et el omne bueno preguntó al su fijo que quél semejava daquello que aquellos omnes buenos dizían.

7. a) Et el fijo dixo que dizían verdat.
   b) ... et él díxol quel paresçía que dizían razón.
   c) Et el moço díxol que, segund él cuydava, quel dizían verdat.
   d) ... et el moço dixo a su padre quel semejava verdat aquello.

8. a) Et entonçe mandó el omne bueno a su fijo que subiese en la vestia.
   b) Estonçe mandó a su fijo que diçiese de la vestia et subió él en ella.
   c) Estonçe mandó el omne bueno a su fijo que subiese en la vestia...
   d) Estonçe el padre respondió a su fijo en esta manera...

The first three sequences of events are similar, as are the first seven elements of the final sequence, but the last element of the final sequence

72

(8d) is different: instead of the command which the father usually gives for the seating arrangement to be altered, he draws the conclusion from the events which have preceded. Several observations can be made here concerning the structure of this story:

1) The form is pleasing, with the events having an observable pattern. Don Juan maintains a balance between the repetition of identical expressions and the repetition of similar ideas via synonyms (the rhetorical figure *interpretatio*). Each of the units presented four times is recognisably similar, but no group is identical.

2) One of the functions of repetition in this story is humour: the sequence acquires the quality of a game, since the father and the reader can predict accurately what is to follow. The irony is that the son is unaware of something which is obvious to father and reader, an irony which forcefully puts across Don Juan's ideas on the failings of youth, for, as young men go, this one is 'asaz, de sotil entendimiento'.

3) The structure also helps to bring out the moral more clearly: to accept without question criticism from others is a folly obvious to all except those with no experience of life. (A similar example of the use of parallels to convey the impression of a game occurs in *Ex*. iv, with the speech of the *genovés,* who is, after all, speaking 'en manera de trebejo'.)

4) The number of sequences of events here is four: in other tales the number is as few as two or a many as ten. This indicates that Don Juan is not using numbers symbolically, as may be the case with other medieval writers;[8] although it should not be forgotten that in Part II of *Estados,* he does show considerable interest in number symbolism.

In any version, this story must have repeated situations, since the whole point of the narrative is connected with the accumulation of the various seating arrangements and the repeated criticisms from outsiders. However, none of the eleven other versions which I consulted used verbal parallels to the same extent as Juan Manuel, nor did they use as many elements in the various sequences of events; his version has the strongest cumulative effect.[9]

[8] See, for example, T. Anthony Perry, *Art and Meaning in Berceo's 'Vida de Santa Oria'* (New Haven and London, 1968), pp. 8-9; and J. P. Keller, 'The Structure of the *Poema de Fernán González', HR,* XXV (1957), 235-46. Keller suggests that the number three has 'almost a magical fascination' for the poet.

[9] The other versions are: *La vida del Yçopet con sus fábulas hystoriadas,* ed. E. Cotarelo y Mori (Madrid, 1929, facsimile of Zaragoza, 1489), in which it is No. 22 of the *Fábulas collectas; An Alphabet of Tales,* ed. Mary M. Banks (E.E.T.S., Original Series CXXVI-CXXVII, London, 1904-5), pp. 510-11; Poggio Bracciolini, *Facetiae,* in *Opera omnia* (Turin, 1964, facs. of Basle, 1538), 446-7; La Fontaine, *Oeuvres,* ed. Henri Régnier (Paris, 1883), I, 197-204; the version by Racan, given in Régnier, 450-1; *Les Contes moralisés de Nicole Bozon,* ed. Lucy Toulmin Smith and Paul Meyer (Paris, 1889), 158-9; Etienne de Besançon, *Alphabetum Narrationum,* in Bozon, 285-6; an anonymous French version, *ibid.,* 286-7; and three Latin versions by Vitry (?), Bromyard and Pontanus given in K. Gödeke, 'Asinus Vulgi', in *Orient und Occident,* I (1864), 531-60.

Exemplo xi: *De lo que contesçió a un deán de Sanctiago con don Yllán, el grand maestro de Toledo* (93-99).

María Rosa Lida de Malkiel suggests convincingly that the tale of Don Yllán, 'la joya de la colección', is one which Juan Manuel probably encountered through his connections with the Dominicans, as it appears in four of the major collections of *exempla* made by members of this order ('Tres notas', p. 158). It is one of the most widely appreciated of all the stories in *El Conde Lucanor,* and the structure of Juan Manuel's version is without doubt one of the features which has given the story its fascination for successive generations of readers. Without analysing the details, Barcia's study of *Ex*. xi mentions its symmetrical structure. As Barcia suggests, the whole story is constructed around a series of repeated sequences of events, which can be divided into two groups, the first with its setting in Toledo, the second with a different setting for each scene. The first series is as follows:

1. a) Et estando ellos en esto...
   b) Et dende a tres o quatro días...
   c) Et dende a cabo de siete o de ocho días...

2. a) ... entraron dos omnes por la puerta...
   b) ... llegaron otros omnes a pie...
   c) ... vinieron dos escuderos muy bien vestidos et muy bien aparejados...

3. a) ... et diéronle una carta...
   b) ... que trayán otras cartas al deán...
   c) ... et mostráronle las cartas...

4. a) ... en quel fazía saber que estava muy mal doliente...
   b) ... en quel fazía saber que el arçobispo era finado...
   c) ... en cómmo le avían esleýdo por arçobispo.

As in *Ex*. ii, none of the repeated units is identical, but again all are sufficiently similar to be recognized by the reader. Each sequence opens with an adverbial expression of time, the time-lapse lengthening on each occasion. The second series, which overlaps with the first, begins after this initial promotion for the Dean within the ecclesiastical hierarchy:

1. a) ———
   b) Fuéronse para Sanctiago.
   c) Et desque llegaron a Tolosa...
   d) ... fuesse con él para la Corte.

2. a) ———
   b) ... fueron muy bien reçebidos et mucho onradamente.
   c) ... fueron muy bien reçebidos de condes et de quantos omnes buenos avía en la tierra.

d) ... fueron bien reçebidos de los cardenales et de quantos en la Corte eran...

3. a) ———
   b) Et desque moraron y un tiempo, un día llegaron al arçobispo mandaderos del Papa con sus cartas en cómol dava el obispado de Tolosa, et quel dava graçia que pudiesse dar el arçobispado a qui quisiesse.
   c) Et desque ovieron y morado fasta dos años, llegaron los mandaderos del Papa con sus cartas en cómmo le fazía el Papa cardenal et quel fazía graçia que diesse el obispado de Tolosa a qui quisiesse.
   d) Et estando assí en la Corte, finó el Papa, et todos [los] cardenales esleyeron aquel cardenal por Papa.

4. a) Quando don Yllán esto oyó, fue al electo et díxol...
   b) Quando don Yllán oyó esto, pidiol merçed...
   c) Entonçe fue a él don Yllán et díxol...
   d) Estonçe fue a él don Yllán et díxol...

5. a) ... que el deanadgo que fincava vagado que lo diesse a un su fijo.
   b) ... quel diesse a su fijo...
   c) ... que ... non avía logar del poner escusa ninguna que non diesse algunas de aquellas dignidades a su fijo.
   d) ... que ya non podía poner escusa de non complir lo quel avía prometido.

6. a) Et el electo díxol quel rogava quel quisiesse consentir que aquel deanadgo que lo oviesse un su hermano...
   b) ... et el arçobispo le rogó que consentiesse que lo oviesse un su tío, hermano de su padre.
   c) Et el cardenal rogol quel consentiesse que oviesse aquel obispado un su tío, hermano de su madre, que era omne bueno ançiano...
   d) El Papa le dixo que non lo affincase tanto...

7. a) ... más que él le faría bien en guisa que él fuesse pagado, et que[l] rogava que fuesse con l' para Sanctiago et que levasse aquel su fijo.
   b) Et el arzobispo le prometió en toda guisa que lo faría assí, et rogol que fuessen con él a Tolosa et que levasse su fijo.
   c) ... mas que ... se fuesse con él para la corte, que asaz avía en que le fazer bien.
   d) ... que siempre avría lugar en quel fiziesse merçed segund fuesse razón.

8. a) Don Yllán dixo que lo faría.
   b) Et don Yllán dixo que bien entendíe quel fazía grand tuerto, pero que esto que lo consentía...
   c) Et don Yllán quexósse ende mucho, pero consintió en lo que el cardenal quiso...
   d) Et don Yllán se començó a quexar mucho ... que ya non le fincava logar en que atendiesse dél bien ninguno.

The first sequence misses the first three units because it is set in Toledo. After that, each new setting brings a change in rank for the Dean; each welcome is more impressive than the previous one; each time that the Dean wishes to give the office which he has just vacated to one of his relatives, the same word order is repeated, with the identity of the proposed successor held over (in embarrassment?) until the end of the sentence; and each time Don Yllán shows greater reluctance to accept the Dean's ungrateful suggestions, until, in the last element of the fourth sequence (8.d), he refuses to be treated with such ingratitude, and it is this final change in Don Yllán's reactions which brings the Dean (and the reader) back to reality.

This structure again adds up to a pleasing whole, with the lengthening of time lapses, changes in setting, increasing honours for the Dean, repeated requests from Don Yllán, identical responses from the Dean, increasing resentment from Don Yllán, until his final reaction. The build-up is impressive, and once more the structure vividly illustrates the moral: the more favours the Dean receives, the more ingratitude he displays towards his benefactor; and, in the sudden reversal of fortune in the ending, ingratitude reaps the reward which it deserves (although Patronio does not specifically draw this conclusion). And to make this story even more impressive, the structure fits in admirably with the treatment of black magic: the opening of the story is concerned principally with the Dean's wish to learn the art of black magic, but once the messages begin to arrive, black magic is apparently forgotten as the series of events develops. Just as the repetitions of *Ex.* ii give the story the quality of a game, so the developments in *Ex.* xi are too symmetrical to be true; if the reader has doubts about the verisimilitude of the events of the latter tale as they are narrated, he realises in retrospect that they belong to the realm of fantasy, not reality. One suspects that it is this quality which impressed Borges sufficiently for him to write an adaptation of the story.[10] One of the interesting aspects of his adaptation is the way in which he tightens up the verbal parallels;[11] he keeps the basic framework, and makes the various gradations even more precise. The temporal sequence reads in the first group 'en eso estaban', 'a los tres días', 'a los diez años', and in the second sequence 'A los seis meses', 'A los dos años', 'A los cuatro años'. The increase in honours bestowed upon the Dean and Don Yllán as they

[10] *Historia universal de la infamia* (Buenos Aires, 1954), pp. 119-23.
[11] This feature is not mentioned by Thomas Montgomery in 'Don Juan Manuel's tale of Don Illán and its revision by Jorge Luis Borges', *HBalt,* XLVII (1964), 464-6.

move cities is similarly carefully gradated: 'los recibieron con honores', 'los recibieron con honores y misas', 'los recibieron con honores y misas y procesiones'. Juan Manuel's tastes in short stories were formed within oral and manuscript traditions, and approximate correspondences sufficed. For Borges and the reader accustomed to the printed page, a precise correspondence is necessary, pleasing to the eye rather than to the ear.

In contrast with Borges's treatment is that of Azorín,[12] whose version is more discursive in nature, containing some of Juan Manuel's original narrative, some adaptations of the narrative by Azorín, and much commentary. The structure of the tale is less rigid, and the parallels which he does use are looser.

None of the four medieval versions of this story mentioned by María Rosa Lida de Malkiel, p. 158 (Hérolt, Bromyard, *Speculum Morale, Scala Coeli*), has the same structure as Juan Manuel's, nor has the version in the *Alphabet of Tales* (no. 62, pp. 44-5). Although the Arabic version contained in *Contes du Cheykh El-Mohdy*[13] is constructed around a similar framework, there is almost no use made of verbal parallels; more noticeable is the cumulative effect, with increasing drama in the circumstances of each promotion for Naker.

Exemplo xxx: De lo que contesçió al rey Abenabet de Sevilla con Ramayquía, su muger (174-6).

This is one of the best examples of the structure so favoured by Juan Manuel:

1. a) Et quando Ramayquía la vio...
   b) ... et quando Ramayquía lo vio...
   c) ... por otra cosa que se [le] antojó...

2. a) ... començó a llorar.
   b) ... començó a llorar...
   c) ... començó a llorar.

3. a) Et preguntó el rey por qué llorava.
   b) Et el rey preguntól por qué llorava.
   c) Et el rey preguntól por qué lo fazía.

4. a) Et ella díxol que por[que] nunca la dexava estar en tierra que viesse nieve.
   b) Et ella díxol porque nunca podía estar a su guisa...
   c) Et ella díxol que cómmo non lloraría, que nunca fiziera el rey cosa por le fazer plazer.

[12] In *Obras completas* (Madrid, 1959), II, 1044-9.
[13] Trans. J. J. Marcel (Paris, 1835), vol. III, pp. 255-301.

5. a) Et el rey, por le fazer plazer, fizo poner almendrales por toda la xierra de Córdova...
   b) Entonçe, por le fazer plazer, mandó el rey fenchir de agua rosada aquella grand albuhera de Córdova.
   c) Et el rey veyendo que ... tanto avía fecho por le fazer plazer ... díxol ... : "¿Et non el día del lodo?"...

The cumulative effect of the queen's whims over trivial events has the same effect on the king as it has on the reader : there is a feeling of relief as the king's patience is exhausted and he puts her firmly in her place. The structure is admirable artistically, and Patronio's meaning is conveyed succintly and forcefully.

There is a version of a similar tale given by Pascual de Gayangos, which is not built around this type of framework.[14]

Exemplo xxxiii: De lo que contesció a un falcón sacre del infante don Manuel con una águila et con una garça (183-5).

Critics who have analysed this story point to the way in which Juan Manuel extracts a moral quite different from the interpretation given to it by other writers.[15] Another feature of the story as narrated by Don Juan is the use of parallel sequences of events :

1. a) Et montando el falcón con la garça...
   b) Et andando el falcón con la garça...
   c) ... andando con ella muy alto...

2. a) ... vino al falcón una águila.
   b) ... tornó otra vez el águila al falcón...
   c) ... vino el águila otra vez...

3. a) El falcón ... dexó la garça et começó a foyr...
   b) ... el falcón começó a foyr...
   c) ... el falcón ... dexóse venir a ella et diol tan grant colpe...

4. a) ... et el águila ... fuesse.
   b) ... et el águila fuesse.
   c) ... ella vino caer...

The contrast occurs in the third unit of the final sequence (3. c), with the falcon attacking the eagle instead of fleeing in fear, and achieving

---

[14] In *The History of the Mohammedan Dynasties in Spain* (London, 1843), volume I, p. 299. For an analysis of an Arabic version of this tale, see the article by Celia Wallhead Munuera in this volume esp. pp. 111-16.

[15] See especially Alexander Haggerty Krappe, 'Le Faucon de l'Infant dans *Le Conde Lucanor*', BH, XXXV (1933), 294-7, and Daniel Devoto, 'Cuatro notas sobre la materia tradicional en Don Juan Manuel', BH, LXVIII (1966), 209-15; although Nicholson B. Adams and Frank M. Bond argue in their 'Story thirty-three of *El libro de Patronio*', HBalt, LII (1969), 109-11, that Juan Manuel is retelling a real-life event.

success through the change in tactics. However, the parallels are not rigorously worked out and several sequences are omitted: 'Et esto fue assí tres o quatro vezes...' (184). And the first time that the falcon attacks the eagle does not resemble the other sequences verbally:, 'Desque el falcón vio que el águila non le quería dexar matar la garça dexóla, et montó sobre el águila, et vino a ella tantas vezes, feriéndola, fasta que la fizo dester[r]ar daquella tierra' (184). The structure of this tale is not wholly symmetrical, but it is significant that some symmetry is woven into the narrative, whereas in the four other versions of the story mentioned by Devoto ('Cuatro notas', 210-11), there is no hint of such a framework.

Exemplo xxxv: De lo que contesçió a un mancebo que casó con una [muger] muy fuerte et muy brava (187-92).

The theme of the young man marrying and taming a girl previously considered uncontrollable is one found frequently in both popular and literary fiction. Juan Manuel's version is one of the most successful, and the structure of the central section of the narrative contributes greatly to its appeal:

1. a) ... assentáronse a la mesa...
   b) Et assí, muy sañudo et todo ensangrentado, tornóse a sentar a la mesa...
   c) Et assí, bravo et sañudo et faziendo muy malos contenentes, tornóse a la mesa...
   d) Et él assí, vravo et sañudo et ensangrentado, tornóse a la mesa...

2. a) ... cató el novio en derredor de la mesa, et vio un perro...
   b) ... cató en der[r]edor, et vio un gato...
   c) Et desque ovo catado a cada parte, et vio un su cavallo...
   d) ... cató a una parte et a otra et non vio cosa viva...

3. a) ... et díxol ya quanto bravamente...
   b) ... et díxol...
   c) ... et díxol muy bravamente...
   d) ... et díxol con grand saña...

4. a) El perro non lo fizo.
   b) El gato non lo fizo.
   c) El cavallo estudo quedo.
   d) La muger ... levantóse muy apriessa...

5. a) ... fízolo todo pedaços...
   b) ... fizo dél más de çient pedaços...
   c) ... despedaçólo todo.
   d) ⎯⎯⎯⎯

The humour results from a sequence of highly improbable, yet extremely vivid happenings: the repetition of absurd events emphasises the
drastic nature of the youth's tactics, as well as having a cumulative
humorous effect;[16] and the bride's reaction, which contrasts with those
of the three animals, demonstrates vividly how effective the tactics are.
Juan Manuel also includes a further humorous contrast in the ending to
reinforce the moral: the father-in-law kills a cock, but his efforts are too
late, since his wife already knows his character too well.

Two later versions of this story do not have a symmetrical framework:
the second story of Night 8 in Straparòla's *Piacevoli Notti* has the tactics
used by one husband repeated by the other, although without close verbal
resemblances, whilst No. 91 of Aurelio M. Espinosa's *Cuentos populares
españoles,* 3 vols. (Stanford, California, 1923-6) has no repetitions at all.
Casona's short play, on the other hand, is based on Juan Manuel's version,
and he tidies up the details of the repetitions to make the verbal reminis-
cences closer, in much the same way as Borges dealt with the Don Yllán
tale, and he also gives the father-in-law's vain attempt to tame his wife
verbal echoes of the successful attempt of his son-in-law.[17]

*Exemplo xliii: De lo que contesçió al Bien et al Mal, et al Cuerdo con
el Loco* (212-6).

The first of the two stories included in *Ex. xliii* contains the longest
series of repeated events in the entire work:

1. a) Et el Mal ... dixo al Bien...
    b) ... dixo el Mal al Bien...
    c) Et el Mal dixo...
    d) ... dixo el Mal...
    e) ... dixo el Mal...
    f) ... dixo el Mal...
    g) ... dixo el Mal...
    h) ... dixo el Mal al Bien...
    i) ... dixo el Mal...
    j) ... díxol...

2. a) ... que sería buen recabdo que oviessen algún ganado...
    b) ... que escogiesse en el esquimo daquellas oveias.
    c) ... que era bien que oviessen puercos...
    d) ... que ... tomasse agora la leche et la lana de las puercas et
        que tomaría él los fijos.

[16] As in other *exemplos,* the repeated situations resemble a game, but I cannot
agree with Ralph S. Boggs, 'La mujer mandona de Shakespeare y de Juan Manuel',
HBalt, X (1927), 419-22, who says that the *novio* accepts the challenge of the marriage
as a test of his ingenuity, in the spirit of a game. It may resemble a game (although
the bride 'tovo que esto ya non se fazía por juego'), but the young man's intentions
are financial rather than a frivolous test of his own skills.
[17] *Entremés del mancebo que casó con mujer brava,* in *Obras completas* (Madrid, 1965), I, 847-56.

e)   ... que pusiessen alguna ortaliza...
f)   ... que tomasse las fojas de los nabos que paresçían et esta-
     van sobre tierra, et que tomaría él lo que estava so tierra...
g)   ... que ... tomasse agora de las colles lo que estava so tierra...
h)   ... que sería buen recabdo que oviessen una muger que los
     serviesse.
i)   ... que tomasse el Bien de la çinta contra la cabeça, et que
     él que tomaría de la cinta contra los pies...
j)   ... que fiziesse dar la leche a su fijo.

3.   a)   Al Bien plogo desto.
     b)   Et el Bien dio a entender que se pagava desta partiçión.
     c)   ... et al Bien plogo desto.
     d)   Et el Bien tomó aquella parte.
     e)   ... et pusieron nabos.
     f)   ... et el Bien tomó aquella parte.
     g)   ... et el Bien tomó aquella parte.
     h)   Et al Bien plogo desto.
     i)   ... et el Bien tomó aquella parte.
     j)   Et el Bien dixo que la leche era de su parte et que non lo
          faría.

The final reaction of Bien contrasts strongly with his previous agree-
ments to do whatever Mal requested. An interesting development of this
occurs later, when a similar sequence appears in the ending, but with the
roles reversed:

a)   ... [el Bien] dixo al Mal...
b)   ... que tomasse el moço a cuestas et que andudiesse por la
     villa pregonando en guisa que lo oyessen todos...
c)   Desto plogo mucho al Mal.

In this way, the eventual triumph of Good over Evil is represented by
a schematic reversal of roles.

There are three other *exemplos* which follow this pattern for the
largest part of the narrative, namely xxvii, xxix, and xlv. The three
deceptions of *Ex.* xxvii are very well known *(vacas-yeguas-río):* after deceiv-
ing his nephew for the third time, Alvar Háñez does not proceed on his
journey, but finally reveals the truth. The framework for each piece of
deception is similar, but with different details and conscious stylistic variations.[18] Each lie has a cumulative effect on the nephew, and, as in *Ex.* ii,
the structure again conveys the impression of a game, with the reader
and Alvar Háñez fully aware of what will happen next. The structure also
serves the moral, since three times Doña Vascuñana accepts the opinion
of her husband rather than the evidence of her own eyes: as far as Juan

---

[18] On the use of different concessive conjunctions, see José Vallejo, 'Sobre un
aspecto estilístico de Don Juan Manuel', in *Homenaje ofrecido a Menéndez Pidal*
(Madrid, 1925), II, 63-85.

Manuel is concerned, she reacts three times as the ideal wife should react. *Ex.* xxix is constructed around a sequence of events which occur five times, and with the reaction of the fox completely changing on the fifth occasion; however, it should be noted that Juan Ruiz's version of this in the *Libro de buen amor*[19] has the same structure, with the reactions of the fox skilfully balanced:

> Cortola e estudo mas queda que un cordero. (1415d).
> Sacole e estudo queda syn mas quexar. (1416d).
> Sacolo e estudo sosegada la mesquina. (1417d).
> Cortolas e estudo queda mas que una oveja. (1418d).
> Levantose corriendo e fuxo por el coso. (1419d).

Similarly *Ex.* xlv is constructed around a sequence of events occurring five times, although in this tale the symmetry is handled less sensitively: the main elements are repeated in almost identical form four or five times, while the only attempt at gradation concerns the increasing delay in the arrival of the devil. The structure however does serve the moral well: the thief is freed on four occasions, but is hanged on the fifth; the devil may give some assistance, but will ultimately break his side of the bargain. I consulted six other versions of this story,[20] of which three have no symmetrical structure at all, while the version in the *Libro de buen amor* (stanzas 1454-84) narrates two sequences of similar events, with a brief summary of an unspecified number of other occasions: '... muchas veces fue preso, escapaua por don' (1462c). Three other stories have the most important section of the action narrated with the same symmetrical pattern. In *Ex.* xii the fox uses three different strategies to trap the cock, and on the third occasion the cock makes a fatal error of judgement. The two other versions of this tale which I have seen have no such structure.[21] In *Ex.* xv Don Lorenço Suárez twice resolves to stay put, and does not react positively until the moment of attack arrives; and in *Ex.* xxxvi, the dénouement is given a symmetrical framework, as the first three scenes which the merchant witnesses cause him more and more grief, although he does manage to exercise self-control, whilst the fourth scene, which reveals the truth to him, gives him 'grand plazer'. Of the many other

[19] Ed. Manuel Criado de Val and Eric W. Naylor (Madrid, 1965). Quotations are from the Salamanca MS.

[20] There are no parallels in the version in *El espéculo de los legos,* ed. José M. Mohedano (Madrid, 1951), no. 185, p. 126; nor in the Latin versions in Bromyard's *Summa Praedicantium* and the *Speculum Laicorum,* printed in Hermann Knust's edition of *El Conde Lucanor* (Leipzig, 1900), 404-6; some parallels are found in the *Romulus* of Marie de France, in Léopold Hervieux, *Les Fabulistes latins depuis le siècle d'Auguste jusqu'à la fin du Moyen Âge* (Paris, 1883), II, 527-8, and in no. 27 of Marie's *Fables,* ed. A. Ewert and R. C. Johnston (Oxford, 1966).

[21] See *Exemplario contra los engaños y peligros del mundo* (Madrid, 1934, facs. of Zaragoza, 1531), fols. 44v-45r; and *Folktales of Germany,* ed. Kurt Ranke, trans. Lotte Baumann (Chicago, 1966), no. 5, p. 17.

versions of this story which I have seen, only one has the same structure as Juan Manuel's.[22]

In order to balance the analysis of Juan Manuel's use of this narrative technique, it is necessary to look at the stories which could have been narrated with greater symmetry and closer verbal parallels than they in fact possess. *Ex.* xxiv presents two sons failing the tests planned for them by their father, whilst the third son succeeds. The contrasts between the first and third sons are pointed out, but the performance of the second son is not narrated. Similarly, in *Ex.* xxvii Alvar Háñez's interview with the second of Pero Ançúrez's daughters is merely mentioned as identical to the first interview. In both these instances, it is clear why the parallels are not pushed to the extreme: the performances of the middle child are of no importance to the moral point of the story, as they fall into the same category of behaviour as the first child, and from the point of view of the narrative, to relate details of their performances in full would have resulted in a tedious repetition of what has gone before. Juan Manuel is much more interested in repetition with variation: in *Ex.* ii each sequence has a different seating arrangement; in *Ex.* xi each sequence presents a different setting, a new rank for the Dean, and the increasing resentment of Don Yllán; in *Ex.* xii the fox uses a different tactic each time. The same is true of almost all his symmetrical tales. Another story which does not make full use of symmetry is *Ex.* xxxii, possibly because identical language to describe each of the large number of characters who claim to see the clothes would have proved tedious; however, one motif which does run through the story is the (patently ludicrous) connection in the minds of the beholders between legitimacy and visual capacity. Three characters, concerned about their legitimacy, 'por ende' praise the clothes, until the *negro* says: 'a mí non me enpeçe que me tengades por fijo de aquel padre que yo digo, nin de otro, et por ende, dígovos que yo so çiego, o vos desnuyo ydes' (*Lucanor,* 182). This final contrast is startling: high-ranking characters praise the clothes with growing admiration, until a lowly slave exposes their monumental error.

This type of structure, then, occurs (with a variety of functions) in approximately a quarter of the *exempla* of *El Conde Lucanor*. It gives a tale body and shape, often adding a surprising contrast in the ending, its effect can be humorous, and usually it is an added means of making the moral plain for all to see.[23] It is so much a part of Juan Manuel's *exemplos* that when one begins to look for similar techniques in other collections,

---

[22] That is no. 64 of Espinosa's collection; nos. 63 and 65-7 are also versions of this tale, but without the symmetrical framework; the version in the *Gesta Romanorum,* ed. Hermann Oesterley (Berlin, 1872), 431-4, makes use of some symmetry but without a final contrast; and a large number of analogues are given by Ramón Menéndez Pidal, 'La peregrinación de un cuento (La compra de los consejos)', *AO,* IX (1959), 13-22. One of the Greek versions has some verbal parallels in the way in which the pieces of advice are obtained; however, the use of symmetry in the dénoument is much more powerful.

[23] It is similar in impact to the technique frequently used in the opening lines

one is immediately struck by its scarcity. Juan Ruiz narrates thirty-five popular tales, and most of them with considerable dexterity, but only one, the *vulpes* tale (see page 82 above), has a symmetrical structure similar to that found so often in *El Conde Lucanor*. Moving back to the earliest collections of short stories in Castilian, it is equally difficult to find examples of this structure: *El libro de los engaños* (1253?) has none amongst its twenty-three short stories,[24] while the sixty or more stories from *El libro de Calila e Digna* (1251?)[25] offer few *(El camello que se ofreció al león,* pp. 96-103; *El ratón cambiado en niña,* pp. 226-9; although in neither story are the verbal parallels precise). *El libro de Calila e Digna* makes more use of a straightforward cumulative effect: e.g. the pieces of advice offered by five advisers (pp. 198-202) are successively more detailed, and the four youths who are each in turn given the responsibility of providing sustenance for the group (pp. 332-40) are each more successful than the one before. The other thirteenth-century prose work which contains a large number of *exempla* is the *Castigos e documentos para bien vivir ordenados por el rey don Sancho IV,*[26] but none of the illustrative tales has a structure similar to the one at present under discussion.

Later works in Castilian which include short stories present a similar absence of this narrative technique: *El libro de los gatos*[27] has just one such story *(Enxiemplo de lo que acaesçió a Galter con una muger,* pp. 71-5); *El libro del cavallero Zifar* (c. 1300)[28] has many short stories woven into the central narrative, but again only one has the structure used so frequently by Juan Manuel (see ch. 209, pp. 467-71, *Del exenplo que dio la enperatriz al enperador del agua e de la verdat e del viento, sobre lo que le pedía el infante Roboan);* and the same is true of the Archpriest of Talavera's *Corbacho*[29] (see pp. 121-3); and of *La estoria del rey Anemur e de Iosaphat e de Barlaam*[30] (ch. xvi, pp. 350-1, *De la semejança de los tres amigos contra esos mismos).*

The two large fifteenth-century collections offer even fewer examples proportionately; *El libro de los enxenplos por A. B. C.,* compiled by Cle-

of traditional *romances;* e.g. *Spanish Ballads,* ed. C. Colin Smith (Oxford, 1964), no. 44, p. 150, lines 5-9:

> todas visten un vestido,
> todas calzan un calzar,
> todas comen a una mesa,
> todas comían de un pan,
> si no era doña Alda...

Here the technique of enumeration followed by a sudden change in direction makes one individual stand out; cf. no. 15, p. 89, lines 3-10.
[24] Ed. John Esten Keller (University of N. Carolina Studies in Romance Languages and Literatures, XX, Chapel Hill, 1959).
[25] Ed. John Esten Keller and Robert White Linker (Madrid, 1967).
[26] Ed. Agapito Rey (Indiana Univ. Humanities Series, XXIV, Bloomington, 1952).
[27] Ed. John Esten Keller (Madrid, 1958). Keller avoids the problem of dating the work.
[28] Ed. Charles Philip Wagner (Ann Arbor, 1929).
[29] Ed. J. González Muela (Madrid, 1970).
[30] Ed. Friedrich Lauchert, in *RF,* VII (1893), 331-402.

mente Sánchez de Vercial,[31] has just eight out of a total of 548 *exempla* (nos 16, 65, 84, 92, 106, 114, 372, 388), and *El espéculo de los legos* nine out of a total of 583 (nos. 13, 35, 151, 165, 179, 183, 481, 496, 551).

This technique is thus one which was not common amongst medieval Castilian short story writers, and a glance at some of the medieval Latin collections suggests that Juan Manuel did not take it from written Latin sources either. Petrus Alfonsi's *Disciplina clericalis,*[32] an enormously influential collection of short stories during the Middle Ages, has only one such story *(Exemplum de integro amico,* pp. 7-10); the 314 *Exempla* of Jacques de Vitry[33] include only four stories of this type (lxxi, cii, cxx, clxxix) and the 181 stories in the *Gesta Romanorum* fifteen such stories,[34] a higher proportion, but still not comparable proportionately to the number found in *El Conde Lucanor.* The Aesopic tradition has revealed even fewer precedents: the 143 fables of Babrius have only one, while there are none in the ninety-five fables narrated by Phaedrus.[35]

However, the virtual absence of this technique in literary collections of short stories does not mean that Juan Manuel invented it; rather it suggests that we should look elsewhere for precedents, and in particular to the oral tradition of short story telling. Stith Thompson, following Olrik in what he considers to be the fundamental and universal features of the folktale, includes repetion as one of its basic characteristics:

> Repetition is everywhere present, not only to give a story suspense, but also to fill it out and afford it body. This repetition is mostly threefold, though in some countries, because of their religious symbolism, it may be fourfold.[36]

This often involves no more than the repetition of phrases and incidents, although frequently it also provides the framework for an entire story, or for a crucial section of it, by using the type of narrative pattern under discussion. For purposes of comparison with Juan Manuel, I have analysed the stories contained in Espinosa's *Cuentos populares españoles,* all of which were collected directly from oral sources. Of the 280 stories, no fewer than sixty-two contain this type of framework.[37] Proportionately, this is almost identical to the number contained in *El Conde Lucanor.* The presence of a narrative technique characteristic of folktales in Juan Manuel's stories would suggest that he used as his source material oral rather than written stories. Since the history of oral material is notoriously difficult to

[31] Ed. John Esten Keller (Madrid, 1961).
[32] Ed. Angel González Palencia (Madrid and Granada, 1948).
[33] *The Exempla or Illustrative Stories from the Sermones Vulgares of Jacques de Vitry,* ed. Thomas F. Crane (London, 1890).
[34] Oesterley, nos. 45, 47, 55, 59, 60, 68, 72, 75, 83, 102, 119, 120, 130, 144, 157.
[35] *Babrius and Phaedrus,* ed. Ben Edwin Perry (London and Cambridge, Massachussets, 1968).
[36] *The Folktale* (New York, 1946), p. 456.
[37] Nos. 2, 3, 5, 7, 10, 36, 46, 62, 64, 69, 86, 87, 92, 94, 107, 108, 115, 119, 120, 133-7, 139-41, 143, 145, 149, 151-4, 156, 161, 163, 165, 166, 178, 193, 231, 251, 253, 257, 263, 264.

write about with any certainty, we can only speculate as to where he might have listened to folktales, but, given what is known of his life, the two most likely sources would seem to be stories told for recreation (especially during his many journeys and sleepless nights?) and *exempla* heard in sermons or conversations with his Dominican friends.[38]

Wherever he came across this technique, it is clearly one for which he acquired a strong personal taste, and which he used almost always whenever the material offered him the possibility, and on the whole with considerable technical expertise. The skill with which the stories are narrated gives the book a lasting literary value: they have the universal appeal of good stories told well.

University of Sheffield

---

[38] In addition to sermons, he would presumably be familiar with four of Christ's parables which are constructed around this same framework: the Sower (Mark iv.1-9, Matthew xiii.1-9, Luke viii.4-8); the Talents (Matthew xxv.14-30); the Good Samaritan (Luke x.30-37); and the Pounds (Luke xix.11-27). In addition, there is the incident of the Three Temptations (Luke iv.1-13).

DAVID A. FLORY

A Suggested Emendation of *El Conde Lucanor*, Parts I and III

As Daniel Devoto has indicated, in his recent bibliographical study of Juan Manuel, we do not yet possess a truly critical edition of *El Conde Lucanor*; rather a surprising fact in the light of this work's recognized place in Spanish literature.[1] Certainly one of the principal ways in which this somewhat less than intensive critical rigour manifests itself is in an apparent disregard for internal evidence relating to structure. There is no section of the work, except the theological disquisition of the last part, whose numerical ordering corresponds exactly to the author's stated intention.[2] The Prince speaks on several occasions, for example, of the fifty *exemplos* of Part I, yet standard editions carry fifty-one. Similarly, the author claims to have composed one hundred maxims in Part II, fifty in Part III and thirty in Part IV.[3] In no edition of *El Conde Lucanor* do these four parts comprise the indicated number of maxims or *exempla*.

Certainly not every instance admits of solution by reediting. It is hard, for example, to see how Parts II and IV, as edited by Blecua, can be improved upon. In two remaining parts, however—I and III—there are possibilities which should be considered.

In spite of the author's contention that there are fifty *exempla* in Part I, there seem to be fifty-one. Menéndez y Pelayo, confronted with this discrepancy, said only that it was uncertain whether the final *exemplum* had been written by Juan Manuel.[4] Blecua, referring in his edition to this observation (p. 254, note), added that *Ex.* li nevertheless offered 'todas las garantías'.

There is internal evidence to suggest that the matter of Part I is intact and does form a unity. The most direct evidence is Patronio's statement —in *Ex.* 1—that he is conscious of having recited fifty *exempla* and intends to offer yet another: 'Agora, señor conde Lucanor, vos he respondido a esta pregunta que me feziestes et con esta repuesta vos he respondido a çinquenta preguntas que me avedes fecho... Et por ende, vos digo que [...]

[1] Daniel Devoto, *Introducción al estudio de Don Juan Manuel y en particular de El Conde Lucanor: Una bibliografía* (Madrid, 1972), p. 293.

[2] As pointed out recently by John England in '*Exemplo* 51 of *El Conde Lucanor*: The Problem of Authorship', *BHS*, LI (1974), 16-27.

[3] See *Lucanor*, pp. 273, 279, 284, respectively.

[4] *Orígenes de la novela*, I (Madrid, 1925), p. lxxxviii.

en este enxiemplo et en otro que se sigue adelante deste vos quiero fazer fin a este libro.'[5] If Juan Manuel speaks at the same time of having written fifty *exempla* and of his intention to write another, '[faziendo] fin a este libro', and then speaks later of having written only fifty, the suggestion is that li, even though it carries a number, has the function of an epilogue. There is further evidence in support of this conclusion. First, we should remember that the 'razonamiento' made to Don Jayme of Jérica at the beginning of Part II indicates that Part I was originally intended to stand alone.[6] It seems legitimate, therefore, to assume that it may have the structural properties of a unit, and to expect a certain balance. Certainly the beginning of the book is carefully elaborated according to its function. First, there is a prologue.[7] Second, there is *Ex.* i, which is clearly introductory to the extent that it extols the virtue of good counsel.[8] Also, it is the only *exemplum* with two couplets, the first being grounded in shrewd worldly wisdom and the second having a spiritual application.[9] This is of course the dual path the book will take, since its explicit purpose is to serve not only for the 'aprovechamiento de [los] cuerpos', but also 'para salvamiento de [las] almas' *(Lucanor,* p. 53). If the author feels constrained to point out at the beginning what the difficult but essential nature of such a book is to be, it is reasonable to suppose that toward the end he would resolve the inherent tension and stress a priority. Effectively, the strong admonition against pride and arrogance found in *Ex.* li provides both an answer and a fitting conclusion to a collection which addresses itself to this basic medieval problem.[10] Finally, it should be observed that Juan Manuel has, on another occasion—in the *Libro de los estados*—used the structural unit of a chapter, carrying a number, to serve the function of a prologue,

[5] *Lucanor,* p. 253. England's suggestion ('*Exem*plo 51...', p. 18), that this is a later addition, a 'clumsy attempt to avoid the inconsistency created by the addition of *Exemplo* 51', is doubtful, I think, in the absence of any direct evidence stemming from what is finally a confused provenance of MSS. If, as I believe, the author considered *Ex.* li an epilogue, there is no inconsistency except in numerology.
[6] *Lucanor,* p. 263.
[7] I refer to the Prologue to *El Conde Lucanor,* and not the general prologue of B.N. 6376, which was clearly intended to stand at the head of the collected works. See Germán Orduna, 'Notas para una edición crítica del *Libro del conde Lucanor et de Patronio*', *BRAE,* CXCIV (1971), 493-511.
[8] As shown by Harlan Sturm, 'The *Conde Lucanor:* the first *Exemplo*', *MLN,* LXXXIV (1969), 286-92.
[9] a. Non vos engañedes, nin creades que, endonado,/ faze ningún omne por otro su daño de grado.
b. Por la piadat de Dios et por buen consejo,/ sale omne de coyta et cunple su deseo. (*Lucanor,* p. 61).
[10] This particular ending is entirely consistent with the general tendency of Part I, which, toward the end, constantly stresses spirituality over worldly wisdom. Of the first thirty-nine *exempla*, only three have morals of spiritual application: i.b, xiv, and xviii. Of the last eleven, however, there are seven of spiritual application: xl, xliii (first half), xliv, xlv, xlviii, xlix, and li. This rather clearly indicates the author's shifting preoccupation as he nears the end of his work. See Ian Macpherson, '*Dios y el Mundo*—The Didacticism of *El Conde Lucanor*', *RPh,* XXIV (1970-1), 34-7; María Ramona Rey, 'El *Libro de Patronio* como guía de vida', in *Trabajos de historia filosófica, literaria y artística del cristianismo y la Edad Media* (México: El Colegio de México, 1943), pp. 283-320; and England, '*Exemplo* 51...', pp. 25-7.

so the use of a numbered *exemplum* as an epilogue is not illogical or even particularly inconsistent.[11]

Less problematical is the emendation of Part III. Patronio, after recounting these proverbs, advises Count Lucanor that 'en esta terçera parte puse çincuenta proverbios...' (*Lucanor,* IV, 279). In no edition of *El Conde Lucanor,* however, do the maxims number fifty.[12] As they appear in MS. 6376 of the Biblioteca Nacional, the various lines of this part are ungrouped.[13] Typical of manuscripts of the fourteenth and fifteenth centuries, they are run on and separated only by the inconsistent capitalization of first words of sentences. Knust and others were certainly aware that grouping of maxims by sentence did not reconstitute the author's intended syntax; i.e., one sentence cannot equal one maxim. The first *proverbio,* for example, is composed of three sentences in the MS: 'Lo caro es caro, cuesta caro, guardase caro, acabalo caro. Lo rrehez es rrehez, cuesta rrehez, acabalo rrehez, ganase rrehez. Lo caro es rrehez, lo rrehez es caro' (Knust, p. 258). These three sentences clearly form a unity. It is only in the light of the first two that the last has meaning. This is clear evidence—with the first maxim—that several sentences may be combined in one proverb. It is not necessary to supress the capitalization of these sentences, as Blecua did, simply because taken together they form a unity. In fact, there is no reason to believe that the syntactic unit of the sentence bears any critical relation to the structure of the maxims. Grouping by theme, on the other hand (these are largely standard *topoi),* is entirely logical, and, as can be shown, internally consistent. Taking only one example, let us consider what in Knust are the last six maxims and in Blecua are the last five:

Knust

1. Vida buena vida es; vida buena vida da.
2. Qui non ha vida non da vida.
3. Qui es vida da vida.
4. Non es vida la mala vida.
5. Vida sin vida non es vida.
6. Qui non puede aver vida cate que aya conplida vida.

Blecua

1. Vida buena, vida es; vida buena, vida da.
2. Qui non a vida non da vida; qui es vida da vida.
3. Non es vida la mala vida.
4. Vida sin vida, non es vida.
5. Qui non puede aver vida, cate que aya complida vida.

[11] The heading of the first chapter of Part I of *Estados* (p. 16) begins: 'Et el primer capítulo del primer libro, es el prologo...' If Juan Manuel saw fit, on this occasion, to write 100 chapters, of which one was the prologue, leaving 99 as a principal body, then there is not necessarily any inconsistency in his having written fifty-one in Part I of *El Conde Lucanor,* one of which is an epilogue, leaving a body of fifty. This, in its structure, would parallel *Estados,* Book II, in which Tate and Macpherson show that he produces fifty chapters plus one epilogue (pp. xlvi and 212).

[12] Hermann Knust, *El libro de los enxiemplos del Conde Lucanor et de Patronio* (Leipzig, 1900), lists 71 and Blecua lists 67. Germán Orduna (*El Conde Lucanor,* Buenos Aires, 1972), who begins to make some of the necessary corrections, lists 64.

[13] One of only two MSS. which contain the latter parts of *El Conde Lucanor.* The other, 18415 of the Biblioteca Nacional, is from the sixteenth century. The variants contained there are indicated by Knust in his edition.

We notice at once a clear unity of theme: the disparate quality, or character, of life. There is not really any good reason to assume this is not one maxim, just as the first three sentences form one maxim and not three. If, similarly, sentences are joined in every instance where linear sequences are united by theme, the result very nearly agrees with the author's statement (via Patronio) that he had composed fifty *proverbios,* and it is likely that the emended order indicated below closely approaches the intention of the original.

Knust	Blecua	Emended
1. Lo c a r o es caro, cuesta caro, guardase caro, acabalo caro. Lo rrehez es rrehez, cuesta rrehez, acabalo rrehez ganase rrehez. Lo caro es rrehez, lo rrehez es caro.	1. Lo caro es c a r o, cuesta caro, guárdasse caro, acábalo caro; lo rehez es rehez, cuesta rehez, gánase rehez, acábalo rehez; lo caro es rehez, lo rehez es caro.	1. *stet* Knust
2. Grant marabilla sera si bien se falla el que fia su fecho et faze mucho bien al que erro et se p a r t i o sin grand rrazon del con qui avia mayor debdo.	2. Grant marabilla será, si bien se falla, el que fía su fecho et faze mucho bien al que erró et se partió sin grand razón del con qui avía mayor debdo.	2. *stet* Blecua
3. Non deve o m n e c r e r que non se atreva a el por esfuerço de o t r i el que se a t r e v e a o t r i por esfuerço del.	3. Non deve o m n e c r e r que non se atreverá a él por esfuerço de otri, el que se atreve a otri por esfuerço dél.	3. *stet* Blecua
4. El que quiere enpeecer a otri non deve cuydar que el otrie non enpecera a el.	4. El que quiere enpeeçer a otri, non deve cuydar que el otro non enpeçerá a él.	4. *stet* Knust
5. Por seso se mantiene el seso.	5. Por seso se mantiene el seso.	5. Por seso se mantiene el seso. El seso da seso al que non ha seso. Sin seso non se guarda el seso.
6. El seso da seso al que non ha seso.	6. El seso da seso al que non ha seso.	

Knust	*Blecua*	*Emended*
7. Sin s e s o non se guarda el seso.	7. Sin s e s o non se guarda el seso.	
8. Tal es Dios et los sus fechos que sennal es que poco lo conoscen los [que mucho] fablan en el.	8. Tal es Dios et los sus fechos, que señal es que poco lo conoscerá[n] los [que] mucho fablan en él.	6. *stet* Blecua
9. De buen seso es el que non puede fazer al otro su amigo de non lo fazer su enemigo.	9. De buen seso es el que non puede fazer al otro su amigo, de non lo fazer su enemigo.	7. *stet* Knust
10. Qui cuyda aprender de los omnes todo lo que saben, yerra.	10. Qui cuyda aprender de los omnes todo lo que saben, yerra; qui aprende lo aprovechoso, açierta.	8. *stet* Blecua
11. Qui a p r e n d e lo aprovechoso, acierta.		
12. El c o n s e j o si es g r a n d consejo es buen consejo, faz b u e n consejo, da buen consejo; parase al c o n s e j o [qui] de mal consejo faz buen consejo; el mal consejo de buen consejo faz mal consejo.	11. El consejo, s i e s g r a n d consejo, es buen consejo; faz b u e n consejo, da buen consejo; párasse al c o n s e j o [qui] de mal consejo faz buen consejo; el mal consejo de buen consejo faz mal consejo.	9. El consejo, si es grand consejo, es buen consejo; faz buen consejo, da buen consejo; párasse al consejo [qui] de mal consejo faz buen consejo; el mal consejo de buen consejo faz mal consejo. A grand consejo a mester grand consejo; grand bien es del que ha et quiere et cree buen consejo.

Knust	Blecua	Emended
13. A grand consejo ha mester grand consejo.	12. A grand consejo a mester grand consejo.	
14. Grand bien es del qui ha et quiere et cree buen consejo.	13. Grand bien es del qui ha et quiere et cree buen consejo.	
15. El mayor dolor faz olvidar al que non es tan grande.	14. El mayor dolor faz olvidar al que non es tan grande.	10. *stet*
16. Qui ha de fablar de muchas cosas ayuntadas es commo el q u e d e s v u e l v e grand oviello que ha muchos cabos.	15. Qui ha de fablar de muchas cosas ayuntadas, es commo el q u e d e s b u e l v e grand oviello que ha muchos cabos.	11. *stet* Knust
17. Todas las cosas nacen pequennas et crecen, el pesar nasce grande et cada dia mengua.	16. Todas las cosas naçen pequeñas et c r e ç e n; el pesar nasçe grande et cada día mengua.	12. *stet* Blecua
18. Por onrra rrecibe onrra qui faz onrra.	17. Por onra r e ç i b e onra qui faz onrra.	13. Por onra reçibe onra qui faz onra; la onra dévese fazer onra, guardándola.
19. La onrra deve se fazer o n r r a guardandola.	18. La onra dévese fazer onra, guardándola.	
20. El cuerdo de la bivora faz triaca et [el] de mal seso de [las] gallinas f a z veganbre.	19. El cuerdo, de la bívora faz triaca; et [el] de mal seso, de gallinas faz vegambre.	14. *stet* Blecua
21. Qui se desapodera non es seguro de tornar a su poder quando quisiere.	20. Qui se desapodera non es seguro de tornar a ssu poder quando quisiere.	15. *stet* Blecua

Knust	Blecua	Emended
22. Non es de b u e n seso qui mengua su onrra por [a]crescer la agena.	21. Non es de b u e n seso qui mengua su onra por cresçer la agena.	16. *stet* Blecua
23. Qui faz bien por rrecebir b i e n non faz bien, porque el bien es carrera del conplido b i e n [e] deve fazer el bien.	22. Qui faz bien por reçebir bien non faz bien; p o r q u e el bien es carrera del complido bien, se deve fazer el bien.	17. Qui faz bien por reçebir bien non faz bien; porque el bien es carrera del complido bien, se deve fazer el bien; aquello es bien que se faz bien. Por fazer bien se ha el complido bien.
24. Aquello es bien que se faz bien.	23. Aquello es bien que se faz bien.	
25. Por fazer bien se ha el conplido bien.	24. Por fazer bien se ha el complido bien.	
26. Usar malas viandas et malas [mugeres] es carrera de traer el cuerpo et la fazienda et la fama en peligro.	25. Usar malas viandas et malas maneras es carrera de traer el cuerpo et la fazienda et la fama en peligro.	18. *stet* Blecua
27. Qui se duele mucho de la cosa perdida que se non puede c o b r a r et d e s m a y a por la ocasion de que non p u e d e foyr, non faze buen seso.	26. Qui se duele mucho de la cosa perdida que se non puede cobrar, et desmaya por la ocasión de que n o n p u e d e foýr, non faze buen seso.	19. *stet* Blecua
28. Muy c a r o cuesta rrecebir don del escaso, quanto mas pedir al avariento.	27. Muy caro c u e s t a reçebir don del escasso; quanto más pedir al avariento.	20. *stet* Blecua
29. La rrazon es rrazon de rrazon.	28. La razón es razón de razón.	21. La razón es razón de razón: por razón es el omne cosa de razón; la razón da razón. La razón faz al omne
30. Por rrazon es el omne cosa de rrazon.	29. Por razón es el omne cosa de razón.	

Knust	Blecua	Emended
31. La rrazon da rrazon.	30. La razón da razón.	seer omne: assí por razón es el omne; quanto el omne a más de razón, es más omne; quanto menos, menos. Pues el omne sin razón non es omne, mas es de las cosas en que non ha razón.
32. La rrazon faz al omne seer omne, asi por rrazon es el omne.	31. La razón faz al omne seer omne: assí por r a z ó n es el o m n e; quanto el omne a más de razón, es más omne; quanto menos, menos; pues el omne sin razón n o n es omne, mas es de las c o s a s en que non ha razón.	
33. Quanto el omne ha mas de rrazon es mas omne, quanto menos, menos; pues el omne sin rrazon non es omne, mas es de las cosas en que non ha rrazon.		
34. El sofrido sufre quanto deve et despues cobrase con bien et con plazer.	32. El soffrido s u f r e quanto deve et después cóbrasse con bien et con plazer.	22. stet Blecua
35. Rrazon es de vevir mal a los que son dobles de coraçon et sueltos para conplir los desaguisados deseos.	33. Razón es de bevir mal a los que son dobles de coraçón et s u e l t o s para complir l o s desaguisados deseos.	23. stet
36. Los que non creen verdadera mente en Dios rrazon es que non sean por el defendidos.	34. Los que non creen verdaderamente en Dios, razón es que non sean por él defendidos.	24. stet Blecua
37. Si el omne es omne, quanto es mas omne es mejor omne.	35. Si el omne es omne, quanto es más omne es mejor omne.	25. Si el omne es omne, quanto es más omne es mejor omne; si el grand omne es bien omne, es buen omne et grand omne; quanto el grand omne es menos omne, es peor omne; non es grand omne sinon el buen
38. Si el grand omne es bien omne, es buen omne et grand omne; quanto el grand omne es menos omne es peor omne;	36. Si el grand omne es bien omne, es buen omne et grand omne; quanto el grand omne es menos omne, es peor omne;	

Knust	*Blecua*	*Emended*
non es grand omne sinon el buen om-ne; si el grand om-ne non es buen omne nin es grand omne nin buen om-ne, mejor le seria nunca seer omne.	non es grand omne sinon el buen om-ne; si el gran om-ne non es buen om-ne, nin es grand omne nin buen om-ne, mejor le sería nunca seer omne.	omne; si el grand omne non es buen omne, nin es grand omne sin buen om-ne, mejor le sería nunca seer omne.
39. Largueza en men-gua, abstinencia en abondamiento, cas-tidat en mancebia, omildat en grand onrra fazen al om-ne martir sin [es-parcimiento] de san-gre.	37. Largueza en men-gua, astinençia en abondamiento, cas-tidat en mançebía, omildat e n grand onra, fazen al omne mártir sin escarni-miento de sangre.	26. *stet* Blecua
40. Qui demanda las cosas [mas] altas que si et escon-drinna las m a s fuertes non faze buen rrecabdo.	38. Q u i demanda las cosas más altas que sí, et escodriña las más fuertes, n o n faze buen recabdo.	27. *stet* Blecua
41. Rrazon es que rre-ciba [home] de sus fijos lo que su pa-dre rrecibio del.	39. Razón es que reci-ba [omne] de sus fijos lo que su pa-dre recibió dél.	28. *stet* Blecua
42. Lo mucho es para mucho; mucho sa-be [qui] en lo mu-cho faz, mucho [fa-ze mucho] por lo mucho, lo poco de-xa [lo] por lo mu-cho.	40. Lo mucho es para mucho; mucho sa-be [qui] en lo mu-cho faz mucho por lo mucho; lo poco dexa por lo mucho. Por m e n g u a non pierde.	29. Lo mucho es para mucho; mucho sa-be [qui] en lo mu-cho faz' por lo mu-cho, lo poco dexa por lo mucho; por mengua non pierde lo poco; endereça lo mucho. Siempre ten el coraçón en lo mucho. [This is Or-duna's emendation (*ed. cit.*, p. 301) and it seems correct.]
43. Por mengua non pierde.		
44. Lo poco endereça lo mucho.	41. Lo poco endereça lo mucho.	

Knust	Blecua	Emended
45. Siempre ten el coraçon en lo mucho.	42. Siempre ten el coraçón en lo mucho.	
46. Quanto es el omne mayor si es verdadero e omildoso, tanto fallara mas gracia ante Dios.	43. Quanto es el omne mayor, si es verdadero omildoso, tanto fallará más gracia ante Dios.	30. *stet* Blecua
47. Lo que Dios quiso asconder non es aprovechoso de lo veer omne con sus ojos.	44. Lo que Dios quiso asconder n o n es aprovechoso de lo ver omne con sus ojos.	31. *stet.*
48. P o r la bendicion del padre se mantienen las cosas de los fijos, por la maldicion de la madre se derriban los cimientos de rrayz.	45. P o r la bendición del padre se mantienen las casas de los f i j o s; por la maldición de la madre se derriban los cimientos de raýz.	32. *stet* Blecua.
49. Si el poder es grand poder, el grand poder ha grand saber.	46. Si el poder es grand poder, el grand poder ha grand saber.	33. Si el poder es grand poder, el grand poder ha grand saber. Con grand saber es grand querer; teniendo que de Dios es todo el poder, et de su gracia aver poder, deve creçer su grand poder.
50. Con grand saber es grand querer, teniendo que de Dios es todo el poder et de su gracia aver poder deve crecer su grand poder.	47. Con gran saber es grand querer; teniendo que de Dios es todo el poder, et de su gracia aver poder, deve creçer su grand poder.	
51. Qui quiere onrrar a si et a su estado guise que sean seguros del los buenos [e que] se rrecelen del los malos.	48. Qui quiere onrar a ssí et a ssu estado, guise que sean seguros dél los buenos [et que] se reçelen dél los malos.	34. *stet* Blecua.

Knust	Blecua	Emended
52. La dubda et la pregunta fazen llegar al omne a la verdat.	49. La dubda et la pregunta fazen llegar al omne a la verdat.	35. *stet.*
53. Non deve omne aborreçer todos los omnes por alguna tacha, ca non puede seer ninguno guardado de todas las tachas.	50. Non d e v e omne aborreçer todos los omnes por alguna tacha, ca non puede seer ninguno guardado de todas las tachas.	36. *stet.*
54. El yerro es yerro; del yerro nasce yerro, del pequenno yerro nasce grand yerro, por un yerro viene otro yerro, si bien viene del yerro sienpre torna en yerro; nunca del yerro puede venir [si] non yerro.	51. El yerro es yerro; del yerro nasçe yerro; d e l pequeño yerro nasçe grand yerro; por un yerro viene otro yerro; si bien biene del yerro, siempre torna en yerro; nunca del yerro puede venir non yerro.	37. *stet* Blecua.
55. Qui contiende con el que se paga del derecho et de la verdat et lo usa non es de buen seso.	52. Qui contiende con el que se paga del derecho et de la verdat, et lo usa, non es de buen seso	38. *stet* Blecua.
56. Los cavalleros et el aver son ligeros de nonbrar et de perder et graves de ayuntar et mas de mantener.	53. Los cavalleros et el aver son ligeros de nombrar et de perder, et graves de ayuntar et mas de mantener.	39. *stet* Knust.
57. El cuerdo tiene los contrarios et el su poder por mas de quanto es, et los ayudadores et el su poder por menos de quanto es.	54. El cuerdo tiene los contrarios et el su poder por más de quanto es, et los ayudadores et el su poder por menos de quanto es.	40. *stet.*

Knust	Blecua	Emended
58. Fuerça non fuerça a fuerça fuerça; fuer-ça [se] desfaz con fuerça, a veces me-jor sin fuerça; non se [dice] bien, fuer-ça a veces presta la fuerça; do se pue-de escusar non es de provar fuerça.	55. Fuerça non fuerça a fuerça; fuerça des-faz con fuerça, a ve-zes mejor sin fuer-ça; non se [dize] bien: fuerça a ve-ces presta la fuer-ça; do se puede es-cusar, non es de provar fuerça.	41. *stet* Blecua.
59. Cuerdo es quien se guia por lo que contescio a los que pasaron.	56. Cuerdo es quien se guía por lo que con-tesçió a los que pa-ssaron.	42. *stet.*
60. Commo cresce el estado asi cresce el pensamiento; si mengua el estado cresce el cuydado.	57. Commo cresçe el estado, assí cresçe el pensamiento; si mengua el estado, cresçe el cuydado.	43. *stet* Blecua.
61. Con dolor non gua-resce la grand do-lencia [mas] con melezina sabrosa.	58. Con dolor non gua-resçe la gran dolen-çia, [mas] con me-lezina sabrosa.	44. *stet* Blecua.
62. Amor cresce amor, si amor es buen amor es amor, amor mas de amor non es amor; amor de grand amor f a z desamor.	59. Amor creçe amor; si amor es buen amor, es amor; amor más de amor non es amor; amor, de grand amor faz desamor.	45. *stet* Blecua.
63. Ha cuydados q u e ensanchan et cuy-dados que encogen.	60. A cuydados que ensanchan et cuy-dados que encogen.	46. *stet* Blecua.
64. Mientre s e puede fazer mejor es [la] m a n e r a q u e la fuerça.	61. Mientre se puede fazer, mejor es ma-nera que la fuerça.	47. *stet* Blecua.
65. Los leales dizen lo que es, los arteros lo que quieren.	62. Los leales dizen lo que es; los arteros lo que quieren.	48. *stet* Blecua.

Knust	*Blecua*	*Emended*
66. Vida buena vida es; vida buena vida da.	63. Vida buena, vida es; vida buena, vida da.	49. Vida buena, vida es; vida buena, vida da. Qui non a vida non da vida; qui es vida da vida. Non es vida la mala vida; v i d a sin vida non es vida: qui non puede aver vida, cate que aya complida vida.
67. Qui non ha vida non da vida.	64. Qui non a vida non da vida; qui es vida da vida.	
68. Qui es vida da vida.		
69. Non es vida la mala vida.	65. Non es vida la mala vida.	
70. Vida sin vida non es vida.	66. Vida sin vida, non es vida.	
71. Qui non puede aver vida cate que aya conplida vida.	67. Qui non puede aver vida, cate que aya complida vida.	

It is to this kind of internal evidence that the final critical editing of the works of Juan Manuel may well have to tend. In the absence of the original MS., which Don Juan took such pains to preserve, we are left with a confusing provenance which usually forces us back to the authority of B.N. 6376, not in itself a completely happy solution because of the numerous inconsistencies in the text. Some of these, as we indicate, at least suggest solution; others do not. In no case, however, is it prudent to preserve internal inconsistencies by relying too heavily on editorial tradition or even on the numerology of the principal codex, since there are demonstrable instances in which the logic of syntax, of rhetoric or of structure overwhelms what is often only a scribal or even authorial convention.

Rutgers University

CELIA WALLHEAD MUNUERA

Three Tales from *El Conde Lucanor* and their Arabic Counterparts

Since it is generally believed that the medieval Spanish prose tale is a literary medium abounding in Oriental influences, it should be interesting to investigate this belief in a case where we have Christian analogues of Arabic tales. Juan Manuel composed several tales for *El Conde Lucanor* which have their ultimate origin in Oriental works.[1] Two of these, the tales of 'The Lion and the Bull' and 'The Owls and the Crows' derive from the Arabic *Kalīlah wa Dimnah,* which was translated into Castilian in about the middle of the thirteenth century.[2] For a third tale, that of 'King Abenabet of Seville and his wife Queen Ramayquía', there is an Arabic parallel recorded later in *Nafḥ aṭ-Ṭīb* by Aḥmad ibn Muḥaminad al-Maqqarī. In this comparative study of the Arabic and Spanish versions of these three tales, my main endeavour is to evaluate the Oriental influence — to ascertain how far Don Juan, in his versions, incorporated, assimilated, and if necessary reinterpreted or even rejected, the potentially alien concepts and the terminology of the Oriental versions. Secondly, it will be interesting to discover how his versions differ in spirit and form. Of course, what we are really judging is how Spanish Christian story-tellers recast the tales, for there were presumably versions by others before Don Juan Manuel's time and the latter may or may not have drawn upon them.

1) The Lion and the Bull. *(El Conde Lucanor, Exemplo* xxii and *Calila e Dimna,* chapter 3).[3]
In the tale 'De lo que contesçió al león et al toro' the thematic terminology concerns social structure—the relation of king to subordinates—and the threat of its disruption by slander.

[1] See Mario Ruffini, 'Les sources de Don Juan Manuel', *LR,* VII (1953), 27-49.
[2] In their editions of the translation, *Calila e Dimna,* P. Gayangos and J. E. Keller and R. W. Linker suggest that the translation was made on the orders of Alfonso el Sabio in about 1252, but not all scholars are in agreement. See Pascual de Gayangos, *Calila e Dymna,* in *Escritores en prosa anteriores al siglo XV,* BAE, LI (Madrid, repr. 1952), pp. 4-5, and John Esten Keller and Robert White Linker, *El libro de Calila e Digna* (Madrid, 1967), pp. xx-xxii.
[3] *Lucanor,* I, 131-5; Keller and Linker, 41-128 (I have quoted from MS. A except where indicated).

Setting

A study of the social structure as presented in these two versions shows the essential differences between the Hindu, the Muslim and the Western European Christian orders. Since the tale was originally composed for use in Brahminic teaching, the social order implied in it was based upon the Hindu caste system. This system is a hierarchy of four levels or castes fixed unchangeably in a vertical plane:

> Brahmin
> princes
> fighters
> workers
> the rest—the unclean

By leading a virtuous life one could ascend to a higher caste in another incarnation; equally, a sinful life meant descent on the ladder.

As the tale passed into Arabic literature, the characters and events passed into a social setting of a different ordering. The Islamic system lies not on a vertical plane, but on a horizontal one, as suggested by the following metaphorical description:

> El mundo es huerto, e el su valladar es regnado, e el regnado mantiénese por las leyes, e las leyes establécelas el rey, e el rey es pastor, e mantiénese por la caballería, e la caballería mantiénese por el haver, e el haver ayúntase del pueblo, e el pueblo es siervo de la justicia, e por la justicia enderéçase el mundo.[4]

Analogous texts can be found in Castilian works imbued with Arab elements, such as *Poridat de poridades* and *Las siete partidas:*

> El regno es como huerta, et el rey como señor della, et los oficiales del rey que han de judgar et de seer ayudadores a complir la justicia, son como labradores; et los ricoshomes et los caballeros son como valladar que la cercan, et los jueces et las justicias son como paredes et setos, porque amparan que non entren hi a facer daño.[5]

The reason for the foundation of Islamic society on a horizontal plane can be found in the declarations of the Prophet Muhammad, stating that all men are equal before Allah. Clearly in practice and for the sake of

---

[4] *Libro de los buenos proverbios*, Ed. H. Knust (Madrid: Sociedad de Bibliófilos Españoles, 1878), p. 276. This reference and the next were suggested by Américo Castro to illustrate the idea. See Américo Castro, *The Spaniards. An Introduction to their History*, trans. W. F. King and S. Margaretten (Berkeley, Los Angeles, and London, 1971), p. 65, n. 32.

[5] *Partidas*, II, x, 3.

administration, all cannot be truly equal, so at the centre, rather than at the top, is the Caliph. He is surrounded by his advisers, then his noble warriors, then the people; all are mutually dependent upon each other for the maintenance and defence of the state. The images of the leader as shepherd and the laws as pillars, walls and hedges, emphasize the idea of a united defence of the Islamic community.

The social order obtaining in medieval Western Europe was in most places again vertical: the feudal pyramid. It has been asserted, by Américo Castro and Claudio Sánchez-Albornoz among others,[6] that the feudal system did not hold sway in Castile, owing to the presence in Hispanic society of alien elements, the Jews and the Muslims. These minority groups prevented the categorization of the population of Castile into a rigid hierarchy ordered along feudal lines. However Christian society was structured on a vertical scale, from the king and nobles at the top to the lesser mortals at the bottom.

Let us now examine the social structure in the tale of the Lion and the Bull, remembering that it was once Hindu, and has been reworked by a Muslim and by a Christian. Of course, in this tale the characters are animals, not men, since to the Hindus animals are all part of the world order; although this is not true to the same extent of the Muslims, they do not appear to have been at all reluctant to accept animal figures embodying human characteristics and morals for didactic purposes.

In the *Calila e Dimna* version, the vision of the Islamic writer is similar to that expressed in the above-quoted metaphorical descriptions. The horizontal structure, as seen from above, appears thus:

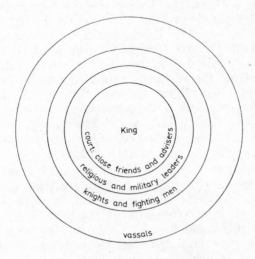

[6] See *The Spaniards,* pp. 65-6, and Sánchez-Albornoz, *España y el Islam* (Buenos Aires, 1943), pp. 157-79 for an explanation of why feudalism may not have developed in Spain.

At the centre of the social group is the person of the king, 'el rrey'. His duties, 'ofiçio de rrey', are to administer 'la ley'. The place of power in the land, therefore, is the 'casa del rrey' and its 'fazienda'; so anyone 'a la puerta de nuestro rrey' is, as Dimna the jackal says of himself, on the threshold of this power. The king's 'costunbres', 'voluntad' and 'merçed' must all be observed by his subjects, and they must be upheld personally by the king with the 'onrra' and 'noble coraçon' necessarily attached to responsibility. He is responsible for the welfare of his subjects: they are, as the king Lion states: 'en my fe, e en my guarda'. After the king in social rank, and surrounding him, is the 'corte'; this comprises the 'pryvados' — Senceba the Bull was made 'el mas pryvado de su conpaña' — and the 'mayores', whose duty it is to advise the king: 'el pryvado del rrey dévele consejar, lo mas lealmente que podiere'. The highest honour that can be obtained in the 'rreyno' is to be selected by the king to share his secrets and his private affairs and to be consulted for advice. Next in social importance are the religious and military leaders, the 'teologos e los divinos' and 'los cabdillos de (tus) vasallos' (B). Then the fighters, 'los cavalleros', 'los lidiadores' and 'defensores'. Just as the 'pryvados' serve the king with their wisdom and advice, so do the 'cavalleros' by their arms. Next come the common people, the 'vasallos' (a term coming from Western feudalism), and they have a duty to serve their king and state; they must 'servir rrey' and 'dar ... trybuto', and upon their conduct depends the 'pro o daño de los señores'.

Dimna speaks of the kind of mutual dependence between king and vassal that is suggested in the above quotation from the *Libro de los buenos proverbios*. There, the king is described as a 'pastor'; he is responsible for the protection of the flock and the finding of pasture, while the flock must show him obedience, and uphold his honour by its good conduct. Equally, in *Calila e Dimna,* the king must protect his subjects: 'las nuestras almas de todas las bestias son colgadas de la vuestra' (B), and provide food for them: 'caçar para el e para sus vasallos' (B), and they in return must serve him: 'Dimna: "las bestias salvajes todas non bevimos synon en tu guarda e a tu merçed... te devo naturalmente, asy commo vasallo deve fazer a su señor." ' The concept of 'guarda' extends both ways: it is the king's protection of his vassals and their protection of him, in both a physical and moral context.

The social structure just described is essentially horizontal and rigid, but Dimna also speaks of social climbing, in a vertical sense. He expresses a desire for 'mayor dinidat' and 'mayor estado' within the community. His ambitious spirit is not content with the social level which is his lot, 'su medida e su prez', and he tells Calila that he wishes to 'mejorar la mi fazienda y la tuya'. He describes his ambition as an urge to push upwards: 'pujar a la nobleza es muy fuerte cosa', but to do so a man requires 'gran coraçon', otherwise, he will fall down the social ladder: 'el ome de gran coraçon puja de vil medida a noble, e el ome de vil coraçon abaxa de la medida alta a la vil'. It is ironic that Dimna claims with all sincerity that 'gran coraçon' will aid him to rise to 'dinidat' and 'nobleza', while his motives and methods are really 'vil coraçon'.

In this version of the tale, one can see in the role of Dimna and his ideas on man's place in society the surviving remains of the Hindu caste system of the original version. The vertical structure and the mobility upwards *(pujar)* or downwards *(abaxar)* according to an individual's merit do not harmonize with the horizontally-based sort of society suggested in the rest of the tale in its Arabised form. (Significantly, Dimna's ambition and treachery are punished in chapter 4, an insertion made by the Arab translator Ibn al-Muqaffa'.) Thus in the society of *Calila e Dimna* one can make out a generally Islamic structure, with Spanish Christian terms *(rrey, vasallo),* and remnants from the original Hindu.

In the *Conde Lucanor* version, the part on the social ambition of Dimna and its consequences is entirely lacking, for Juan Manuel's is a much barer and simpler narration of the events. Because of this conciseness, Juan Manuel gives only a vague idea of a social structure, and it is basically that of the animal kingdom. The Muslim translator Ibn al-Muqaffa' had easily adopted the Brahminic use of animals with human attributes, but possibly Juan Manuel could not conceive of the animals as people quite so easily. Compared to those of the *Calila* version, the animals in *El Conde Lucanor* appear considerably dehumanized. There is no mention of 'king' and no words of legal established kingship. The social arrangement is primitive and tribal; the animals are divided into carnivores and herbivores, and their leaders depend firstly on strength and secondly on cunning:

carnivores		*herbivores*
lion	(strongest)	bull
fox	(cleverest)	lamb
bear	(second strongest)	horse

other animals

(The carnivores have an advantage over the herbivores in that, as the lion says, the herbivore is the food of the carnivore, but not vice-versa.)

The lion and the bull have acquired a seemingly unjust supremacy over the other animals by their combined strength and power: 'poder, poderoso, apoderábanse, apremiaba, enseñoreaban'. They have a kind of court, made up of the cleverest in both groups: 'el raposo que era consejero del león' and 'el carnero que era consejero del toro' and of the second in strength in each group: 'el oso, que es el mas esforzado et mas fuerte de todas las bestias que comen carne en pos del leon' and 'el caballo que es la mas fuerte animalia de las que pascen yerba fuera del toro'. They are referred to as 'su compaña, pryvados, mayorales' —all words used in *Calila e Dimna*.

There is no reference to vassals or duties and services of vassaldom. One sentence, '... olvidando la lealtad que habian de tener a sus señores',

105

containing words which appear in *Calila* and which refer to loyalty to an overlord, is the nearest Don Juan draws to the idea of vassaldom. His version of the tale tends to be restricted to the small circle of the lion and the bull and their immediate advisers, the other subjects being mentioned but briefly as 'todas las otras animalias'. Juan Manuel therefore develops the two ideas, present in embryo in the *Calila* version, of the difference between carnivores and herbivores, and the vertical social scale, as suggested by the subordination of the majority of the animals to their leaders. Although the social structure in the version of *El Conde Lucanor* is on a more reduced and primitive scale, it is essentially similar to that of the Arabic account. This is shown by a list of the words relating to statesmanship and society that the two versions have in common:

> señores
> pryvados
> mayorales
> compaña
> honrado
> lealtad a sus señores.

These are in fact the most important and most common words, and if they seem few compared to the lengthy terminology of *Calila e Dimna,* that is because Juan Manuel's is such a brief version. They both have the idea of a superior power which is maintained by honour and loyalty surrounded by a small group of 'pryvados' and followed by the other animals. The vertical social scale detected in the *Calila* version is a remnant from the Hindu and is not Islamic, while in *El Conde Lucanor* it comes from the Western tradition. Apart from this, no new concept or new verbal expression is introduced into the material by Juan Manuel.

Slander

The general theme is that of love and friendship and harmony being destroyed by a malicious slanderer, and the danger of such a man to a potentate; one finds, therefore, that the principal ideas in both versions cover these positive and negative values:

love: amor
friendship: amistança, amigo
loyalty: lealtad, leal consejo
honour: honrado
trust: grand fiança, fiar
mutual aid: ayuda
goodness: bueno, de buena natura
good deeds: buenas obras
evil intentions: malas voluntades

slander: mezcla *(CD)*, desavenencia *(CL)*
deceit: maestría engañosa, engañar
disloyalty: deslealtad
oppression: premia, apremiaba
wrongful deeds: yerros
trouble and harm: daño, dapno.
falsehood: falsedat, falso
lying: el mentyroso, homne mintroso

106

In the *Calila* version, the main thematic words recur again and again, emphasizing intrigue, evil and shame:

mezcla, daño, tuerto, verguença, malo, flaco, mezquino, miedo.

The thematic imagery is of snakes: 'culebra' (several examples) and poison: 'tósigo', 'verdegambre'. Don Juan uses the most important thematic words to be found in *Calila e Dimna;* however, *Calila* has a much richer and fuller vocabulary because of its greater scope and length, and this can be shown by comparing the expressions used in the two versions to convey the idea of slander, double-dealing and deceit:

Calila e Dimna		*El Conde Lucanor*
mezcla		desavenir
mezclado a tuerto	departe	meter desavenencia
el mesturero	malfechor	meter mal entre
terrero	malicioso	maestría engañosa.
malo	mezquino	
falso	mentiroso	
engaño	traición	
falsedat	artería	
torticieros de los derecheros.		

So on the theme of slander, the *Conde Lucanor* version conveys the same meaning, but in different words, and using only about 25 per cent of the number used in *Calila*. But Juan Manuel's version does develop a central idea and this idea, that of trust being destroyed by suspicion, is more developed than in *Calila e Dimna*. The value of 'grand fiança' is highly esteemed (even if the lion and the bull are exploiting it to dominate and menace the other animals), and these other animals unite to sow the seeds of 'sospecha' between the two powers: 'se mueve mala sospecha, se recelaba', thus bringing about their downfall. This is not a new projection of Juan Manuel's into the story, but rather a case of his catching on to the main theme, which often gets lost in the labyrinthine style of the Oriental tale, and verbalizing it more directly.

Narrative technique

This labyrinthine nature of the style of *Calila e Dimna* with its frame-story interwoven with not only subsidiary tales but also manifold brief illustrations from everyday life, makes for an only too apparent difference from the simpler, more straightforward version of the tale in *El Conde Lucanor*. In *Calila e Dimna,* the narrative technique used is that which goes back to its original, the *Panchatantra,* that of the general framework of a king consulting his philosopher or physician who tells a tale to illustrate his advice. Don Juan adopts this technique[7] and in *El Conde Lucanor* one finds the same general framework of the Count appealing to Patronio, his 'consejero', for advice, and the latter replying with a tale. The differences are however, that *Calila e Dimna* is more dramatic and uses direct speech introduced by the Arabic *wa-qāla* style from the *ḥadīth*: 'Dyxo Dimna: "..."', 'Dyxo el rrey: "..."', etc.

Also, at the end of a tale, there often appears the formula: 'E yo non te di este enxemplo synon por que sepas que...' or some such similar advice to the Count to take note of the moral wisdom of the tale.

In *El Conde Lucanor*, the narrative is all indirect; there is no 'Dixo fulano: "..."' (quoting his direct speech), but a past recording of what he said, for example: 'Et el raposo... dixo al oso, que...', 'Et ellos dixéronles que...' The result is that Juan Manuel's version is not so immediately dramatic, nor can it use speeches to build up the subtle aspects of character such as one finds in Dimna, but, because it is more concise, it has greater unity.

In the *Calila e Dimna* version there are three narrative units:

1) The rise of Dimna to 'dinidat' with king Lion.
2) Senceba's arrival and usurpation of Dimna's place.
3) Dimna's treachery which leads to the death of Senceba.

There is also a myriad of tales and illustrations in between.

In *El Conde Lucanor* the character of Dimna is absent, as are the illustrations, and the events are telescoped into one action—the treachery of the fox and the lamb which brings about the end of the lion and the bull's supremacy. Here, then, it emerges that Don Juan, although he has taken over the Oriental technique of the frame-story for his entire collection of tales, has, in the individual tales, adapted the material of the story to his own intentions, scope and artistic style.

2) The Owls and the Crows. *(El Conde Lucanor, Exemplo* xix, and *Calila e Dimna,* chapter 6).[8]

In this tale 'De lo que contesció a los cuervos con los buhos', also an analogous version of a tale from *Calila e Dimna,* Juan Manuel has again used the same principal theme words as are found in the Arabic, and here they relate to the threat to a potentate of the deceit and treachery of his enemy and the problem of warfare. In the *Calila e Dimna* version, the story is set in a society arranged similarly to that of the tale of the Lion and the Bull. Although the two jackals Calila and Dimna are no longer present, and the scene is now in the kingdom of the birds, the social structure is essentially the same: 'el rrey' surrounded by his 'corte' and 'pryvados', then by his 'vasallos' and 'pueblos'. Don Juan merely refers to the 'compaña' of the birds with their 'mayoral'.

[7] See Diego Marín, 'El elemento oriental en Don Juan Manuel. Síntesis y revaluación', *CL,* VII (1955), 1-14.

[8] *Lucanor,* I, 119-22, and Keller and Linker, pp. 197-238.

Treatment of the war

The vocabulary conveying the concept of physical hostility and harm is extensive in both versions:

Calila e Dimna		El Conde Lucanor
enemigo	traydor	enemigo
lyd, lidiar	premia	guerra
vencer	poder	vencer
luchar, peleemos	nos salteasen	fazer mal
daño	gran perdida	recibir daño
llaga	llagó muchos dellos	messar
fue a dar sobre	se apodera dél	estroir
sofrir	atormentado	passar
matar	corriólos atanto	matar
ferieron	esforçados	maltrecho
trybulaciones	peligro	se dolia mucho
cuytas	bañaron todos en sangre	quexa
discordia	espada	contienda
nuzir	picar	empescan
tachas	majamiento	mancellamientos
yra	danposos, etc.	

Again, the version in *El Conde Lucanor* falls short in extent of vocabulary in comparison to the Arabic. The *Calila e Dimna* version shows a very detailed picture of the tactics and technicalities of warfare. This emerges when the king of the crows consults his advisers, after the attack by the owls, on the various alternatives open to them:

1) fuyr
2) someternos, tregua, ofrecer parias, paz
3) guardémonos dellos, aparejémosnos contra (con) guardas, atalayas, escuchas
4) moriendo honrrado, valientes (para no) abyltar nuestro lynaje
5) engaño, arte.

All this absent in *El Conde Lucanor*;[9] Juan Manuel has the essential ideas and keywords, but none of the details and developments, showing no interest in enlarging upon the theme of military strategy. This, no doubt, is due to the constricting brevity of the tale's limits as Don Juan adapted and moulded what he heard to fit into his whole collection.

[9] As John England points out on p. 84 of this volume, each piece of advice in the *Calila e Dimna* version is more detailed and this has a straight-forward cumulative effect. See also John E. Keller, 'From Masterpiece to Résumé: Don Juan Manuel's Misuse of a Source', in *Estudios literarios de hispanistas norteamericanos dedicados a Helmut Hatzfeld con motivo de su 80 aniversario* (Barcelona, 1974), pp. 41-50, published after the present article was completed.

Calila e Dimna also contains much information on statecraft in general. True to the 'mirrors for princes' tradition, as exemplified by the *Poridat de poridades,* it advocates the prudent taking of counsel by a leader and the observance of secrecy in important state matters: 'et el rey enviso acresce su consejo aconsejándose con su compaña', 'acresce su entendimiento e su consejo consejándose'. It is important then to consider the advice and make the right decision; the owls are defeated because their leader failed to recognise the correct advice—a point also made in Juan Manuel's version.

Until a king's policy becomes publicly known by being carried out, it must be kept secret, as the wise crow in *Calila e Dimna* emphasizes:

> E lo que quiero que sea poridat, tengolo en poridat; ca dizen que los rreyes non vençen synon seyendo envisos, e ser enviso en çelar las poridades (B).

The Juan Manuel version shows what happens when state secrets fall into an enemy's hands: 'començaron a fiar en él todas sus faziendas et sus poridades', and this brought downfall and destruction.

Again, the Juan Manuel version has but a brief mention of matters quite well developed in *Calila e Dimna,* and there are no verbal parallels. The *Calila e Dimna* version is concerned with how to be a good ruler in various aspects, while Don Juan's account keeps closely to the avenging of a grievance by deceitful methods. The basic message is the same in both, however: not only beware of deceivers, but use deceit yourself to further your ends.

Narrative technique

The Arabic and the Spanish versions show some differences in their backgrounds, and this gives rise to differences in the narration. In the *Calila e Dimna* version, the reason for the quarrel between the owls and the crows has its source in a personal insult during the election of the King of the Birds. The *Conde Lucanor* version has no reference to the incident, merely saying that there was 'contienda' between the owls and the crows. The reason here for the enmity seems to be differences of species and customs. The fact that the owls could fly and fight by night gave them a distinct advantage over the crows (similar to that of the carnivorous lion over the herbivorous bull), and the crows were therefore 'en mayor quexa'. The moral Don Juan draws, 'Et todo este mal vino a los buhos porque fiaron en el cuervo que naturalmente era su enemigo', is not Christian in spirit (it belongs to his worldly wisdom),[10] and '(el) que tu enemigo suel seer' reflects the divisive caste system underlying the original version.

[10] Juan Manuel had contacts with the Dominican order, which preached an orthodox Christianity, not too ascetic. A human and rational equilibrium was encouraged, a compromise between the immediate concern for worldly life and that for the future life. See Ian Macpherson, '*Dios y el mundo*—the didacticism of *El Conde Lucanor*', RPh, XXIV (1970-1), 26-38.

Juan Manuel's brief version does not have the scene where the king of the crows consults his five wise crows after the owls' attack. *El Conde Lucanor* has only one wise crow, and his immediate reaction is for vengeance. 'Vengarse' is the only thematic term used in *El Conde Lucanor* which is not present in *Calila e Dimna,* although it is certainly implied there.

Don Juan has a simpler version which does not include the various hostile missions between the two sides; furthermore, secondary details such as the suggestion by the treacherous crow that he throw himself into the fire to be changed sacrificially by God into an owl, are absent. Perhaps Don Juan, or a Spanish story-teller before him, found this idea of Hindu transmigration of souls (a remnant from the Sanskrit original and probably pleasing to the Arabs with their interest in magic) too alien, or just unnecessary in a short version of the tale, since it is not an organic part.

The characteristic tendency of Juan Manuel is revealed once again— to give a simple and unified account of a story. He makes no attempt at imitating an Arabic style with all its verbal and conceptual complexity; instead, he produces a version characterized by his own simple patterns.[11] He repeats phrases in his narration which represent the key ideas. One of these concerns the finding of a means of vengeance, and he uses it three times with slight variations:

1. *a)* catar manera como se vengasse
   b) cató esta manera para se poder vengar
   c) maneras como se podrían vengar.

Another is the expression 'he only came to deceive':

2. *a)* este homne non vino a vos sinon para vos engañar
   b) aquel cuervo non viniera a ellos sinon para su daño
   c) ca cierto sed que non vino a vos sinon por vos engañar et por vos fazer algun daño.

Whilst in the *Calila* version one can almost lose sight of the moral and at times even the thread of the story, that is never possible in Don Juan's small-scale version. He presents his material succintly and the result, though different from the Arabic, is dramatically effective and artistically pleasing.

3) King Abenabet of Seville and his wife Queen Ramayquía.

(*El Conde Lucanor, Exemplo* xxx, and an Arabic version in Aḥmād ibn Muḥammad al-Maqqarī's *Nafḥ aṭ-Ṭīb*).[12]

---

[11] For a study of Juan Manuel's narrative patterns see John England, 'Et non el día del lodo', pp. 77-8 of this volume.

[12] *Lucanor,* I, 174-6 and Aḥmād ibn Muḥammad al-Maqqarī, *Nafḥ aṭ-Ṭīb,* ed. Muḥammad Muhī ad-Din CAbd al Hamīd (Cairo, 1367/1949), I, 415.

For this tale, 'De lo que contesçió al Rey Abenabet de Sevilla con Ramayquía, su muger', the only analogous version we have is a later recording in the Arabic compilation *Nafḥ aṭ-Ṭīb* by al-Maqqarī. Presumably both versions are written recordings of a story, probable based on true historical events, and kept alive in the oral tradition of Andalusia. Comparison of these two versions should highlight the differences between Arabic and Castilian story-telling and historiography, and give us an idea of Juan Manuel's and the Christians' objectives and methods.

In the treatment of the material there are three main areas of difference: the reason for the anecdote and its context, the content—especially with regard to the characters of the King and Queen and the extra episode of the almond trees in Cordoba—and the narrative style.

The reason for the anecdote and its context

Al-Maqqarī's purpose is mainly biographical and tends towards the historical and political. He writes about al-Mu'tamid ibn 'Abbād, the great king of Andalusia (1040-95),[13] his battles, his being taken prisoner, dismissed from office and sent to Marrakesh to spend his last days in captivity. There is little elaboration of character, and the Queen, I'timād ar-Rumayqiya, is merely described as 'his wife, and mother of his children, Rumayqiya was her nick-name'.[14]

The anecdote has become stripped to the bare essentials—essentials which are common to both al-Maqqarī's and Juan Manuel's versions: King—wife—she sees women making bricks in Seville [15]—wants to do it herself—to please her, King orders artificial mud to be made in the palace from amber, musk, rose-water etc.—later she complains and he retorts with the famous line which silences her. Perhaps al'Maqqarī avoids too much description and novelistic style because his purpose is to record the historical events. The very fact that he includes the anecdote, however, shows how Arabic historiography concerns itself with character and intrigue as much as with accounts of political events. In spite of the bareness of the version, there is one reference which may be a hint at a tradition or just the comical tradition of husband and wife quarrels, when he says there occurred between them something which occurs between husbands and their wives—the domestic squabble. Ramayquía reproached her husband, once he had lost all his wealth and power, for not giving her the riches she expected of him, but when Abenabet mentioned 'the day of the

---

[13] He succeeded his father in 1069 and was deposed by the Almoravids in 1091. The incident belongs therefore to the period of his captivity up to his death, 1091-5.

[14] My translation from *Nafḥ aṭ-Ṭīb*.

[15] Juan Manuel has 'Córdoba', which is wrong. The fact that al-Maqqarī has the correct location indicates that the source he found for his story was probably earlier than that of Don Juan. The latter possibly had a source which mistakenly set the action in Córdoba on account of its fame as the great Muslim city with the Islamic monuments. Alternatively, the mistake may have arisen under the influence of the other episode Don Juan includes which is also set in Córdoba.

mud', Ramayquía, as al-Maqqarī briefly states, 'felt ashamed and was silent'.

Don Juan uses a different setting for the anecdote. The ironic exchange is not part of a biography or a history, but stands in its own right as a dramatic and literary narration, and is fitted into the general framework of the book by the usual device of Count Lucanor having a problem and turning to Patronio for advice. Thus the introduction and conclusion to the tale are in the usual style and vocabulary of all the tales, yet the style and terminology used in the main body of the tale is quite different. The Count and his 'consegero' Patronio use the familiar terms:

vuestra fazienda   grant daño
grand provecho   conséjovos
que vos cumpla etc.

But these ideas and words do not occur in the tale itself, the tone there being far fresher and richer in descriptive elements. This may be because the subject-matter of the tale does not call for their use, or it may be that Juan Manuel is influenced by his source to the extent of taking over its vocabulary. It is obvious that Don Juan has included the tale in his work not because it illustrates a moral he wanted to teach, but because he considered it attractive in itself.

The content

Compared to the bare narration of al-Maqqarī, Juan Manuel's version appears to develop and elaborate the characters of the King and his wife. Abenabet, from the pen of Don Juan, emerges as a weak husband who always gives in to his wife's whims and caprices, until he is pushed to his limit. That he dearly loved his wife and wished to please her is insisted upon: 'amávala más que cosa del mundo'. The phrases 'por le fazer plazer' and 'conplir su talante' occur again and again and thus form the leit-motiv of the piece.

The character of Ramayquía is even more developed, and one can discern in the references a tradition of her popularity: 'muy buena muger', 'et los moros an della muchos buenos exiemplos.' There must have been in the oral tradition many anecdotes about Ramayquía; she must have been singularly notorious for her capriciousness: 'pero avía una manera que non era muy buena: esto era que a las vezes tomava algunos antojos a su voluntad'; 'por otra cosa que se [le] antojó.'

Not only the figure of Ramayquía, but also the Cordoban episode of the almond trees planted to resemble snow, is a pointer in the direction of an extensive popular tradition around Ramayquía and Abenabet. This episode is completely lacking in al-Maqqarī's version; this indicates that Juan Manuel had access to a fuller account of the tradition. It is a very attractive little tale in itself and on the same theme of Ramayquía's capricious character. It refers to a time when Abenabet was still in power;

113

in fact, his dismissal and banishment are not brought into Don Juan's version at all, the writer here being concerned not with the historical and political aspects of his biography, but with the purely novelistic, those of popular appeal.

This tale is very Arabic in its atmosphere and it seems Don Juan has deliberately attempted to enhance this:

> ... mandó el rey fenchir de agua rosada aquella grand albuhera de Córdova en logar de agua, et en lugar de tierra, físola fenchir de açúcar et de canela et espic et clavos et musgo et ambra et algalina, et de todas buenas espeçias et buenos olores que pudían seer; et en lugar de paia, fizo poner cañas de açúcar.

The essence of this passage is present in al-Maqqarī too, but Juan Manuel's list is considerably longer. However, the claim that the pseudo-Arabic atmosphere is pure invention on the part of Don Juan would be an exaggeration. Daniel Devoto has asserted that 'Arabic atmosphere' was a frequent literary theme in Western literature and that Juan Manuel, with this tale, was one of the early writers who created it:

> Los elementos orientales abundan en la obra de don Juan Manuel, y no podría ser de otro modo, dada la peculiar constitución de su país. Pero creo, firmemente, que gran número de elementos orientales están allí *porque él los puso*. Concretamente, que la refinada pintura del lujo que rodea a Romayquía está colocada allí para dar un ambiente oriental, y no porque la fuente o las fuentes del príncipe se la ofrecieran cortada y cosida. Ante el influjo que el esplandor de Granada tuvo en las letras españolas, influjo que se difundió por toda Europa y llegó a Chateaubriand y a los demás románticos, cabe preguntarse si el príncipe no sufrió la misma atracción, lo que era absolutamente natural, y si los toques arábigos de sus cuentos no son un deseo de crear un orientalismo 'avant la lettre' exactamente similar al del romancero morisco.[16]

Juan Manuel may have enjoyed telling an 'Arabic' tale and developing the scenic description. Indeed, María Rosa Lida de Malkiel has demonstrated his 'benevolent idealization' of the Islamic world in *El Conde Lucanor*,[17] but to say that he actually created it is overstating the case, as this Arabic version (not likely to have been influenced by Juan Manuel's Castilian one) contains the same basic detail, implying that it was already present in the Arabic source. In this case, the Arabian pool and spices must have already existed in the original version since they are an essential element of the tale.

---

[16] Daniel Devoto, *Introducción al estudio de Don Juan Manuel, y en particular de El Conde Lucanor. Una bibliografía* (Madrid, 1972), p. 433.
[17] 'Tres notas sobre Don Juan Manuel', *RPh*, IV (1950-1), 155-94.

An interesting point that emerges from this is that the tale of King Abenabet is much more 'Arabic' than the other two tales. On the whole, stories about humans carry more Oriental information than do stories about animals. For although the animals are made to behave in the same way as humans and their actions convey human morals, the personification is not carried to the extent of dressing them in men's clothing and sending them to market, business or to worship — the sorts of activities that would include references to Oriental life and manners. This tale has given us an insight into Islamic life, whereas the other two tales have not.

Narrative style

The version of al-Maqqarī is so short and concise that the only style one can discern in it is the narrative style of a historian or chronicler; this includes the witnessing technique of Arabic literature, coming from the *ḥadīth*. It was usually employed to distinguish historical and authoritative literature from the anonymous non-erudite fictitious story (though the latter often adopted the device to give authenticity). The anecdote is told by the vizir Ibn al-Khatīb, and he says that the information has been transmitted by tradition — oral tradition, one assumes — as he begins:

'And it has been related that...'

The style is economic — bare narration of events interrupted by the direct conversation of the protagonists, in the Arabic *wa-qāla* style:

'And she said to him: "..."
... and he says: "..."
... and she said to him: "My lord..."
... and he said to her: "..." '.

Their speech is in the normal Arabic style with references to Allah. The ending is dramatically effective in its conciseness: 'And she was ashamed and was silent.'

Juan Manuel's version has a different narrative structure. The Castilian uses a variety of narrative elements for introducing events and developments; he has the stock expressions: 'contesçió, acaesçió, otro día, otra vez', which continually recur. But the following are patterns peculiar to this tale and to this version of it:[18]

1. a) Et quando Ramayquía la vio...
   b) ... et quando Ramayquía lo vio...
   c) Otro día, por otra cosa que se [le] antojó...

2. a) començó a llorar.
   b) començó a llorar...
   c) començó a llorar.

---

[18] The particular patterns are discussed by England on pp. 77-8.

115

3. a) Et preguntó el rey por qué llorava.
   b) et el rey preguntól por qué llorava.
   c) Et el rey preguntól por qué lo fazía.

4. a) Et ella díxol que por [que] nunca...
   b) Et ella díxol porque nunca...
   c) Et ella díxol que cómmo non lloraría, que nunca...

This repetition of the elements (not present in al-Maqqarī's account) of Ramayquía weeping, the King asking her why, followed by her complaint, suggests her repeated and constant capriciousness and gives unity to her character and to the two episodes.

The King also has a recurring phrase:

5. a) Et el rey, por le fazer plazer, fizo...
   b) Entonçe, por le fazer plazer, mandó el rey...
   c) Et el rey veyendo que ... tanto avía fecho por le fazer plazer ... díxol...

It is difficult to tell whether these patterns to be found in Juan Manuel's story are his own work or whether the recurring phrases are a remnant of the narrative technique of a story-teller or minstrel who used repetition to build character and aid the memory. It is most likely that Don Juan originally heard the tale told by some such entertainer. John England shows elsewhere in this volume that such patterns are rare in other medieval Castilian works,[19] thus suggesting that this narrative style was favoured individually by Don Juan and that he may have picked it up from the oral tradition. Whatever the solution, these phrases certainly point to a novelistic reworking of the material not to be found in al-Maqqarī.

Juan Manuel and al-Maqqarī do not appear to have made use of the same source, because in the culmination of the story, in the focal phrase: 'and not the day of the mud?',[20] they use different words for day: al-Maqqarī uses يَوْم yawm, while Juan Manuel uses نَهَار nahār. Yawm is the word to be expected in the context, meaning a special day, and not nahār, which means day as opposed to night; this suggests that Don Juan may have reconstructed his quotation by asking someone the Arabic for 'day'. If so, he received a version which, without his being aware of it, was in the circumstances inaccurate.

The wa-qāla style of the Arabic, the authentication by witnessing, is not used by Juan Manuel; he gives more varied introductions, but he does have the Arabic: 'wa... fa... wa...' (et... et... et...) in the list of ingredients for his mud. In general, though, Juan Manuel's style seems to be his own; he picks up the basic themes of the tale and gives them his own artistic expression and literary unity.

[19] See England, pp. 83-6.
[20] See A. R. Nykl, 'Arabic Phrases in the Conde Lucanor', HR, X (1942), 12-17.

CONCLUSION

Comparison of the Arabic and Spanish versions of these three tales shows that in transmission there has been much conservatism with regard to content, but considerable freedom in the style of narration. Juan Manuel's tales contain the essential ideas to be found in the Arabic versions, and his peculiar imagination and different circumstances do not appear to have stimulated him radically to change or add to the material as he found it. Certain adaptations were made, however, either by Don Juan, or by a previous Spanish story-teller, to accommodate the settings to the Western mind, retaining the culturally neutral elements and omitting any elements or details not easy to assimilate. Juan Manuel's main contribution to the material is the artistic unity he appears to have given it. While he has much of the vocabulary in common with the Arabic versions, there are no important verbal parallels, which suggests that Don Juan was recalling a tale in his own words rather than working from written models. He either allowed himself to be affected by already existing narrative techniques introduced into the stories by previous Spanish entertainers, or invented his own narrative patterns. He managed to give a tale dramatic impact and unity by cleverly picking upon its salient features and expressing them in such a way as to heighten the effect, be it ironic, humorous, lyrical, dramatic or purely didactic.

Of the three tales studied, the last, about King Abenabet and Ramayquía, is strongly Arabic, while the other two are culturally neutral or universal in context. This indicates that it is the human tales rather than the animal fables which conveyed to the Christian West the most information about Oriental and Islamic life.

In all three cases, the main deduction is the same, that is, that the essential elements, the basic ideas of the stories, have been carefully conserved by tradition and by Juan Manuel; he put his own personal stamp upon the tales without mutilating them, so he has shown considerable deference for his material, and at the same time made it acceptable and amenable to fourteenth-century Castilians, however alien in character and concept.

University of Auckland

GERMÁN ORDUNA

El *exemplo* en la obra literaria de don Juan Manuel

La importancia que el 'Libro de los enxiemplos' de *El Conde Lucanor* tiene en los orígenes del cuento románico ha determinado que la atención de los críticos se centrara en el estudio de los relatos incluidos en la Primera Parte del libro, dejando de lado otros que aparecen fuera del 'Libro de los enxiemplos'.[1] Tampoco se interesó la crítica por el estudio de los varios tipos de *exemplo* que ilustran tanto *El Conde Lucanor* como los otros tratados didácticos y, en consecuencia, todavía no se ha evaluado en qué medida don Juan Manuel utilizó los recursos de ilustración didáctica que le ofrecía la tradición literaria.[2]

Nuestro propósito es estudiar de qué modo aparece el relato ejemplar a lo largo de la obra de don Juan Manuel, en relación con otros tipos de ejemplificación, para tratar de encontrar el momento, las circunstancias y la finalidad con que se produjo el paso de la exposición doctrinal, ornamentada con relatos ejemplares, a la colección de cuentos de intención didáctica y moral.

Las características propias de la trasmisión manuscrita de la literatura doctrinal en lengua vulgar —interpolada, contaminada o refundida, fluctuando en los límites de la anonimia— y la tradicionalidad manifiesta de la materia ejemplar, nos obligan a intentar una caracterización de la literatura en la que don Juan pudo encontrar los modelos y la materia para sus *exemplos*.

En la mayor parte de su obra, parece don Juan ocultar sus modelos y fuentes con tal maña y artificio que nos resulta difícil, si no imposible,

---

[1] La edición príncipe de Argote de Molina, limitada al Libro I del *Conde Lucanor,* es muestra evidente del mérito predominante dado a la colección de cuentos, lo que echó sombras sobre el resto de la obra. Igual criterio testimonian los manuscritos medievales conservados: sólo uno contiene la obra completa.

[2] Provisoriamente, recordamos la definición de Welter: 'Par le mot *exemplum* on entendait, au sens large du terme, un récit ou une historiette, une fable ou une parabole, une moralité ou une description pouvant servir de preuve à l'appui d'un exposé doctrinal, religieux ou moral', *L'Exemplum dans la littérature religieuse et didactique du Moyen Âge* (París y Toulouse, 1927), 1.

Como comprobaremos en nuestro análisis, esta caracterización del *exemplo* resulta, en la práctica, matizada por los modos de inserción en el contexto, la manera de organizar la digresión ejemplar y la intención con que se utiliza el procedimiento. Una tentativa de clasificación del *exemplo* debe atender todos estos aspectos.

señalar con certeza el texto que lo inspiró.[3] Intentar reconstruir la biblioteca de don Juan Manuel es tarea peregrina, sujeta a errores y chascos. No obstante, algunos datos permiten suponer cuáles fueron algunos de los libros frecuentados en su primera formación literaria. Sabemos que poseía una copia de la 'versión vulgar' alfonsí de la *Primera crónica general* y es la que usó para la recopilación de su *Crónica abreviada*.[4] El hecho de no utilizar la 'versión regia' de 1289 permite suponer que el texto estaba entre los libros del infante don Manuel, su padre, y debió servir para la educación del primogénito don Alfonso y, más tarde, para la del mismo don Juan. El elogio de la sabiduría y de la obra de su tío Alfonso X, que hace en el Prólogo del *Libro de la caza,* permite conocer algunos títulos alfonsíes, de los que no hay otra referencia que la suya:

> Et tanto cobdiçió que los de sus regnos fuessen muy sabidores, que fizo trasladar en este lenguaje de Castiella todas las sçiençias, tanbién de thelogía commo la lógica e todas las siete artes libertales commo toda la arte que dizen mecánica. Otrosí fizo trasladar toda la secta de los moros, porque paresçiesse por ella los errores en que Mahomad el su falso propheta les puso e en que ellos están oy en día. Otrosí fizo trasladar toda la ley de los judíos e aun el su talmud. E otra sçiençia que an los judíos muy escondida a que llaman cabala... Otrosí rromançó todos los derechos ecclesiásticos e seglares, ¿qué vos diré?, non podría dezir ningún omne quánto bien este noble rey fizo señaladamente en acresçentar e alunbrar el saber. (*Caza,* 1-2)

El sobrino del rey sabio habrá tenido a mano estos tratados que Alfonso ordenó traducir para *acresçentar el saber* y es evidente en él un despierto interés por la fama de las escuelas que el rey sostenía y la obra literaria allí cumplida:

> Lo ál, que avía en su corte muchos maestros de las ciencias et de los saberes, a los quales él fazía mucho bien et por levar adelante el saber et por noblescer suos regnos; —Ca fallamos que en todas las ciencias fizo muchos libros et todos muy buenos — et lo ál, porque avía muy grant espacio para estudiar en las materias de que quería conponer algunos libros; Ca morava en algunos logares un anno et dos et más et aun, segunt dizen los que vivían a la su merced, que fablavan con él los que querían et quando el quería et ansí avía espacio de estudiar en lo quel quería fazer para sí mismo et aun para veer et esterminar las cosas de los saberes quel mandava ordenar a los maestros et a los sabios que traía para esto en su corte... Porque don Johan su sobrino sse pagó mucho desta su obra et por la saber mejor...[5]

[3] Cfr. María Rosa Lida de Malkiel, 'Don Juan Manuel, la Antigüedad y la cultura latina medieval', en 'Tres notas sobre Don Juan Manuel', *Estudios de literatura española y comparada* (Buenos Aires, 1966), pp. 111-33.

[4] Cfr. Diego Catalán, en *De Alfonso X al Conde de Barcelos* (Madrid, 1962), pp. 172-4.

[5] Prólogo de la *Abreviada, CHE,* LI-LII (1970), 143.

La admiración juvenil debió alentar en su madurez el deseo de continuar una labor didáctica de abolengo familiar, dentro de sus posibilidades e intereses propios —tomando la frase de la *Abreviada*— *porque por muchas razones non podría fazer tal obra commo el rey fizo*. Un testimonio claro nos da en el Prólogo del *Libro de la caza*:

> Don Johan su sobrino, fijo del infante don Manuel, hermano del Rey don Alfonso, se paga mucho de leer en los libros que falla que conpuso el dicho rey e fizo escrivir algunas cosas que entendía que cumplía para él de los libros que falló que el dicho rey abía conpuesto. (*Caza*, 2-3)

Estos datos nos permiten establecer con alguna seguridad qué libros contenía la biblioteca del joven príncipe. En cambio, sólo tenemos referencias vagas y aisladas de los que se sumaron en su castillo de Peñafiel o en Escalona, o de los que lo acompañarían en Pozancos y Salmerón, sus lugares de descanso, o en Sevilla y Murcia, entre los afanes de los negocios públicos y la guerra.

La educación del joven heredero del infante don Manuel se cumple durante el reinado de Sancho IV. No obstante el aderezo literario y la imaginación con que la vanidad personal supo fingir referencias y alusiones en su obra literaria, podemos admitir los datos que sobre su educación nos da el mismo autor en el *Libro de los estados*: tuvo un ayo clérigo y sabio (*Estados*, I, xx, 38), y siguiendo órdenes de su madre, fue adiestrado en los ejercicios caballerescos sin descuidar el aprendizaje diario de la Gramática latina y el cultivo de la lectura (*Estados*, I, lxvii, 123-6).[6]

Aunque la educación del noble nieto de San Fernando debió tener como marco algún castillo de su propiedad, donde vivía rodeado de una pequeña corte de ayos y caballeros vasallos suyos, desde muy joven frecuentó a su real primo don Sancho, quien lo protegió y ayudó generosamente.[7] En la corte de Sancho IV debió interesarse en la actividad literaria que florecía bajo la protección personal del rey.[8] En esa época se

---

[6] María Rosa Lida ha demostrado que don Juan conocía el latín y estaba informado del saber corriente de clerecía en su época (cfr. *Estudios...*, 124-30).

[7] *Armas*, 88-9.

[8] Don Ramón Menéndez Pidal, en el estudio preliminar a su 2.ª edición de la *Primera crónica general* (Madrid, 1955), I, xxxi-xxxii, y luego Diego Catalán, en *De Alfonso X al Conde de Barcelos*, p. 26, se refieren respectivamente a 'la muy pobre y muy discutible actividad intelectual de Sancho IV'. Entendemos que este juicio excesivamente severo sólo se justifica en cuanto al trabajo cumplido en la reelaboración del texto de la *Estoria de España*. Es muy posible que Sancho IV no haya sido capaz o no haya querido restaurar el taller alfonsí; pero en cuanto al estilo amplificatorio, a las interpolaciones y retoques formales en la redacción de 1289, responden a un estilo o gusto distinto del propio de Alfonso X, pero no por ello despreciable; sobre todo si tenemos en cuenta que no es una actitud esporádica del redactor de 1289, sino un procedimiento utilizado en todo el período postalfonsí hasta la época de Alfonso XI. No es éste lugar para discutir extensamente este punto; valgan dos ejemplos de gusto amplificatorio: el Prólogo del *Cifar* (edic. Wagner, Ann Arbor, 1929, 6, 20-7), obra de hacia 1300, pero cuyo Prólogo se nos

realiza la llamada 'version regia' de la *Primera crónica general* (1289).
Hacia 1292 se redacta por su mandato *Castigos e documentos,* que influye
en toda la primera mitad del siglo XIV y, en esos mismos años,[9] patrocina
la colección llamada *Lucidario* y ordena la traducción del *Libro del tesoro*
de Bruneto Latino. En la última década del siglo XIII se copian e imitan
las colecciones de 'Dichos y sentencias de filósofos' (data probable del
Libro de los cien capítulos y de *Flores de filosofía*), se difunden leyendas
en prosa como la *Historia de la reina Seuilla,* el cuento del Emperador
Otas o del Caballero Plácidas-Eustaquio, que sería fuente primera del
Libro del caballero Cifar (h. 1300), y los relatos novelescos extensos que
pronto darían origen a recopilaciones como *La gran conquista de Ultramar.* Si a esto unimos obras apologéticas como el *Barlaam y Josaphat* y
la tradición narrativa de procedencia oriental, tendremos el marco literario en que pudo formarse el joven don Juan hasta sus veinte años.

El carácter propio de don Juan Manuel y un agudo sentido de las
obligaciones intelectuales propias de su estado lo llevaron pronto a incli-
narse por los tratados que aprovechaban a la formación del príncipe y
necesariamente, a una tarea de síntesis espigada en la obra de su tío
Alfonso X. La *Abreviada,* el *Libro de la caza,* el *Libro de la caballería,* el
Libro de los engeños, debieron ser en su primera forma meros epítomes
de tratados recopilados en su momento por el rey sabio.[10]

Los libros redactados en esta primera etapa carecen de interés para
nuestro trabajo: la amplificación, la repetición y la demostración suelen
faltar en obras que son resumen o forma abreviada de tratados más extensos. Poco lugar podían tener en ellas la serie de *exemplos* que solía
ilustrar la exposición doctrinal. Por otra parte, los asuntos de los cuatro
libros de la primera época no necesitaban de los varios recursos de la
ejemplificación, que eran infaltables en los destinados a la formación ética
del príncipe.[11]

---

conserva en una redacción posterior a la muerte de doña María de Molina (1321),
y las interpolaciones de la versión A de *Castigos e documentos.* Por otra parte, tanto
Mercedes Gaibrois de Ballesteros (*Historia del reinado de Sancho IV de Castilla,* I
(Madrid, 1922), 25-7, y II (Madrid, 1928), especialmente 379 y 382) como Agapito
Rey en su edición de *Castigos e documentos* (Bloomington, 1952), p. 15, n. 14, sos-
tienen una opinión favorable a Sancho IV como patrocinador de un scriptorium regio.
Agréguense las consideraciones de R. Kinkade, en su Introducción a *Los 'Lucidarios'
españoles* (Madrid, 1968), pp. 28-9. Recordemos también que a Sancho IV, cuando
era infante heredero, dedica Fr. Juan Cil de Zamora su *De Preconiis Hispanie*
(H. 1282).

[9] Véase Introd. de R. Kinkade a su edic. del *Lucidario,* p. 36, y n. 67.
[10] Véase '¿Un catálogo más de obras de don Juan Manuel?', *BHS,* L (1973),
217-23, y 'Los Prólogos a la *Crónica abreviada* y al *Libro de la caza*', *CHE,* LI-LII
(1970), 123-44. Allí exponemos los argumentos que nos inclinan a suponer dos etapas,
claramente separadas, en la producción literaria de don Juan Manuel. La primera,
anterior a 1326, es de neta procedencia alfonsí: don Juan lee, resume los libros de
su tío Alfonso que considera útiles para sí y para los de su casa. De esa época sólo
nos queda como muestra la *Abreviada* y parte del Prólogo del *Libro de la caza.*
[11] Un libro histórico —cuya materia toda es ejemplo para las generaciones—
recurre raramente a lo que llamamos recursos de ejemplificación. Así, en la *Gen. est.,*
II, ii, al llegar a la unción de Saúl, se deja el relato de la historia ('E agora dexamos
aqui las razones de la estoria de la Briuia...') para exponer sobre los deberes de

Cuando a partir de 1326, nuestro autor inicia la segunda etapa, que corresponde a su madurez literaria, en la que su interés se centra en la educación del joven noble y en los problemas éticos, busca decididamente la originalidad artística, lo que se constituye en rasgo esencial de su intención creadora. Ya no recuerda a Alfonso el Sabio, ni intenta entroncar su obra con aquella tradición; casi no menciona a sus fuentes y, si lo hace, es en forma vaga; por el contrario, se preocupa de subrayar el aporte de la experiencia personal y de la sabiduría práctica adquirida en el trato con hombres de su tiempo. Quizá sea más sincero y auténtico de lo que se supone su elogio de la eficacia de la enseñanza oral y del saber acrisolado en la experiencia y consejo de los hombres experimentados. Dice el caballero anciano en el *Libro del cavallero et del escudero*:

> Et commoquier que yo nunca leí nin aprendí ninguna sçiençia, que só mucho ançiano et guareçí en casa de muchos sennores, oí departir a muchos omnes sabios, et bien cred que para los legos non ha tan buena escuela en el mundo cuemo criarse omne et bevir en casa de los sennores, ca ý se ayuntan muchos buenos et muchos sabios, et el que ha sabor de aprender cosas por que vala más, en ningún lugar non las puede mejor aprender. (*Cavallero,* xxxi, 26)

> Biviendo yo en casa de un sennor con qui guareçía, oí fablar a omnes muy letrados en muchas sçiençias, et oílos dezir que por las cosas que son ordenadas en aquella arte dizen los gramáticos reglas... (*Cavallero,* xxxi, 27)

También el sabio Julio destaca lo aprendido en la frecuentación personal:

> Et por las grandes guerras quel acaesçieron, et por muchas cosas que vio et que pasó despartiendo entre él et mí, sope yo por él muchas cosas que pertenesçen a la cavallería, de que yo non sabía tanto... (*Estados,* I, xx, 39)

los reyes y de sus súbditos; es entonces cuando, en los 12 caps que lleva la digresión —no narrativa, sino doctrinal— se acude a la apoyatura del *exemplo* ('E por esto fue dado al rey Salamon por derecho e por juyzio de matar a Adonias...; ca escripto fallamos que asi fizo Natan profeta ante el rey Dauid...; ...que el rey nunca finque a pie; ca si la cabeça finca, los pies e los otros mienbros ¿do yran?' *Gen. est.*, II, ii, 249a-256a). Por el contrario, un libro esencialmente ejemplificador como *De Preconiis Hispanie,* que declara en el Prólogo: 'magis movent exempla quam verba, facta quam dicta, experimenta quam ostentamenta; exemplum Alexandri pugnantis quam verba Aristotelis disputantis...', y usa abundantemente del *exemplo* tomado de la Biblia, de los historiadores romanos y de la literatura latina medieval, depone el procedimiento ejemplar en el Libro X al tratar una materia jurídica como los derechos de los reyes y las obligaciones de los vasallos y disminuye la serie de *exemplos* en los Libros XI y XII, donde resume el tratado de Vegecio: los *exemplos* son raros en el XI y si aparecen en el XII, es porque se mencionan brevemente algunos casos que Vegecio mismo aduce (cfr. *De Preconiis Hispanie,* Madrid, 1955, 335-76.)

Por su condición, el caballero anciano se considera exento de exhibir la erudición propia de un clérigo:

> Et así yo, que non só letrado nin pertenesce al mi estado nin oí nin fablé tanto en las spirituales por que me pudiesse caer conplidamente en el entendimiento, non vos devedes marabillar si vos non respondiere a esta pregunta tan conplidamente commo avía mester. (*Cavallero,* xxxii, 28-9)

Con una mezcla de humildad retórica y orgullo de clase, don Juan prefiere dar a la exposición doctrinal el tono del saber trasmitido como tal sin precisiones en cuanto a la fuente utilizada; la doctrina se confirma e ilustra a través de fórmulas introductorias imprecisas: es lo que 'dicen los sabios' o 'leyó en un libro' o lo que contó tal o cual personaje de su tiempo. Cuando la cita se puntualiza más y aun se trascriben frases latinas, el contorno no por eso se hace más seguro: 'Et dize don Johan que a estos acaesçe segund dize un philósopho que fue de Çerdeña que dize...' (*Caza,* 80).

Esta actitud frente a la materia doctrinal y ejemplar que la tradición le ofrecía (citas, proverbios, imágenes, alegorías, semejanzas y relatos) llega a constituir un rasgo característico de la segunda época de su producción literaria. Es posible que fuera un recurso técnico para ofrecer el barniz de originalidad que ambicionó para su obra; pero es muy probable también que pensara que no era propio de su estado trabajar de otra manera en sus tratados sin caer en lo ridículo. Don Juan fue muy sensible a la murmuración en este punto y así lo declara en el *Libro infinido*:

> Et commoquier que yo sé que algunos profaçan de mí porque fago libros, dígovos que por eso non lo dexaré, ca quiero crer al exienplo que yo pus... et pienso que es mejor pasar el tienpo en fazer libros que en jugar los dados o fazer otras viles cosas. (*Infinido,* xxvi, 73-4, 75-6)

En el Prólogo general de 1335 insiste en que su obra está destinada a 'las gentes que non fuessen muy letrados nin muy sabidores. Et por ende, fizo todos los sus libros en romançe, et esto es señal çierto que los fizo para los legos et de non muy grand saber commo lo él es' (*Lucanor,* 49), y a esos lectores convenía el saber autorizado por la cita o la anécdota, sin entrar en precisiones eruditas. Pero lo que esencialmente importa a los intereses de nuestro estudio es que, quizá, la mayor parte de la información que don Juan reunió durante años tuvo el carácter de epítome en lo escrito y de tradición anónima en lo oral, de modo que la materia ejemplar utilizada y la doctrina misma pudo adquirir, en la memoria de don Juan, el valor de lo sabido sin fuente determinada.

Tenemos un testimonio útil en el Prólogo del *Libro de las armas*:

> Et non lo oí todo a una persona, mas oí unas cosas a una persona et otras a otras, et ayuntando lo que oí a los unos et a los

otros con razón, ayunté estos dichos... et así contesçe en los que
fablan las scripturas: toman de lo que fallan en un lugar et acuer-
dan en lo que fallan en otros lugares et de todo fazen una razón;
et así fiz yo de lo que oí a muchas personas que eran muy crede-
ras, ayuntando estas razones. (*Armas, 75-6*)

La cita imprecisa, la fuente no declarada, el modelo encubierto o la
atribución a personajes de su tiempo son recursos característicos del estilo
de don Juan Manuel; pero nos resulta hoy muy difícil establecer hasta
qué punto esa materia ejemplar no le llegó ya en estado de anonimia, en
resúmenes y compilaciones para uso de legos, o es residuo de lecturas y
de conversaciones en las que la memoria no retiene ya o ha perdido la
procedencia estricta.

La hipótesis que aquí formulo parece contradecir otra que se ha afir-
mado en la crítica manuelina a partir del importante estudio que María
Rosa Lida de Malkiel publicó en 1950,[12] en el que sostiene un consciente
y deliberado esfuerzo de don Juan, 'de borrar toda huella de "taller", de
omitir toda referencia a fuentes, a fin de presentar su obra como parto
original, fruto de su experiencia y no de sus lecturas' (p. 129). Creo que
es necesario aclarar y precisar los alcances de ese deliberado propósito
personal que se atribuye a don Juan Manuel, porque puede llegarse, en
esta línea de pensamiento, a suponer en el autor una intención tramposa,
un deliberado menosprecio del lector, que lo lleva a intentar engañarlo
con su pretensión de originalidad. Nadie podría sostener este juicio sobre
la intención de don Juan sin caer en la suspicacia. Si don Juan no es
satisfactoriamente explícito sobre sus fuentes, o directamente no las menciona, es sin duda por un deliberado propósito, como el que impulsa a
Santa Teresa —salvadas las distancias y motivaciones— a no precisar sus
fuentes; pero sin que deba suponerse que busca por este medio, embaucar
a sus lectores acerca de la paternidad u originalidad de la materia que
trata. Los contemporáneos de don Juan seguramente no conocían la línea
tradicional completa de un tema como puede esquematizarla e ilustrarla
un erudito del siglo XX; pero habían oído o leído muchas veces esos relatos, sentencias, normas morales y símiles, que don Juan usa como materia propia. Tanto el autor como su auditorio o sus lectores entendían lo
innecesario y pedante de deslindar autorías en ese medio y en tal clase
de tratados en romance, y admitían tácitamente que esa ingente masa de
doctrina y ejemplos era, desde ese momento, suya por el derecho propio
con que el escritor de esos siglos utilizaba el saber tradicional recreándolo
al trasmitirlo.

Veamos un caso ejemplarmente extremo en el campo de las fuentes
que usó don Juan Manuel. Pocos *exemplos* han sido tan trabajados por
la erudición como el *Lucanor*, xliii, conocido en la tradición del cuento

---

[12] 'Tres notas sobre don Juan Manuel' apareció primero en *RPh*, IV (1950-51),
155-94 y luego, coleccionado en *Estudios de literatura española y comparada* (Buenos Aires, 1966), 92-133. En nuestras citas nos remitimos siempre a esta última impresión.

como 'La prueba de los amigos'. Ultimamente, R. B. Tate lo ha estudiado en un trabajo metódicamente perfecto,[13] que muestra con claridad el proceso de contaminación de fuentes que culminó en un cambio de intención en el relato, determinando que el cuento tradicionalmente moral adquiriera un final doctrinal. La causa determinante en el trabajo de síntesis que parece realizar don Juan Manuel, y que provoca el cambio de intención, es la contaminación del 'Cuento de los tres amigos' del *Barlaam* y de los *Exempla* de Jacques de Vitry, con 'El medio amigo y el amigo entero' documentado primeramente en *Disciplina Clericalis*. Sin embargo, la combinación de los dos asuntos y la consiguiente moralización, que parece novedad de Juan Manuel, aparecen también en el capítulo 129, 'De amicitiae vere probacione', de *Gesta Romanorum*,[14] colección contemporánea, por lo que se sabe, de nuestro autor. No puede suponerse que *El Conde Lucanor* fuera conocido por el anónimo recopilador de *Gesta Romanorum* y es difícil que don Juan Manuel lo conociera. Admitámoslo —para esto habría que adelantar la fecha de *Gesta Romanorum* al primer cuarto del siglo XIV— o no, interesa a nuestro propósito destacar que, aunque el capítulo de *Gesta Romanorum* hubiera llegado a nuestro autor por algún camino que desconocemos, estas colecciones de relatos contenían esquemas apenas desarrollados de historias, con los que sólo quería darse el andamiaje de relatos que serían luego desplegados y adaptados por los predicadores y autores, según los fines con que los insertaran en sus obras. Nadie podía sentirse obligado a declarar el origen de esquemas muy conocidos y sí, en cambio, podía pretender alabanza por las nuevas galas que la versión había tomado en su nueva forma. La intención literaria es ajena al cap. 129 de *Gesta Romanorum,* y es evidente en don Juan Manuel. No creo que sea posible atribuir al autor, en este caso, el deseo de ocultar deliberadamente su fuente. Parece mucho más atinado y justo definir esta actitud en los límites de un rasgo de originalidad técnica, que busca remozar por diversos procedimientos la materia ejemplar que la tradición didáctica había acumulado.[15] Así cernida la intencionalidad de don Juan Manuel podemos remitir a la ponderada caracterización que hace en otro momento de su estudio nuestra inolvidable compatriota: 'No es, pues, ignorancia del latín o del saber corriente de clerecía, sino deliberado propósito personal —en el que se funden su ideal artístico, sus obligaciones caballerescas de magnate laico, su simpatía por la cultura árabe—lo que, en contraste con la norma medieval, le induce a rebajar

---

[13] 'Don Juan Manuel and his sources: *Ejemplos 48, 28, 1', Studia hispanica in honorem R. Lapesa,* I (Madrid, 1972), 549-61.
[14] *Gesta Romanorum,* edic. Oesterley (Berlin, 1872), 483-4.
[15] No de otra manera pudo juzgar Fernando de Herrera el Soneto XXIII de Garcilaso frente al 'Collige virgo rosas...' de Ausonio y al soneto de Bernardo Tasso. Garcilaso no menciona sus fuentes porque todos las conocían y podían juzgar la destreza poética que suponía mejorar los modelos. Nadie se atrevería a suponer una intención dolosa en estos poetas del Renacimiento y del Barroco, porque está demostrado que no la hubo y por el contrario, es un procedimiento de escuela poética. Sin la intención erudita del arte poético del Renacimiento, hay que juzgar con criterios semejantes la actitud de los autores medievales el trabajar literariamente en lengua vulgar, temas y modelos que la tradición les ofrecía.

los elementos eruditos en los que la Antigüedad mantiene su dominio sobre el arte y el pensamiento de la Edad Media' (p. 132).

El modo de utilización del *exemplo* es, por lo tanto, un elemento relevante dentro del innovador intento de secularizar la literatura didáctica y narrativa, creando un tipo de obra literaria en romance destinada a la clase noble e iletrada. Don Juan Manuel quiso —y creemos que lo logró— dar un paso más en el intento iniciado brillantemente por Alfonso X, adecuando los procedimientos a sus medios, a su momento y a sus intenciones personales. Logró así un estilo propio, en el que muestra su genio literario.

Digamos algo más, puesto que atañe al problema de creación que planteamos, acerca de la verdadera originalidad de don Juan Manuel, que reside —y debemos pensar que él lo sabía— en la actitud que declara expresamente el autor, por boca de Julio, al retomar la tradición didáctica:

> Et, sennor infante, todas estas cosas bien creo que si lo quisiéredes saber, que escripto lo fallaredes en otros libros. Pero si vós quisiérdes que vos fable en todo segund lo yo entiendo, fazerlo he. Mas conviene que vos non enojedes de lo oír. 'Julio', dijo el infante... 'Et quanto a lo que dezides, que si quisiere, que en otros libros lo puedo fallar; bien sé yo que tanto tiempo ha que començó el mundo et tantos fueron los sabios que fablaron en las sabidurías, que non ay en el mundo cosa que ya dicha non sea. Et esto que yo pregunto a vós, bien entiendo yo que otros fablaron en ello; mas [en] que me lo digades vós conplida et declaradamente ay dos pros: la una que lo entienda mejor, diziéndomelo vós; et la otra, que será más loado el vuestro saber por lo que vós dixiéredes que si oviéremos de buscar los libros que los otros sabios fizieron. *(Estados,* I, lxiv-lxv, 119.)

Quizás ésta sea la más cumplida justificación que nos ha dejado don Juan de su actitud ante la literatura anterior en el momento de escribir sus tratados. Su propósito excede la mera amplificación, el reordenamiento o el agregado de nuevos capítulos —que era la técnica corriente en la época postalfonsí— para asumir una actitud francamente moderna y libre frente a la materia heredada. Los viejos asuntos, las sentencias y normas se remozarán totalmente al fundirse de nuevo en el crisol de su estilo. Aun cuando muchas veces podamos reconocer un fragmento o un episodio, resulta distinto en el contexto o renovado esencialmente en la expresión. Es un ejemplo claro, el caso de la caracterización desengañada de la maldad y necedad del hombre, que hace en *Lucanor,* II (265-6): '¡O Dios, señor criador et complido!, ¡cómmo me marabillo...', inspirada textualmente en *Bocados de oro,*[16] que, no obstante, resulta menos farragosa, más directa, elocuente y desgarradora en la pluma de don Juan, al destinarla, finalmente, a la exaltación de la verdadera caridad.

---

[16] Cfr. *Bocados de oro,* edic. Crombach (Bonn, 1971), 149-50, entre los 'Castigos de Longinem el philosopho', 16.

Si buscáramos un parangón en su siglo para esta moderna actitud de originalidad, sólo podría pensarse en otra personalidad fascinante y poderosa: el Rabí Sem Tob de Carrión. El paralelo es doblemente interesante porque, a pesar de su simpatía y conocimiento de la cultura de árabes y judíos, don Juan Manuel es un escritor ostensiblemente cristiano y ortodoxo en su concepción del mundo y de la vida, y Sem Tob, una mentalidad oriental; los une solamente la suelta y personal elegancia con que manejan la materia que el acarreo tradicional les ofrece. Tampoco Sem Tob menciona sus fuentes; en lugar de ser eslabones de una cadena, son punto de partida y referencia de la literatura posterior.

Los tipos de "exemplo"

El estudio de la utilización del *exemplo* en la obra conservadora de don Juan Manuel nos impone una clasificación de los tipos de *exemplo* utilizados.

Distinguimos inicialmente: A) formas breves y B) formas extensas. Pero en el análisis de casos advertimos que la distinción inicial debe ser matizada para que corresponda a la realidad de empleo de la ilustración ejemplar. Para ello es necesario atender: 1) al asunto y la manera de presentarlo, tanto en su extensión como en el uso de recursos retóricos o en la acumulación de varios tipos; 2) al modo con que se lo hace depender del contexto, se lo relaciona o no con él en su condición de *exemplo*, aparece enmarcado o el autor atrae la atención con fórmulas introductorias.

Las formas breves tendrán el símbolo *A;* dentro de ellas hemos reconocido los siguientes tipos:

A1: cita ('dizen los sabios', 'dize la Biblia').
A1 *prov.:* proverbio ('ca palabra o retraire antigo', 'ca proverbio antigo').
A1s: cita en que se da una semejanza.
A1 *pers.:* cita personal.
A2: alusión a una historia conocida ('Ca fallaredes en la Biblia', 'segund dizen en la Passión').
A3: relato breve.
A3s: relato breve presentado como semejanza.
A3 *pers.:* suceso acaecido al mismo don Juan o al personaje relator.
As: semejanza.

Las formas extensas tendrán el símbolo *B,* con los siguientes tipos:

B1: encadenamiento de varios *exemplos* del mismo tipo.
B1s: como el anterior, presentado como semejanza, utilizando descripción o enumeración.
B1p: varios *exemplos* de tipo personal.
B2: suma de *exemplos* de distinto tipo.

B3: relato extenso, enmarcado, se ubica en tiempo y espacio, puede estar enriquecido con otros tipos de *A*.

Reservamos para el relato literario de intención ejemplar, el símbolo *E*.
Los distintos tipos pueden ir seguidos o no de una aplicación moral del caso.

El *Libro del cavallero et del escudero* abre la segunda etapa en la creación literaria de don Juan Manuel tanto por la fecha probable de redacción (h. 1326) como por el modo de utilizar la materia ejemplar. No obstante, es nuestro convencimiento que en cualquier momento de esta segunda etapa el autor está en posesión plena de su madurez literaria y que el mayor o menor uso del *exemplo* como aderezo literario de una obra o el empleo de uno u otro tipo están condicionados básicamente por la forma elegida y el asunto del tratado o libro que escribe.

Así, en el *Libro infinido,* cuyos 25 primeros capítulos son posteriores al *Libro de los estados* y poco anteriores al *Conde Lucanor,*[17] hay dos casos del tipo *A1* (*Infinido*, ix, 45 y xxv, 72), cinco de A1 prov. (*Infinido*, iv, 32; iv, 33; xiv, 55; xvii, 60 y xxiv, 71), uno de A1s (*Infinido*, i, 18) y dos de A2 (*Infinido*, x, 48 y xviii, 61-2). El predominio de los tipos breves y especialmente de los proverbios está determinado por el carácter de la obra, epítome de sabiduría y experiencia particulares del autor y destinado a un círculo familiar.[18]

La última parte del *Infinido* (c. xxvi) es, posiblemente, un agregado cuatro años posterior.[19] Encontramos un caso de *A1* (xxvi, 81), uno de *A1 pers.* (xxvi, 74) y uno de A1 prov. (xxvi, 86). La técnica de ejemplificación no ha variado y podríamos tacharla de elemental si no advirtiéramos la clase especial de libro de que se trata y cuán intensamente se da en él la actitud ostensible de originalidad que caracteriza al Juan Manuel de la plenitud creativa. No habrá en el *Infinido* cimas de arte literario; pero con el *Libro de las armas* constituye el exponente máximo del autor que casi no reconoce otra fuente que su experiencia personal y la Biblia.

En el *Libro del cavallero et del escudero* don Juan Manuel escribe el manual del saber para un novel caballero en un epítome que intenta resumir la enciclopedia de conocimientos de su época adaptándola y recortándola según las necesidades y limitaciones del estado de caballero. El carácter asignado al personaje encargado de la enseñanza es un recurso adecuado a esa intención de recortar el saber descartando toda erudición. El anciano caballero —como el autor mismo— no puede ni debe por su condición exponer sobre todo lo que se le pregunta con igual profundidad: limita sus enseñanzas a lo que ha aprendido por oírlo en casa de grandes señores (*Cavallero,* xxxvii, 39) o por propia experien-

---

[17] En el *Infinido* se alude a que el hijo, don Fernando, tiene dos años (1334) y se cita frecuentemente la Primera Parte del *Libro de los estados* y nunca al *Conde Lucanor.*

[18] Cfr. *Infinido,* Prólogo, 7-8.

[19] *Infinido,* Introducción, xx.

cia (*Cavallero,* xxv, 34). El enfoque personal que el carácter de los personajes impone, permite las frecuentes digresiones, que matizan y aligeran la mera exposición doctrinal; quizás esto explique el uso limitado del *exemplo.* Hay dos casos del A1 *prov.* (*Cavallero,* xxxv, 33 y xlvi, 63), uno de As (*Cavallero,* xviii, 14), uno de A3 (*Cavallero,* xxxviii, 41), uno de A3s (*Cavallero,* xxxvi, 36). En las formas extensas, cinco casos de B1s (*Cavallero,* xxxviii, 41-3; xxxix, 47-8; xlvii, 66-7; xlviii, 67-8 y xx, 18). En el caso de *Cavallero,* xlviii (67-8), se compara a la Tierra con los juicios de Dios y la semejanza se entreteje con una digresión extensa sobre los juicios de Dios, de los reyes y de los jueces, para retomar el asunto casi al final del capítulo.

A pesar de la brevedad del tratado, la materia ejemplar no es abundante: cinco formas breves y cinco extensas. En proporción, frente a otro libro corto como el *Infinido,* aumentan las formas extensas y complejas, y se dan dos casos de relato breve.

El *Libro de los estados* es, sin duda, la culminación del tratado doctrinal manuelino. Las constantes referencias que hace en el *Infinido* nos documentan la alta estima en que el autor mismo lo tenía.

Como en el *Libro del cavallero et del escudero* hay un marco novelesco, que en el *de los estados* adquiere mayor importancia y procede de una fuente prestigiosa y muy difundida en la época postalfonsí. El autor no tiene necesidad de declararla porque todos la conocen y es evidente que considera elegante usar de ella con la más amplia libertad. Es que la transformada historia de Barlaam y Josaphat no resulta, finalmente, más que una introducción al diálogo didáctico, en el que la apología del cristianismo y la doctrina religiosa se desdibujan finalmente frente al volumen y prestancia de la exposición sobre los estados. No en vano el autor reconoce a la totalidad del libro por el título de *Libro de los estados.* El que expone es un filósofo; pero las enseñanzas sobre los estados de los legos tienen la reiterada referencia a los consejos, actitudes y anécdotas atribuidas a don Juan, hijo del Infante Don Manuel.

Hasta el capítulo xxiv, en el que Julio comienza su adoctrinamiento con la explicación sobre las leyes, no aparecen *exemplos.*[20] El primer *exemplo* es un B1s, con el que Julio ilustra la necesidad de ajustarse a un comportamiento según las leyes de la naturaleza, como hacen los animales (*Estados,* I, xxiv-xxv, 44-5).

En la suma de los libros I y II, que integran el *Libro de los estados,* hemos documentado 36 formas breves y 15 extensas. Las breves correspon-

---

[20] Don Juan Manuel sigue la tradición literaria que utiliza el *exemplo*-relato como recurso propio del diálogo didáctico. Si el diálogo tiene a su vez un marco novelesco, los límites del *exemplo* se advierten con claridad. Así se muestra en dos libros que conoció don Juan: *Barlaam y Josaphat* y *El caballero Cifar.* El Arcipreste de Hita también limita el uso de las fábulas y cuentos al marco del diálogo-debate, con la excepción de 4 casos sobre 33, los que corresponden a lugares en que el Arcipreste se dirige al lector o a las mujeres para aconsejarles. Descartamos la posibilidad de clasificar como A3 *pers.* la presentación que hace Julio de la ascendencia y condición de su amigo don Juan, por quien aprendió todo lo que concierne a la caballería (*Estados,* I, xx, 38-9).

den a los tipos: *A*1, tres (I, xliii, 74; I, xlviii, 84; I, lv, 97); *A*1 *prov.*, tres (I, lxxx, 159; I, lxxv, 171; I, lxxxvii, 178); *A*1*s*, uno xliv, 272; *A*1 *pers.*, diez (I, lx, 109; I, lxvii, 125; I, lxxxii, 161; I, lxxxii, 163; I, lxxxvi, 174; I, lxxxix, 183; I, xc, 185; II, iii, 218; II, xxxvi, 258; II, l, 213); *As* seis (I, lxvii, 122; I, lxxxiii, 167; II, iv, 221; II, xi, 242; II, xii, 242; II, xlv, 275); *A*2, cinco (I, lv, 98; I, lxxvi, 148; I, lxxvii, 150; I, lxxxix, 182; II, xxxviii, 264); *A*3, dos (I, lxxxix, 183; II, li, 281); *A*3 *pers.*, cuatro (I, xx, 38; I, lxvii, 122; I, lxx, 132; I, lxx, 136); *A*3*s*, tres (I, xxxix, 65; I, lvii, 99; II, xxxii, 251).

Las formas extensas aparecen en los tipos: *B*1*p*, uno (I, lxx, 132; donde se suman dos referencias a don Juan y la segunda aparece en estilo directo) *B*1*s*, ocho (I, xxxii, 55: aquí se agrega, además, la forma interrogativa; I, xxiv-xxv, 43-5; I, xxxiv, 58; I, xl, 67; I, xlix, 84; I, li-lii, 90-3; II, iii, 218; II, viii, 235); *B*2, cinco (I, lxii, 113-4; I, lxxx, 158; I, lxxxvii, 177; II, xxxix, 265; xlv, 275-6). Del tipo *B*3, sólo hay un caso (I, lxxxv, 171).

Es indudable que los tipos más interesantes son los últimos seis, en los que el autor suma varios tipos de formas breves, matizando a veces con el estilo directo. En I, lxii (113-4) se suman cuatro tipos breves (*A*1+*A*2+*A*3 *pers.*+*A*3) y se cierra el último *exemplo* con un trozo en estilo directo. En II, xlv (275-6) se encadenan tres tipos (*A*1 *pers.*+*A*1 *pers.*+*A*3 *pers.*) como argumentos de una demostración. La forma más interesante para nuestros fines es el único caso de *B*3, en donde se enmarca en un recuerdo personal de Julio (*A*1 *pers.*), una anécdota acaecida a don Juan y al Arzobispo de Santiago (*A*3 *pers.*), que se cierra con un párrafo en estilo directo puesto en boca del Arzobispo, donde éste incluye un proverbio (*A*1 *prov.*):

> ... començógelo dezir en su lenguage gallego por esta manera: 'Don Johan, mío sennor et mío amigo, vien vos dezimos en verdat que nós beyemos muchas estorias et muchas córonicas, et sienpre fallamos en ellas que los fijos de los infantes fuera[n] muy bien si fueran mejores... Et plazernos ía mucho que vós, que sodes mucho nuestro amigo, que vós trabajedes que non fuessen en vós verdaderas... Et rrogámosvos que creades un bueno amigo que dize que *más vale omne andar solo que mal aconpannado...*' Et sobre esto rrieron et departieron mucho.
>
> Et desque don Johan me contó esto quel acaeçiera con el arçobispo, departientes mucho afincadamente et escodrin[n]antes, que pues ninguna cosa non se faze sin ninguna rrazón, ¿cuál era la rrazón por que esto acaeçió? Et fallamos rrazones por [que] esto deve seer así. La primera es porque... (*Estados,* I, lxxxv, 171).

Por primera vez aparece en germen un relato que puede aproximarse, por sus galas literarias y el ámbito humano en que se lo ubica, a los que pocos años después formarían el *Conde Lucanor:* se recuerda una conversación entre don Johan y su ayo Julio, en la cual surge un relato (en este caso, en boca de don Johan) sobriamente ambientada y engalanada, que termina én un proverbio y del que luego, los interlocutores inducen una conclusión doctrinal.

En el *Libro de la caza*, don Juan Manuel confirma constantemente sus enseñanzas con datos de su experiencia personal. Se pueden separar hasta ocho *exemplos*. De ellos, sólo uno es una cita, *A*1 (*Caza*, 80-1), posiblemente del Obispo Lúcifer de Cagliari.[21] Hay seis casos de *A*3 *pers.* (*Caza*, 39-40, 43-4, 46, 57, 80, 83), y una sola forma extensa, *B*1*p* (*Caza*, 45), formada por mera acumulación rudimentaria de tres recuerdos personales.

El carácter apologético y doctrinal del *Tratado de la Asunción* —posiblemente la última obra que escribió don Juan Manuel— unido a su brevedad (en la ed. Blecua, 14 págs.), presuponen un campo poco propicio para la inclusión de *exemplos*.

La exposición doctrinal ocupa sólo seis páginas y en ellas discernimos un caso de *A*3 (*Asunción*, 100):

... e podedeslo veer en esto, que quando algún omne muere [e] lievan el su cuerpo a entrerar, nunca dizen: 'Aquí lievan', 'Aquí va fulano', mas dizen: 'Aquí lievan', o 'Aquí va el cuerpo de fulano'.

El tratadito tiene una introducción, más extensa que su parte expositiva, donde el autor justifica y explica largamente el motivo que lo impulsó, siendo lego, a ponerse en tal empresa; allí aparecen hasta cuatro *exemplos*. El primero es un *A*3, donde cuenta lo que le dijo una vez su suegro, el rey don Jaime (*Asunción*, 89-90), al final de lo cual se encadena una semejanza *As* (*Asunción*, 90-1). Lo que oyó decir en la fiesta de Santa María de Agosto da motivo al libro e inicia la justificación del tratadito, en la que se introducen dos *exemplos A*1 (*Asunción*, 95, 9-15 y 95, 20-22).

El análisis cumplido ha dejado para una etapa final el estudio del *Libro de las armas,* el *Conde Lucanor* y el *Prólogo general* de las obras de don Juan Manuel. Por su carácter predominantemente narrativo, aportan el tipo de ejemplo-relato que hemos simbolizado con *E*.

Podemos ya adelantar algunas conclusiones sobre las formas breves y las extensas del *exemplo* en la obra doctrinal y literaria que hemos estudiado.

El *exemplo,* en sus formas *A* y *B,* aparece ilustrando la exposición doctrinal como elemento accesorio o accidental. En cuanto a estos tipos de ejemplificación, nuestro autor no hace más que sumarse a la tradición literaria, que partiendo de la predicación y de los tratados doctrinales en latín y en romance, florecerá en Castilla durante el reinado de Sancho IV y se prolongará, con altibajos, hasta la época de Alfonso XI. En ningún momento don Juan Manuel supera la abundancia, complejidad y perfección técnica que *Castigos e documentos* ofrece en el uso de la ma-

[21] Cfr. 'Tres notas...', 116

teria ejemplar. Aun en los relatos (*A*3 y el caso único de *B*3), la obra atribuida a Sancho IV da muestras más extensas y de mayor calidad literaria. Es indudable que don Juan la conoció y los tipos de *exemplo* extenso y complejo (*B*1, *B*2, *B*1s, *B*3) son a veces semejantes en su técnica a casos de *Castigos e documentos*. Sabemos que la técnica de incorporar a la ejemplificación asuntos tomados de la experiencia personal o del círculo familiar, puede remontarse a San Ambrosio y a San Agustín, seguidos luego por los tratadistas de los siglos XII y XIII; en la península, el procedimiento fue cultivado por Raimundo Lulio. Si literariamente don Juan Manuel no supera sus modelos posibles en este modo de ejemplificación, debemos destacar como rasgo particular el predominio claro que la anécdota, la cita o la referencia personal tiene, proporcionalmente, sobre los otros tipos de *exemplo*.

Merece destacarse que sobre un total de 86 casos estudiados, 27 se presentan como 'semejanças' o comparaciones, especialmente —en proporción— entre las formas extensas (*B*1s). Para don Juan Manuel, hasta 1332, el recurso esencial de la exposición didáctica era la semejanza:

> Et porque los omnes non pueden tan bien [entender] las cosas por otra manera commo por algunas semejanças, conpus este libro en manera de preguntas et repuestas que fazían entre sí... (*Estados*, I, ii, 16)
>
> ... devedes saber que por rrazón que los omnes somos enbueltos en esti carnalidat grasosa non podemos entender las cosas sotiles spirituales sinon por algunas semejanças... (*Estados*, II, vi, 225)

Como recursos suplementarios utilizaba el relato ejemplar (*A*3, *B*3, *B*1p), el proverbio (*A*1 *prov*.) y la cita (*A*1).

El nombre de *enxiemplo* aparece pocas veces fuera del *Conde Lucanor*:

> ... ca si quiera un exemplo es que dize que buen esfuerço vençe mala ventura... (*Cavallero*, xxxv, 33, 58-9)
>
> ... et si quier guardarse a que non caya en yerro, segund dize un exenplo que dize que 'la cuenta vieja, varaja nueba'. (*Estados*, I, lxxx, 159)
>
> Et ponervos he algunos enxienplos por que lo entendades. Si omne quiere mover el dedo... et si quiere mover la mano... et dende ariba eso mismo el braço... (*Estados*, I, xxxiv, 58)
>
> ... et ya desto vos mostré semejanças et muchos exenplos... (*Estados*, I, liv, 96)
>
> Et dezirvos he un exemplo que dixo una vegada un ric omne a un rey. Acaesçió que aquel rey començó a regnar nuevamente et un día, pedricando a sus gentes, fablóles mucho en la justiçia. Et desque ovo su pedricaçión acabada respondiól aquel ric omne, et entre las otras rrazones díxol que la justiçia del rrey que devía seer commo rred de omne, mas non commo rred de aranna... (*Estados*, II, xxxix, 265)

De estos cinco únicos casos documentados antes del *Conde Lucanor,* se induce que, entre 1327 y 1332, don Juan Manuel identificaba sobre todo al 'enxiemplo' con un proverbio o una semejanza.

En las obras posteriores al *Conde Lucanor,* la voz 'enxiemplo' sólo aparece en el *Libro infinido* y está referido a uno del 'Libro de los enxiemplos':

> ... ca quiero crer al exienplo que yo pus en el libro que yo fiz de Patronio, en que dize que Por dicho de las gentes, / sol que non sea mal, / al pro tened las mientes, / e non fagades ál. (*Infinido,* xxvi, 74)

El texto no nos permite discernir claramente si llama 'exienplo' a la totalidad del cap. 2 del *Conde Lucanor* o aquí también entiende por tal únicamente al proverbio que cierra la enseñanza.

En el Prólogo del 'Libro de los enxiemplos del conde Lucanor et de Patronio',[22] Juan Manuel incluye dos *exemplos,* uno del tipo *B1s* (*Lucanor,* 50-1) y otro del tipo *As* (*Lucanor,* 52); aunque se trata de comparaciones, el autor las llama 'enxiemplos' en el primer caso[23] y 'semejança' en el segundo:

> Et fazervos he algunos enxiemplos porque lo entendades mejor. Todos los que quieren et desean servir a Dios... Otrosí, los que sirven a los señores... Et los que labran et crían et trebejan... Et así, por este exienplo... (*Lucanor,* 50-1)
>
> Et esto fiz segund la manera que fazen los físicos... Et a esta semejança... será fecho este libro... (*Lucanor,* 52)

También es ambigua la acepción del vocablo mediando el mismo Prólogo, cuando se presenta como autor:

> ... fiz este libro compuesto de las más apuestas palabras que yo pude, et entre las palabras entremetí algunos exiemplos de que se podrían aprovechar los que los oyeren... (*Lucanor,* 52)

El nombre de 'enxiemplo' aplicado indistintamente a los capítulos del Libro I y a los proverbios del II es indudable en la Introducción de la Tercera Parte ('Libro de los Proverbios', II):

> ... ca en l'otro ay cinquenta enxiemplos et en éste ay ciento. Et pues en el uno et en l'otro ay tantos enxiemplos... (*Lucanor,* 273)

Frente a estos testimonios hay otros tomados del mismo *Conde Lucanor,* que nos comprueban una afirmación creciente y definida del sen-

---

[22] Véase lo que decimos sobre este Prólogo en *BRAE,* LI (1971), 495-9.
[23] Esta acepción de 'enxiemplo' en el Prólogo del 'Libro de los enxiemplos' es igual a la dada en *Estados,* I, xxxiv, 58: 'Et ponervos he algunos enxienplos por que lo entendades. Si omne quiere mover el dedo...'; lo que permite suponer para este Prólogo una fecha próxima a la finalización de *Estados.*

tido de la nominación 'enxiemplo' a lo largo de la elaboración del *Libro del conde Lucanor et de Patronio*. Se destaca en principio, la fórmula de cierre de cada capítulo del 'Libro de los enxiemplos', que con ligeras variantes, se da en todos (hay una excepción en el xxix): 'Et entendiendo don Iohan que este enxiemplo era muy bueno'.

Integrando la fórmula introductoria del relato sólo aparece en el *Ex*. ii:

> ... mucho me plazería que parásedes mientes a un exiemplo de una cosa que acaesçió una vegada con un omne bueno con su fijo. (*Lucanor*, 62.)

Claramente llama 'enxiemplo' al cuento ejemplar, en varios lugares del libro:

> ... segund la prueva que el rey fezo a su privado, que vos conté el otro día en el exiemplo que vos dixe... (*Lucanor*, I, iii, 69).
>
> Et si quier, parat mientes al enxiemplo terçero que vos dixe en este libro, del salto que fizo el rey Richalte de Inglaterra... (*Lucanor*, I, xxxiii, 185).
>
> Agora, señor conde Lucanor, vos he contado cómmo se pruevan los amigos, et tengo que este enxiemplo es bueno... Otrosí, este enxiemplo se puede entender spiritualmente... (*Lucanor*, I, xlviii, 239).
>
> ... que en este enxiemplo et en otro que se sigue adelante deste vos quiero fazer fin a este libro (*Lucanor*, I, xlix, 253).

Frente a la ambigüedad del fragmento citado de la Introducción a la Tercera Parte, hay una tajante distinción entre 'enxiemplos' y 'proverbios' en las introducciones de las Partes Cuarta y Quinta y al final del libro:

> ... en los enxiemplos que vos dixe en la primera parte deste libro en que ha çinquenta enxiemplos que son muy llanos et muy declarados; et pues en la segunda parte ha çient proverbios... et los más assaz declarados; et en esta terçera parte puse çinquenta proverbios, et son más oscuros que los primeros çinquenta enxiemplos, nin los çient proverbios. Et assí, con los enxiemplos et con los proverbios, hevos puesto en este libro dozientos entre proverbios et enxiemplos, et más: ca en los çinquenta enxiemplos primeros, en contando el enxiemplo, fallaredes en muchos lugares algunos proverbios tan buenos et tan provechosos commo en las otras partes deste libro en que son todos proverbios. Et bien vos digo que qualquier omne que todos estos proverbios et enxiemplos sopiesse... (*Lucanor*, IV, 279).
>
> ... ya desuso vos dixe muchas vezes que tantos enxiemplos et proverbios... vos avía puesto en este libro... (*Lucanor*, V, 284).
>
> ... demás de los enxiemplos et proverbios que son en este libro... (*Lucanor*, V, 304).

Al incluir un relato ejemplar en la Quinta Parte se mantiene este mismo valor para 'enxiemplo':

> Et assí commo vos di por enxiemplo del senescal de Carcaxona que fizo buena obra... assí vos daré otro enxienplo de un cavallero que fue ocasionado... Et porque en este libro non está escripto este enxiemplo, contarvoslo he aquí, et non escrivo aquí el enxiemplo del senescal... (*Lucanor*, V, 293-4).
> ...devedes entender por estos enxiemplos... (*Lucanor*, V, 296).

Podemos ahora interpretar que ha sido usado con este mismo valor el vocablo 'enxiemplo' en el *Prólogo general* de 1335 y en el que precede al 'Libro de los proverbios' o Segunda Parte del *Conde Lucanor,* que es muy probable que hayan sido escritos cuando estaba terminado el libro todo:

> Et de aquí adelante, comiença el prólogo del *Libro de los Enxiemplos del Conde Lucanor et de Patronio* (*Lucanor*, I, 49).
> Después que yo... ove acabado este libro del conde Lucanor et de Patronio que fabla de enxiemplos... fiz las razones et enxiemplos que en el libro se contienen assaz llanas et declaradas (*Lucanor*, II, 263).

De los ejemplos citados podemos inducir que hasta el momento de elaborar el 'Libro de los enxiemplos', don Juan Manuel no había pensado en ceñir el nombre de 'enxiemplo' al relato de intención ejemplar, quizás porque la acepción del vocablo en su época no estaba aún claramente acotada y podía designar tanto a un proverbio como a una semejanza o hecho notable o narración corta, siempre que, en cada caso, pudiera extraerse una enseñanza.[24] Durante el proceso de redacción del libro fue acentuando la preferencia por este vocablo para designar cada uno de los capítulos de la Primera Parte, y por esto lo utiliza claramente en las referencias internas del Libro I, en la Cuarta y Quinta Parte, en el Prólogo del Libro II y, finalmente, en la presentación con que cierra el *Prólogo general* a sus obras (h. 1335), cuando lo llama 'Libro de los Enxiemplos...'[25]
La importancia didáctica que para él tenía la 'semejança' hasta 1332

---

[24] 'Enxiemplo' se documenta dos veces en *El lucidario* para designar el relato alegórico-ejemplar del hombre y el unicornio (ed. Kinkade, 133) y la prosopopeya tomada del Evangelio, sobre Lázaro y el rico (192). También dos veces aparece en el *Barlaam* castellano; pero ceñido ya a la designación de un relato ejemplar mediante el cual se da un consejo (ed. Moldenhauer, Halle, 1929, 70 y 87). En el *Cifar* se da en tres casos, referido también a un relato ejemplar del que se extrae un consejo (ed. Wagner, 32, 266 y 378). El autor del *Cifar* identifica 'enxiemplo'=cuento, porque al terminar el cuento del rey de Orbín, dice Cifar: 'sabet que este enxiemplo oy contar a vuestra madre la reyna', *Cifar*, c. 174, 378.

[25] Si atendemos a lo dicho en n. 23 y a las presentes conclusiones, el Prólogo al 'Libro de los enxiemplos' habría sido redactado cuando se iniciaba la colección de cuentos y aún no se había limitado la acepción final de 'enxiemplo'; es decir, hacia 1333-4.

es sustituida por la eficacia de la forma que ahora llama 'enxiemplo', en la que advierte un personalísimo descubrimiento literario:

> Et vós, señor conde, pues criastes este moço, et querríades que se endereçasse su fazienda, catad alguna manera que por exiemplos o por palabras maestradas et falagueras le fagades entender su fazienda... (*Lucanor*, I, xxii, 130).

Al crear el cuento secular en romance acuñando una fórmula didáctica original, don Juan Manuel eligió para ella el nombre de 'enxiemplo', fijando para siempre esta acepción en castellano.

EL TIPO E

Las formas primeras de relato (*A3, A3 pers., B3p*) vistas en la obra anterior a 1332, y que perduran en el *Tratado de la Asunción,* apenas permiten suponer el desarrollo posterior que el autor daría al relato ejemplar. En nuestro análisis sólo hemos podido señalar un caso de *B3* (*Estados,* I, lxxxv, 170-1), en el que aparecen rudimentariamente la ambientación, el enmarcamiento y el estilo de un 'enxiemplo'.

Las condiciones para esta aparición súbita del cuento en la trayectoria literaria de don Juan Manuel es posible que se hayan dado cuando el autor se resolvió a escribir una colección de relatos ejemplares, con las galas narrativas de las colecciones de procedencia oriental (*Disciplina Clericalis, Calila, Sendebar*), que superara literariamente los meros esquemas narrativos de las colecciones para predicadores. Al darse vuelta los términos de la fórmula didáctica, de modo que el relato-ejemplo no es ya un elemento más —lateral o accesorio (*A3, B3*)— dentro de la exposición didáctica, sino el portador mismo de la doctrina y núcleo de la exposición, la enseñanza moral que finalmente se expone, o la aplicación de ésta a la conducta humana, agregan poco a la enseñanza del cuento mismo y sólo pretenden reforzarla. El cuento logra así una vida propia dentro del marco doctrinal y de las fórmulas que se reiteran en cada uno de los momentos del diálogo entre el conde y su ayo.

Pero el 'enxiemplo' manuelino no surge en el desierto: don Juan Manuel tenía modelos logrados del cuento en lengua castellana. El *Barlaam, Castigos e documentos, El caballero Cifar,* dan muestra suficiente. En el *Cifar* encontramos una organización de la estructura narrativa que enmarca a los cuentos, muy parecida a la que don Juan dispondrá para el 'Libro de los enxiemplos'. Dentro del *Cifar,* el cuento se ubica en los momentos en que el hilo novelesco se detiene para presentar a un personaje que ofrece o a quien se pide un consejo durante una conversación. Es el caso de los dos cuentos iniciales sobre el medio amigo y el amigo entero (caps. 5 y 6), con los que Cifar aconseja a su mujer; o el del asno y su señor (cap. 53) como consejo del ermitaño al ribaldo, y, sobre todo, los incluidos en los 'Castigos del Rey de Mentón'. Las fórmulas introductorias del cuento recuerdan frecuentemente a las que se reiteran en cada uno de los 'enxiemplos'.[26]

La originalidad de don Juan Manuel aparecería así disminuida y no es tal: los modelos posibles permiten aquilatar mejor los alcances de su empresa y advertir con certeza cuáles son las dimensiones de su genio. Diciéndolo brevemente, ellas radican en su capacidad para estructurar a la perfección tanto el esquema total como cada una de sus partes, y en sus condiciones excepcionales para recrear los asuntos con los recursos más variados del arte de la narración.

Don Juan Manuel logró reunir en el *Conde Lucanor* todos los procedimientos que la tradición europea y oriental le ofrecían como recursos didácticos: el diálogo, la narración ejemplar, el proverbio y la exposición o argumentación. Todos encuentran el lugar adecuado para insertarse en el marco flexible que brinda el diálogo entre el conde Lucanor y su ayo, mediante el cual se logra la integración de las cinco partes. A la aparente regularidad formal de cada uno de los capítulos del Libro I, se oponen asimétricamente las cuatro partes restantes, agrupadas en tres colecciones paralelas —de extensión decreciente y concentración creciente— y un tratadito final, que parece volver a la exposición doctrinal del *Libro de los estados*. A los 51 'enxiemplos', se contrapone artísticamente el relato aislado, que se incluye en la Quinta Parte.

La estructura propia del 'Libro de los enxiemplos' —capítulos cerrados y perfectos como plaquetas colgantes de un collar— hubiera permitido agregar un 'enxiemplo' más a la serie o duplicar los casos del *Ex.* xl, colocando la historia del caballero ocasionado junto a la del senescal de Carcasona, como se hace en otros capítulos que reúnen dos cuentos (*Lucanor*, xxvii y xliii). En mitad de la Parte Quinta, el 'enxiemplo' matiza la exposición doctrinal, crea las referencias necesarias para mantener la unidad de la obra y ofrece, además, un *exemplo* narrativo exento del marco cerrado de los 51 'enxiemplos' del Libro.

Don Juan Manuel ha logrado, mediante la estructura elegida para su libro, reunir los relatos y casos planteados sin necesidad de seguir un orden lógico aparente, ni agruparlos por temas ni por *a b c*, como era corriente en las colecciones de *exemplos* en latín y en vulgar. El ordenamiento del libro no proviene de categorías externas al hecho literario, sino de los principios estéticos que rigen su composición. Este rasgo particular que señalamos se constituye en uno de los factores decisivos de su originalidad artística. Una norma semejante debió inspirar casi tres siglos después, el curioso ordenamiento de la colección de relatos que Cervantes llamó *Novelas ejemplares*.

---

[26] La muestra más clara se da al final del cap. 198, que corresponde a los Hechos de Roboán: 'Pidovos por merçed que me consejedes, ca esta mi vida non es vida, ante me es par de muerte.' 'Yo vos lo dire' —dixo el infante. 'Conuienevos que fagades en este vuestro fecho commo fizo un rey por consejo de su muger la reyna, que cayo en tal caso e en tal yerro como este.' 'E ¿commo fue eso?' —dixo el conde. 'Yo vos lo dire' —dixo el infante. 'Vn rey era contra sus pueblos asy commo vos...' *Cifar*, ed. Wagner (Ann Arbor, 1929), 432-3. Cfr. también c. 125, 259 y c. 203, 446.

El tratamiento artístico que don Juan Manuel logra en el relato ejemplar, sólo fue posible cuando el *exemplo* dejó de ser elemento secundario de la doctrina para ser núcleo iluminador y vehículo eficaz de la enseñanza. El filósofo del *Ex.* xxi enseña al joven rey mediante la interpretación del canto de las dos cornejas. Era necesario el *exemplo* para que el rey mozo entendiera, y por eso Patronio destaca el procedimiento ante el conde: 'catad alguna manera que por exiemplos o por palabras maestradas e falagueras le fagades entender su fazienda' (*Lucanor*, I, xxi, 130). Pero la maestría y calidad del relato ejemplar no debe ocultarnos el verdadero hallazgo artístico de don Juan Manuel. Para nuestro autor, la forma narrativo-didáctica que ha creado y a la que llama 'enxiemplo', está constituida por la totalidad de elementos que tiene por núcleo al relato, desde la fórmula inicial ('Fablava otra vez el conde...') hasta los pareados finales. Son fórmulas y elementos que juegan equilibradamente con el relato central y que sufren variaciones constantes, a pesar de su aparente regularidad y monotonía. Quedará para otro momento y ocasión la demostración prolija del juego artístico a que aludimos; basten, por ahora, algunas consideraciones esquemáticas.

Los grupos de 'enxiemplos' de núcleo narrativo extenso (i, ii, iii/ xi/ xx, xxi/ xxiv/ xxv, xxvi, xxvii/ xxxii/ xxxv/ xlii, xliii, xliv, xlv/ xlviii/ l, li) alternan con grupos de núcleo muy breve (iv/ vi, vii, viii, ix, x/ xii, xiii, xiv/ xvi, xvii/ xxiii/ xxxi/ xxxiii, xxxiv/ xxxvii, xxxviii, xxxix); al principio, en el medio y al final de la colección se agrupan los 'enxiemplos' de núcleo narrativo más extenso; a esto se agrega que el xxvii —último del grupo central— tiene un núcleo con dos cuentos largos.

La variación y matización interna de los componentes estructurales de cada 'enxiemplo' es constante. En el manejo de las posibilidades de su estructura interna no hay un 'enxiemplo' que sea igual a otro. En el caso de los tres 'enxiemplos' de núcleo doble (xxvii, xliii y xlviii), el xxvii —las mujeres del Emperador y de Alvar Fáñez— tiene los cuentos casi igualmente extensos, el segundo más trabajado en la gradación y con uso del estilo directo; el xliii —el Bien y el Mal, y el loco del baño— incluye un cuento largo seguido de otro breve; el xlviii —la prueba de los amigos— suma los dos casos y el segundo es más breve y desnudo de galas.

En otros 'enxiemplos' se compensa la brevedad del núcleo narrativo con exposiciones doctrinales relativamente extensas en la primera intervención de Patronio y en la reflexión posterior que Patronio hace sobre el cuento (*Lucanor*, xii, 99-100 y 101-2; *Lucanor*, xlix, 241 y 242).

El núcleo narrativo aparece matizado por el uso inteligente del estilo directo (baste citar el *Ex.* xxvii, con el cuento de Alvar Fáñez y su mujer, o el xxxv, del mancebo que casó con mujer brava), o por la inclusión del *exemplo* en el *exemplo* (*Lucanor*, iii: el ángel cuenta al ermitaño el salto del rey Richalte, o *Lucanor*, xxi: el filósofo enseña al rey mozo mediante el *exemplo* de las dos cornejas). Otras veces, el relato extenso es interrumpido inusitadamente por una digresión doctrinal de Patronio (*Lucanor*, xxvi, 154) o, como en el *Ex.* xlvi, la historia incluye al final una extensa exposición doctrinal del filósofo marroquí. En dos lugares, el núcleo es completado por un breve relato a manera de coda, que funciona como cierre (*Lucanor,* xx, 125-6) o agrega un elemento aleccionador y humorístico (*Lucanor,* xxxv, 192).

Las variaciones afectan también a los componentes externos al núcleo narrativo. La intervención inicial del conde Lucanor, generalmente breve, puede llegar a ser extensa (*Lucanor,* iii, 68-9; *Lucanor,* ix, 87-8; *Lucanor,* xii, 99; *Lucanor,* xlvii, 231-2), a la que corresponde una reflexión extensa por parte de Patronio al terminar el cuento. La intervención del conde se da en estilo directo en todos los casos, menos en tres (*Lucanor,* xxxvi, 193; *Lucanor,* xxxvii, 196 y *Lucanor,* xxxviii, 197), en que es reemplazada por un breve relato introductorio.

Algunas veces Patronio adelanta su consejo u opinión (*Lucanor,* v, 78; *Lucanor,* vii, 84 y *Lucanor,* xix, 120). En otros casos, la primera respuesta de Patronio incluye una digresión doctrinal (*Lucanor,* xii, 99-100; *Lucanor,* xxiv, 138-9; *Lucanor,* xlix, 242; *Lucanor,* l, 244-5).

En las conclusiones que Patronio extrae del cuento se dan variaciones que interrumpen, aproximadamente cada diez 'enxiemplos', la forma regular de su exposición: en *Lucanor,* xii (101-2), hay una extensa exposición didáctica con un caso de As (102) y un A3 en el cierre. En *Lucanor,* xxxiii (184-5), el consejo es extenso e incluye una referencia al *Ex.* iii. *Lucanor,* xl, 202-3 tiene una exposición de Patronio sobre la limosna, ilustrada con dos *exemplos* del tipo As. En *Lucanor,* xlviii (239-40), Patronio agrega una moralización aplicada al doble núcleo narrativo.

El cotejo de los esquemas estructurales de los 51 'enxiemplos' sería la muestra más elocuente de la maestría artística de don Juan Manuel en el manejo de las posibilidades que el 'enxiemplo" le ofrece en el juego de sus componentes. Entre la fórmula inicial y la final que introduce el proverbio, el autor compensa y dosifica sabiamente las distintas partes, de modo que, en relación constante con el núcleo narrativo, se logre la finalidad artística y didáctica por la suma o el contraste entre las partes.

El 'enxiemplo' es, pues, la más elaborada y original creación literaria manuelina, que se logra por el equilibrio fluctuante entre lo narrativo y lo doctrinal. Su intencionalidad se cumple siempre mediante la eficacia del conjunto, en el que el núcleo narrativo brilla con intensidades y matices variables, según las necesidades de cada uno de los esquemas acuñados.

La calidad literaria de la mayoría de los núcleos narrativos ha impresionado a los lectores de todos los tiempos en tal grado que se ha identificado el valor literario del 'enxiemplo' con el mero núcleo. Reduciendo a este solo elemento la valoración del 'enxiemplo' manuelino, quedarían muy mal parados algunos y habría que admitir altibajos inexplicables en la capacidad creativa de su autor. Tal consideración parcial, si bien realza los casos notables, oculta los verdaderos alcances y la originalidad artística del 'enxiemplo'.

Si a esta altura de nuestro estudio tomamos el relato ejemplar incluido en la Quinta Parte (*Lucanor,* v, 293-6), no vacilamos en designarlo como un auténtico 'enxiemplo' al que sólo le falta la fórmula introductoria y el planteamiento del problema por el conde Lucanor. Se da la presentación de

Patronio (293), aumentada por una exposición doctrinal (como en *Lucanor*, xii, 99-100; *Lucanor*, xxiv, 138-9 o *Lucanor*, 1, 244-5), la referencia al *Ex*. xl (como en *Lucanor*, xxxiii se alude al *Ex*. iii) y el anuncio del asunto. El núcleo narrativo no desmerece de los mejores momentos del Libro I. Baste aquí recordar la tensión, vivacidad y angustia del momento culminante de la batalla: '...llegó assí de cavallo commo estava, todavía dando vozes a su padre que dexasse a ssu señor, et nombrando a su padre et a ssí mismo. Et desque vio...' (*Lucanor*, 295). Finalmente, Patronio comenta el caso y resume la enseñanza con la cita de una sentencia latina, cuya versión romance cierra el 'enxiemplo'.

Restan aun por tratar, dentro del tipo *E*, los relatos que integran el *Libro de las armas* y el *exemplo* narrativo que ilustra el *Prólogo* a sus obras, que se fecha hacia 1342.

Los tres relatos del *Libro de las armas* no son, claro está, 'enxiemplos'; pero pertenecen a la categoría *E* en cuanto son relatos extensos, de calidad literaria, que incluyen el estilo directo como recurso estilístico y sirven para sustentar una afirmación que el autor desea respaldar.

La primera historia es la del nacimiento y nombre del Infante Don Manuel (*Armas*, 76-7); explica por qué se dieron armas de alas y leones a los Manueles y no excede a los *A3 pers*. del *Libro de los estados*. La segunda historia es la más intensa y dramática (*Armas*, 80-5); se ocupa de la primera mujer de su padre y del odio que por ella tenía su hermana la reina Da Violante. Adornada al comienzo por la leyenda de la Infanta Da Sancha y luego por el episodio dramático de la presentación de Da Violante ante su padre en un camino cerca de Calatayud, incluye la cita de un fragmento poético y se cierra con un párrafo terrible que consuma la intención del *exemplo*:

> Et, mal pecado, dizen que lo que la infanta temía quel acaeçió, que la razón de su muerte fue un tabaque de çerezas quel envió la reina, su hermana (*Armas*, 85, 207-9).

El tercer relato (*Armas*, 86-91) sobre la última entrevista con Sancho IV, tiene el tono de un fragmento de crónica, en el que el discurso final del rey moribundo logra la prestancia retórica que la crónica particular luciría medio siglo después en el estilo cronístico del Canciller Ayala.

Cada una de las tres historias lleva su mensaje; pero en conjunto, sirven para inculcar la enseñanza que el autor quiere trasmitir: el linaje de los Manueles nació bajo la protección divina para salvación de la cristiandad, los descendientes de Alfonso X no tienen la bendición de su padre: en el descendiente de Don Manuel se reúne la alteza de la sangre con la bendición del rey San Fernando y la del mismo Sancho IV en su lecho de muerte. Don Juan Manuel, par de reyes, inculca a su descendiente la aspiración a los más altos destinos políticos. Contra los sueños de gloria de don Juan, ya sabemos por qué tortuosos caminos la sangre de los Manueles llegó a la casa real de Castilla.

La historia del caballero y el zapatero de Perpignan que ilustra el *Prólogo* a sus obras (*Prólogo*, 3-4) es una muestra perfecta del tipo *E*, digna de los mejores relatos incluidos en los 'enxiemplos' del *Conde Lucanor:* sirve como demostración de la tesis que expone el autor al comienzo y da pie para justificar la colección de sus obras en un único ejemplar autorizado.

Entre las meras 'semejanças' que adornan el prólogo del 'Libro de los enxiemplos', exponentes de un tratamiento tradicional del *exemplo,* y este ceñido y magistral relato del *Prólogo* (h. 1342), media la palestra literaria que significó para don Juan Manuel su *Conde Lucanor,* donde logró perfeccionar la forma artística que perpetúa su nombre.

Universidad de Buenos Aires.

KENNETH R. SCHOLBERG

Figurative Language in Juan Manuel

In all of his works, the primary intent of Juan Manuel was didactic. Whether he was presenting encyclopaedic knowledge in the *Libro del cavallero et del escudero,* offering advice to his son Fernando in the *Libro infinido,* reviewing religious and social hierarchies in the *Libro de los estados,* guiding actions through example in *El Conde Lucanor* or writing about falconry in the *Libro de la caza,* his motivation was to teach. Ian Macpherson's comment on *El Conde Lucanor* can be applied to the whole of his works: they 'offer a course of instruction on how to look to one's worldly honour, reputation and position in society while at the same time guiding the individual along the path towards the salvation of his soul'.[1] To do this, of course, called for clear expression and logical exposition.[2] This explains, or illuminates, many of the most evident characteristics of his writing: the apologetic tone, both of the author and of his characters, expressing the fear of not being clear as well as the *topos* of lack of capability, the question and answer technique,[3] and the insistence on dividing compound questions into separate entities and answering each part before going on to the next, the use of repeated formulas and the abundance of connecting words, *ca, que, como quier que,* etc. (Some characteristics, especially the use of the copulative *et,* are, naturally, stylistic features common to his time and the state of the language.) But Juan Manuel was also a conscious stylist and aware of the need to attract the reader with a pleasing presentation. His own words have often been quoted to prove this, especially the passage in *Prólogo,* 5, in which he shows such concern for the accurate transmission of his works; the

---

[1] Ian Macpherson, 'Dios y el mundo — the Didacticism of *El Conde Lucanor*', *RPh,* XXIV (1970-1), 27.

[2] Rafael Lapesa, *Historia de la lengua española,* 4.ª ed. (Madrid, 1959), p. 173, explains: 'El estilo de don Juan Manuel, basado en la expresión selecta y concisa, era el que convenía a su espíritu de grave moralista. Su frase es densa, cargada de intención, precisa. Pero tal justeza no evita repeticiones debidas a la insistencia en el encadenamiento lógico.'

[3] For the debt of Juan Manuel to his cousin Sancho IV in this and other aspects of his writings, see Richard P. Kinkade, 'Sancho IV: Puente literario entre Alfonso el Sabio y Juan Manuel', *PMLA,* LXXXVII (1972), 1039-51.

phrase in *Estados,* where Julio says of the *Libro del cavallero et del escudero* that 'todas las rrazones que en él se contienen son dichas por muy buenas palabras et por los más fermosos latines que yo nunca oí dezir en libro que fuese fecho en romançe; et poniendo declaradamente et conplida la rrazón que quiere dezir, pónelo en las menos palabras que pueden seer' *Estados,* I, xc, 185; and the prologue to *Lucanor,* in which Don Juan says: 'fiz este libro compuesto de las más apuestas palabras que yo pude, etc.' (p. 52). Critics have pointed out his deliberate employment of certain stylistic devices—the frequent parallelism and symmetry of expressions and clauses,[4] popular proverbs [5]—and his originality in the use of the rhetorical techniques called for by the *artes dictaminis.*[6] One aspect of his style that merits consideration is his handling of figurative language—comparisons, images, similes, metaphors and allegories. Of course, he makes only occasional use of such devices. He does not often create new figures, and those he uses derive, for the most part, from traditional patterns and images. Nevertheless, when he uses imagery, it is usually with an aptness of application that furthers the clarity and explicitness for which he always strove.

Let us look first at Don Juan's simple comparisons. To express a superlative degree, he favors 'cosa del mundo' (equivalent often to 'nada' or 'nadie'): 'amávala más que cosa del mundo' *Lucanor,* I, xxx, 174; 'aquella muger que era la más fuerte et más brava cosa del mundo' *Lucanor,* I, xxxv, 187; 'codiçiando más que cosa del mundo' *Lucanor,* I, xlii, 210; or a slight variation: 'la amava más que a muger del mundo' *Lucanor,* I, l, 246; 'que omne del mundo non lo podría dezir por la voca' *Lucanor,* I, li, 258. An undesirable state con only be compared with death; Lucanor tells Patronio that to sell some of his land 'me es tan grave de lo fazer commo la muerte' *Lucanor,* I, viii, 85, and elsewhere says that he is 'tan afincado de pobreza que me paresçe que quer[r]ía tanto la muerte commo la vida' *Lucanor,* I, x, 91. Don Juan's simple similes offer no difficulties; the good things of this world are like a shadow, whereas those of the next life are the body from which the shadow comes *Estados,* I, lxxxiii, 167.[7] Patronio says that those who do not take advantage of the lessons he has been giving his master are like

---

[4] See Ramón Esquer Torres, 'Dos rasgos estilísticos en don Juan Manuel', *RFE,* XLVII (1964), 429-35.

[5] See María Rosa Lida de Malkiel, 'Tres notas sobre don Juan Manuel', *RPh,* IV (1950-1), 163-8.

[6] See Ermanno Caldera, 'Retorica, narrativa e didattica nel *Conde Lucanor',* Miscellanea di Studi Ispanici, 1966-7 (Istituto di Letteratura Spagnola e Ispano-Americana, Collana di Studi, XIV, Pisa, 1967), 5-120; also M. R. Lida de Malkiel, *RPh,* IV, 182-3 and 193, n. 15. On the other hand, Charles Faulhaber, *Latin Rhetorical Theory in Thirteenth and Fourteenth Century Castile* (Berkeley, 1972), p. 93, says of Don Juan: 'His esthetic preoccupations do not seem to have extended beyond the problems of verse composition, which he treats in his *Reglas de cómo se debe trovar,* now lost.'

[7] The idea is from Boethius: 'Haec igitur [the good things of this world] uel imagines ueri boni imperfecta quaedam bona daro mortalibus uidentur, uerum autem atque perfectum bonem conferre non possunt', iii, 9.

'las vestias que van cargadas de oro, que sienten el peso que lievan a cuestas et non se aprovechan de la pro que ha en ello' *Lucanor,* I, 1, 253. One of the most striking similes is a saying in Part III of this book: 'Qui ha de hablar de muchas cosas ayuntadas, es commo el que desbuelve grand oviello que ha muchos cabos' *Lucanor,* 275. Juan Manuel, with his penchant for discussing only one point at a time, rarely, if ever, found himself unravelling a skein with many ends.

Occasional metaphors of a single word, or a few words, appear: Julio speaks of 'el gusano de la consciençia' *Estados,* II, xli, 267. *El Conde Lucanor* offers more examples: in the story of the young man who was willing to marry the difficult girl, we are told tha 'omne del mundo non quería casar con aquel diablo' *Lucanor,* I, xxxv, 188, *diablo* being a simple substitute for *mujer.* In the conclusion to the story about the *falsa beguina,* Patronio advises 'que siempre vos guardades de los que vierdes que se fazen gatos religiosos' *Lucanor,* I, xlii, 211, a metaphorical use of the word *gatos* for *hipócritas.* María Rosa Lida de Malkiel says that the term 'es símbolo de este vicio' and that 'gatos acabó por aplicarse a toda religiosidad sospechosa por excesiva'.[8] A veritable abuse of repetition of a metaphor occurs in the story of Saladín. In the first place, the author uses synonymous metaphors: 'madre et cabeça de todas las vondades', where both *madre* and *cabeça* are equivalent to 'source'. Then in the course of the story, the entire phrase is repeated six times *Lucanor,* I, 1, 247, 249, 250, 251 two times, 253.[9] In the fifth part of *El Conde Lucanor* Patronio uses the common metaphorical expression 'guardar el alma' and immediately explains that:

> ... en dezir guardar las almas, non quiere al dezir sinon fazer tales obras por que se salven las almas; ca por dezir guardar las almas, non se entiende que las metan en un castillo, nin en un arca en que estén guardadas, mas quiere decir que por fazer omne malas obras van las almas al Infierno. Pues para las guardar que no cayan al Infierno, conviene que se guarde de las malas obras que son carrera para yr al Infierno (*Lucanor,* V, 285).

Here, it would seem that the explanation is given not so much to clarify a rather obvious meaning, but as a way to expand and emphasize the moral teaching. A number of the short sayings in the second part of *El Conde Lucanor* have a metaphorical import: 'En meior esperança está el que va por la carrera derecha et non falla lo que demanda, que el que va por la tuerta et se le faze lo que quiere' *Lucanor,* II, 267, uses *carrera* in a figurative rather than literal sense. Pure metaphor is 'La escalera del galar-

---

[8] M. R. Lida de Malkiel, '¿Libro de los gatos o Libro de los cuentos?', *RPh,* V (1951-3), 48-9.

[9] Other simple metaphors are: '... conséiovos yo que cerredes el oio en [e]llo', *Lucanor,* I, xiii, 104, meaning 'to overlook, to pay no attention', and 'olvidó et echó tras las cuestas el debdo et la naturaleza de su padre', *Lucanor,* V, 295, where *echó tras las cuestas* is synonymous with *olvidó.*

dón es el pensamiento et los escalones son las obras' *Lucanor*, II, 269.[10]

Many of Don Juan's figures of comparison can be characterized or categorized according to the basis of the comparison, e.g. taken from his reading, based on social concepts of the time, referring to hunting, or comparing something with a phenomenon or feature of the natural/physical world. Of these, the first is the least frequent. Of course, many of his figures may have been suggested to him by literary sources, but it is well known that Juan Manuel, unlike many medieval writers, was extremely averse to citing any but his own works. Thus, I have found only two comparisons for which he clearly indicates the source, and both are Biblical. In a discussion of the contemplative and active lives, Julio tells the Infante: 'Et desto pone una semejança (en) el Evangelio, de sancta Marta et de sancta María Magdalena, et conpara a sancta Marta a la vida activa, et conpara a sancta María Magdalena a la vida contenplativa...' *Estados*, II, xliv, 272. As will be seen, the word *semejanza* is used frequently by the author when he makes a comparison. The other example refers to people who do evil to others: 'Et destos tales dize la Scriptura que son tales como el loco que tiene la espada en la mano, o como el mal príncipe que ha grant poder' *Lucanor*, I, 1, 244-5.

To explain man's relationship to God, Don Juan several times employs analogies based on the hierarchical concepts of his time, particularly in the *Libro de los estados*. The problem of Adam's sin against God and fall from grace, and mankind's redemption through the death of Jesus is made more accessible to the Infante by Julio's example of a lesser person doing injury to a great lord:

> Et bien sabedes vós, sennor infante, que si un omne de pequenna guisa faze grant tuerto con grant deshonra a un grant sennor, que por mal que venga [a] aquel omne, que aquel sennor le faga, non puede aver emienda dél conplida mas para seer la emienda quel deve [conplida], conviene que otro omne tan bueno como él faga emienda por el omne de pequenna guisa que erró (*Estados*, I, xxxix, 66).

The *ayo* then explains that, since only God could make amends to God and only man could make amends for man, Jesus had to be both God and man. Julio presents a similar *semejanza* later on:

> Vós sabedes que si un sennor a una villa, vien pueden las gentes dubdar si aquella villa es suya o non, diziendo que non es suya

---

[10] More metaphorical than literal also are: 'Commo sería cuerdo qui sabe que ha de andar grand camino et passar fuerte puerto si aliviasse la carga et amuchiguasse la vianda', *Lucanor*, II, 270, and 'Quien quiere que su casa esté firme, guarde los çimientos, los pilares et el techo', *Lucanor*, II, 270. H. Knust, in his ed. of *Lucanor* (Leipzig, 1900), p. 426, pointed out the similarity of the first of these to a passage in *Bocados de oro* (341): 'Non lloro yo por ninguna desas cosas, mas lloro porque he de andar gran camino e de pasar fuerte puerto, e llevo poco conducho e gran carga, e non se si me aliviaran de aquella carga ante que llegue al cabo del camino o si non.'

por alguna razón. Mas si conosçen que la villa es suya et desto non dubden, dende adelante non deven dubdar que puede(n) ý fazer lo que quisiere, commo sennor que puede et a poder de fazer en lo suyo toda su voluntad; et deve[n] crer et aver fe, maguer que lo non bean, en todo lo que saben que él fizo, o mandó fazer, o faze, que lo pudo fazer [et] que es así commo lo él ordenó. Et pues esta semejança es çierta en los omnes, que son criaturas, mucho más conplidamente lo podedes entender que se puede entender en Dios, que es criador (*Estados,* II, xxxii, 251-2).

Again, the analogical figure is based on the structure of fourteenth-century society.[11] Theoretically, Don Juan must have believed in the divine right of kings —as long as the king were just, at least; he could rationalize his own rebellions as actions against tyranny— for he tells his son that 'Vós devedes saber que los reys en la tierra son a semejança de Dios' and he uses another simile to express the people's relation to good, just and pious kings: 'bive el pueblo con ellos commo los fijos con el padre' *Infinido,* IV, 29, 30.[12]

Don Juan was a dedicated hunter and wrote a book on the subject. It is not surprising, therefore, that two of his most effective images are related to hunting. To illustrate how justice should be equal to all, his character, Julio, tells an *exemplo* of a king and a rich man. The latter tells the king 'que la justiçia del rrey que devía seer commo rred de omne, mas non commo red de aranna; ca la red del aranna, si pasa por ý un páxaro o otra ave mayor, quebrántala et vase; mas si pasa por ý una mosca non la puede quebrantar, porque la mosca es muy flaca et finca ý presa. Mas la buena rred que faze el omne, nin ave nin venado nin otra cosa que por ella pase non la puede quebrantar. Et así la justiçia tal deve ser...' *Estados,* II, xxxix, 265. As María Rosa Lida de Malkiel pointed out, the story 'deriva, sin duda alguna, de[l] celebrado símil de Solón (Diógenes Laercio, I, 58) que compara la justicia a la telaraña que aprisiona al insecto liviano y débil, mientras el fuerte la rompe y escapa. Pero don Juan Manuel ha provisto al viejo dicho de un marco coetáneo... Un ricohombre define la justicia ideal contrastando con la exactitud técnica propia del hábil cazador qué fue don Juan Manuel, la 'red de apaña' y la 'red de home'.[13]

[11] Somewhat different is the explanation of man's duty to God based on a comparison with friendship: 'Vós sabedes que si un amigo sabe que otro su amigo está en alguna quexa con sus enemigos et aquel su amigo le viene ayudar et toma en esta venida trabajo o costa o afán o miedo, por poco que esto sea, pues él lo libró de aquella quexa en que estaba, sienpre aquel amigo está (sienpre) commo en su prisión, por el bien et ayuda que del rreçebió, et toda su vida lo deve guardar et ayudar. Pues si omne deve fazer esto a otro su amigo, que es su egual, et por poca ayuda quel fizo, parad vós mientes que deve el omne fazer a Dios...', *Estados,* I, lvii, 99.
[12] J. M. Blecua, in his ed. of *Infinido,* 29, points out that this is the classic doctrine of the divine right of kings, and cites other examples, from *Partidas, Castigos e documentos* and also Juan Manuel's *Cavallero.*
[13] M. R. Lida de Malkiel, *RPh,* IV, 188, n. 4. 'Red de apaña' is the MS. reading, literally reproduced by Gayangos in his BAE ed. of *Estados* and literally cited by María Rosa Lida.

In the first chapter-prologue to the second part of *Estados,* besides insisting on the orthodoxy of his religious beliefs and intentions and apologizing to his brother-in-law, the Archbishop of Toledo, for any error or 'dubda' that he might find in the work, Don Juan likens the reader to a crossbow-man, to suggest what his attitude in reading the work should be:

> Mas vós et los que este libro leyéredes fazed commo el valestero que quando quiere tirar a alguna vestia o ave en algún lugar que non sea tan aguisado commo él querría, tira un virote o una saeta de que se non duele mucho; et si mata aquella caça que tira, tiene por bien enpleado aquel virote, et sil yerra, tiene que a poco perdido. Et vós, si de las mis palabras mal doladas vos pudiéredes aprovechar, plégavos ende et gradesçedlo a Dios, et de lo que ý fallaredes que non sea tan aprovechoso, fazet cuenta que perdedes ý tanto como el vallestero que desuso es dicho (*Estados,* II, 214).

This is, of course, an example of the modesty of the fourteenth-century nobleman, which alternates throughout his work with his genuine pride as an author.[14]

The greatest number of Juan Manuel's figures of comparison are based on physical or physiological phenomena. He several times compares man to some thing, or a thing to man. He employs the concept, popular since Greek antiquity, of man as a microcosm, an epitome of the universe, and devotes considerable space to develop or explain the idea. Besides being a rational, mortal animal, man, he says, 'semeja al mundo, ca todas las cosas que son en el mundo son en el omne...'; 'el omne es piedra en ser cuerpo...'; 'otrosí así commo el árbol et las otras planctas naçen et creçen et an estado et envegeçen et se desfazen, vien así el omne faze estas cosas'; 'otrosí vien así como el aire et el fuego et el agua et la tierra [son] quatro alimentos, así el omne a en sí quatro humores, que son la sangre et la cólera et la flema et la malenconía' *Cavallero,* xxxviii, 42. Man also resembles both an angel and a devil *ibid.* In a further effort to explain the complicated nature of man, the *caballero anciano* compares him to an inverted tree, 'árbol trastornado'. In a systematic chain of metaphors, he explains that the root of the tree is the head of the man, the trunk is the body, the branches are his limbs, the leaves and flowers are the five senses and the fruit are his thoughts and deeds *Cavallero,* xxxviii, 43. This is one of the

---

[14] Two of the rare cases of humour in Don Juan's works also reflect a depreciative attitude toward books. In *Caza,* 27, he says: '...comoquiera que todo está aquí escrito commo se deve fazer, pocas vezes se guisa que se puede fazer assí. Et si el falconero non sopiesse nada de suyo sinon lo que está escripto en el libro, tarde fará buen falcon; ca siquier quando lloviesse o quando se aguasse la garça en el río si entonçe oviesse de abrir el libro para leerle, mojar seya e sería perdido el libro.' Similarly, in *Estados,* I, lxxiv, 143, we find: 'Mas por mucho que escrivamos, si él non oviere buen entendimiento de suyo, todo le prestará poco...que en los tienpos apresurados de las guerras et de las lides non puede aver vagar entonçe de bolver las fojas de los libros para estudiar con ellos. Ca, segund yo cuido, pocos omnes son que quando se cruzan las lanças que nol tremiese la palabra, si entonçe oviese de ler el libro...'

few botanical comparisons used by the author.[14 bis] Another is found in the allegorical story of the *Arbol de la mentira,* in the conclusion of which, in keeping with the arboreal theme of the tale, Patronio explains that 'la mentira ha muy grandes ramos, et las sus flores, que son los sus dichos et los sus pensamientos et los sus fallagos son muy plazenteros...' *Lucanor,* I, xxvi, 155. Man in old age, as 'mancebo' and as 'mozo' serves as an illustration of different kinds of kingdoms; the first state is equated with the realm whose ruler spends more wealth than he has coming in; the country that spends as much as it has in income is like the 'mancebo'; and the 'mozo' represents the one which has more income than is spent. That is, the old man is growing weaker, the mature man is stable, and the young man is growing in strength, and kingdoms are the same. Julio, the adviser in *Estados* who presents the metaphor, says that it was told to him by his friend, don Johan (the author himself). He further states that he could not understand the riddle at first and says: 'finqué ende muy marabillado et en ninguna manera non lo pude entender, et desque bi que non podía saber esta rrazón, afinquél mucho et roguél et aun mandél que me declarase qué quería esto dezir' *Estados,* I, lxxx, 158a. Although Don Juan may well have taken this comparison from a literary source,[15] he deliberately gives the impression of originality by having his character Julio express amazement at Don Juan's cleverness. In the same work, Julio uses the relationship between man's nervous system, brain and soul and between that and God to explain the concept of the *primum mobile.* The brain, in a sense, is the prime mover in the body, since it controls the movement of the nerves which move the particular part of the body. The brain ('meollo') has understanding, movement and will ('en este meollo ha entendimiento et movimiento et voluntad'), yet it is not really the prime mover because 'la voluntad, que faze todas cosas, está en el alma, que da al cuerpo vida et que ha rrazón'. The soul is the creation of God and has free will. The conclusion, of course, is that God is the prime mover of all that is in the body (and in all creation) *Estados,* I, xxxiv, 58. The presentation is not profound, and there is a certain vagueness in the connection between the brain and the soul, but the analogy between the actions of the body with relation to the brain and the created world in relation to God is clear.

Medicine is the basis of two images, one of which is probably the best-known figure in Juan Manuel's work. It is the often cited statement concerning his procedure that he gives in the prologue to *El Conde Lucanor,* where he says that he has combined the beneficial story with the most beautiful words (i.e. pleasing style) that he could use; 'et esto fiz segund la manera que fazen los físicos, que quando quieren fazer alguna melizina que aproveche al fígado, por razón que naturalmente el fígado se paga

[14bis] Francisco Rico, *El pequeño mundo del hombre* (Madrid, 1970), pp. 85-90, studies the microcosm and tree images in Juan Manuel, and points out how he combines religious belief and class consciousness in his use of them.

[15] Possibly the *Bocados de oro.* See Daniel Devoto, *Introducción al estudio de don Juan Manuel y en particular de El Conde Lucanor* (Paris, 1972), p. 266.

de las cosas dulçes, mezcla[n] con aquella melezina que quiere[n] mele-
zinar el fígado, açúcar o miel o alguna cosa dulçe, et por el pagamiento
que el fígado a de la cosa dulçe, en tirándola para si, lieva con ella la
melezina quel a de aprovechar' *Lucanor,* 52.[16] The other medical image,
less well known, is one of two 'semejanzas naturales' that Julio employs
to explicate the perpetual virginity of Mary, mother of Jesus. A doctor,
to cure an illness of a particular part of the body, gives the patient a
medicine (Don Juan uses the term 'purga') which passes through other
parts of the body without affecting them and expels the humour from
the diseased place. If medicine, which is a created thing, has this capability with respect to the body, he says, take note whether God, the Creat-
or, could work the miracle of Mary's virginity, necessary for the cure
of the great illness of man's body and soul, a cure that could be brought
about only by the conception and birth of Jesus (*Estados,* II, viii, 236).
The accompanying 'semejanza' on this theme is based on the physical
characteristics of light rays and glass: '...el sol, que es criatura, entra et
salle por una vedriera, et la vedriera sienpre finca sana. Pues si esto
es en criaturas, mucho más puede seer, et es, en el Criador' *Estados,* II,
viii, 235-6.[17].

Two astronomical images in the *Libro de los Estados* are effective.
A long and sustained series of similes compare the Pope and Emperor
to the sun and moon respectively. As the sun and the moon are the
brightest lights in the firmament, so are the Papacy and the Empire the
most powerful entities on earth. As the sun and moon illuminate the
earth by day and night, so do the Pope and Emperor maintain the earth
in spiritual and temporal matters. As the sun gives light to the moon, so
too should the Pope, the maintainer of the spiritual, give example and
aid to the Emperor, so that he may govern temporal matters. And just
as when something comes between the sun and the moon there is a lunar
eclipse (the author points out that there are also eclipses of the sun,
but those of the moon are more frequent), so too, when, through sin or
God's wrath, there is discord between the Pope and the Emperor, the
Empire is lessened and harmed, because it does not receive from the Pope
the advice and help it should have. Conversely, if the Pope suffers from
actions of the Emperor, it is like a solar eclipse and Christians 'fincan

[16] H. Knust, *Lucanor,* p. 298, cites similar passages from Lucretius, *De rerum
natura,* IV, 11 ff. and Horace, *Satir.,* I, I, 25. Juan Manuel's intent is explained by
E. Caldera 'Retorica', p. 26: 'Se infatti, da un lato, Juan Manuel sembra voler spie-
gare convenzionalmente la presenza, nell'opera sua, delle *palabras falagueras e apuestas* quali mezzi di trasmissione dell'insegnamento recondito, dall'altro evidentemente
ripudia l'interpretazione, altretanto convenzionale, dell'ornato come piacevole veste
di profundi e ardui concetti. Parola e concette, infatti, pur restando due entità dis-
tinte, si unificano e si amalgamano —alla maniera dell' *azúcar* e della *melezina*
nell'intruglio preparato dai *físicos*— in una sostanza unitaria e indissolubile.'
[17] This image probably came to Juan Manuel from literary sources; it was common in the Middle Ages, appearing in Rutebeuf's *Miracle de Théophile,* in the *Queste
du saint Graal,* in works of Adam de Saint-Victor, etc. V. Jean Dagens, 'La Méta-
phore de la verrière de l'Apocalypse à Rutebeuf et à l'Ecole Française', *Révue d'Ascé-
tique et de Mystique,* XXV (1949), 524-32.

todos en tiniebra et en escuredunbre porque el sol non puede dar su claridat commo deve' *Estados,* I, xlix, 87. Considered in the light of medieval religious and political thought, the images are apt and they are presented with clarity and in a logical progression. In the second part of *Estados,* Julio uses an analogy with the sun to elucidate God's powers and the concept of the Trinity:

> ... el sol ha en sí tres cosas: la una, que es sol; la otra, que sallen dél rayos; la otra, que el sol sienpre escalienta. Et commoquier que los rrayos sallen del sol sienpre son sol, et sienpre están en el sol et nunca se parten dél. Et la calentura que nasçe del sol sienpre nasçe et biene del sol et nunca se parte del sol. Et la calentura es sol et los rrayos es sol et el sol es sol, pero no son tres soles, que todo es un sol. **Pues si esto es en el sol, que es criatura, mucho más conplida-**mente se deve entender en Dios... *Estados,* II, vii, 232.[18]

In this short passage, one word, 'sol', appears fourteen times; stylistically the repetition is overwhelming, but the meaning of the section is perfectly clear.[19]

Of the four elements the one used most frequently by Juan Manuel, and almost always to express difficulty or impossibility, is 'fire.' He has, for example: '...tan grave cosa es vevir omne en tierra de su sennor e averse a guardar dél, commo meter la mano en el fuego e non se quemar' *Infinido,* iv, 33-4; '...tengo que es muy grave de se salvar. Ca çierto es que muy grave cosa es estar omne en el fuego et non se quemar' *Estados,* I, lv, 97; '...tan grand cosa es de fazer esto commo meter la mano en l'fuego et non sentir la su calentura' *Lucanor,* I, 1, 244; 'Et por ende fablar en estas cosas tales, dévelo omne fazer como quien se calienta al fuego: que si mucho se lega, quemarse a; et si non se calienta, morrá de frío' *Estados,* II, iv, 221-2. In this last case, Don Juan is talking of the difficulty of writing about religious matters. Water, as an image, is rare in his writings. It is combined once with 'fire' in the simple comparison: 'Así amata la limosna al pecado, como amata el agua al fuego', *Infinido,* i, 18. In the book about the knight and the squire, to the question: '¿Qué cosa es la mar?' the old knight, rather than give a direct answer, uses it as the basis for a simile, to express something with which, he says, he is more familiar. He tells his young visitor that people always say that the sea is either calm or angry, depending on the wind. The sea is normally calm and beneficial to men, but if a strong wind comes up, it is wild and angry. The same is, and should be, true of great lords. By nature, they should be gentle and wish that all people be in their favour

---

[18] This image also appears in Llull, *Libre de meravelles,* p. 111.

[19] Just before this passage, Julio employs a tripartite *semejanza* to a similar purpose: a powerful man does a great deed, but his power remains in him; a wise man says or does things of great wisdom, and remains wise; a man of good will does something and his will is expressed in his action, but also remains in him. The point is that perfect power, wisdom and will are in God at the same time that they emanate from Him.

and avail themselves of what they possess. But when offences are done to them, like the sea they become angry and enraged, and both guilty and innocent men suffer. The old knight, speaking perhaps for the author, says that 'vi yo que muchas vegadas acaeçió esto, et passé por ello...', *Cavallero*, xlvii, 66-7.

Images are normally used in literature to make the abstract concrete, to transmit to us an idea or impression through an association with something already familiar. This is the usual intent and manner of Juan Manuel. But on occasion he employs, if not an opposite, at least a different procedure. That is, a question about a specific, concrete thing gives rise to a metaphysical discourse, or, to put it another way, the physical thing is used as an excuse for a moral declaration, similar to the case above, involving the sea. This is especially true in the *Libro del cavallero et del escudero*. In the chapter on birds, for example, the knight-teacher tells his young friend that he knows that he knows much about them because he hunted frequently and he 'avía ende grant voluntad'. This leads to a discussion on will, the dangers of being deceived by your will and the need for deeds as well as words. The knight culminates this discourse on will with the following comparison:

> Et así commo el que de su voluntad se paga de comer buenas biandas et sanas et se guarda de fazer ninguna cosa que enpesca a la salud del cuerpo, es sennal de ser sano, bien así el que de su voluntad faze buenas obras es sennal quel quiere Dios fazer bien en este mundo al cuerpo et en el otro al alma (*Cavallero*, xli, 52).

The chapter that offers the most difficulties, because of a comparison, is that on 'stones'. The speaker makes a distinction between precious stones and (ordinary) stones; the former are beneficial because of their properties and virtues; the latter, because of the use to which man can put them.[20] Then he states: 'Et estas dos maneras de las obras que se fazen por las piedras semejan a dos maneras commo los omnes husan bevir en el mundo. Ca los unos se trabajan a bevir asmando en los fechos et en las cosas del mundo segund razón et segund naturaleza de las cosas; otros se trabajan de bevir queriendo saber las cosas ante que acaescan', *Cavallero*, xlv, 60. There ensues a long discussion of these two types, with praise for the first and condemnation for the second. Then the knight says, with reference to the latter: 'Et non semejan a las piedras preçiosas nin a las otras. Ca las piedras preçiosas obran por virtudes çiertas que ha en ellas, et con las otras piedras obran los omnes cosas aprovechosas segund es dicho...', *Cavallero*, xlv, 62. The original comparison has broken down; the duality (precious stones=one kind of life; ordinary stones=another)

---

[20] The passage says: 'Ca las unas son piedras preçiosas et las otras son otras piedras para fazer otras cosas mucho aprovechosas, et las piedras preçiosas son aprovechosas por que las sus obras aprovechan a los omnes et que virtud que ha en ellas, et las piedras aprovechan a omne por las cosas aprovechosas que los omnes fazen connellas', *Cavallero*, xlv, 60.

initially established has not been carried out. But before we accuse Don Juan of illogicality, let us remember his admonition: 'Non pongan a mi la culpa fasta que bea[n] este volumen que yo mesmo concerté', *Prólogo*, 5. As for the earth, the knight expresses from the outset inability to explain fully what it is, because it is so complex and has so many things in it that no one could tell them all. 'Esto semeja mucho a los juizios de Dios, ca commoquier que todos veemos las cosas commo acaeçen et sabemos çiertamente que todo se faze por la voluntad et por el consentimiento de nuestro sennor Dios, con todo esso non lo podemos entender', *Cavallero*, xlviii, 67. The comparison of earth's complexity with God's judgments permits the knight to speak about the latter subject throughout most of the chapter; it does not serve to give greater accuracy of comprehension to the topic 'tierra', but to change the subject.

Finally, some consideration should be given to Don Juan's use of allegory. An allegory has the qualities of a sustained metaphor since it presents something by means of a figurative story. Four *exemplos* of *El Conde Lucanor* have allegorical import.[21] They are xxvi: 'De lo que contesçió al árvol de la Mentira', xliii: 'De lo que contesçió al Bien et al Mal' (the second part, 'et al cuerdo con el loco', is a separate story), xlviii: 'De lo que contesçió a uno que provava sus amigos', and xlix: 'De lo que contesçió al que echaron en la ysla desnuyo quandol tomaron el señorío que teníe'. The stories are well known and we need not repeat their plots. What can be pointed out is that they represent two different types of allegorical usage and that they form pairs of stories which are quite similar in content and technique. The first pair, 'árbol de la Mentira' and 'al Bien et al Mal', are true allegories; they present abstract concepts through personifications. Both have as central characters antagonistic figures, Truth and Falsehood, and Good and Evil. In both, the virtue, although ingenuous, ultimately triumphs over the vice which was initially successful. Even the language establishing the situation is similar in the two stories:

...la Mentira et la Verdat fizieron su compañía en uno... la Mentira, que es acuçiosa, dixo a la Verdat que sería bien que pusiessen un árbol...

(*Lucanor*, I, xxvi, 152)

...el Bien et el Mal acordaron de fazer su compañía en uno. Et el Mal, que es más acuçioso et siempre anda con rebuelta e non puede folgar, sinon revolver algún engaño et algún mal, dixo al Bien que sería buen recabdo que oviessen algún ganado...

(*Lucanor*, I, xliii, 213)

---

[21] *Exemplo* xxxiii should probably be included also; the story of the Infante Manuel's falcon is essentially an allegory teaching the value of perseverance in an endeavour. A. H. Krappe, 'Le Faucon de l'Infant dans *El Conde Lucanor*', *BH*, XXV (1933), 294-7, sees the story as a political allegory in which the eagle represents the king, and the falcon one of his vassals. D. Devoto, 'Cuatro notas', *BH*, LXVIII (1966), 209-15, accepts this interpretation, while stressing the literary aspect of Juan Manuel's allegory.

The allegorical nature of the stories is self-evident and in the conclusions Patronio only has to sum up the moral and tell Lucanor to apply it to his particular situation. The other two *exemplos* are not, in themselves, necessarily allegorical. The first, '...uno que provava sus amigos', is a universal folk tale of oriental origin and, especially in the 'half-friend' section, appeared in many collections. The characters are human beings and the story can be accepted, as it is in all the other Spanish versions, in its literal meaning as a proof of friendship tale. The same is true of the *exemplo* that immediately follows it in *El Conde Lucanor,* which also enjoyed wide dissemination. It can be accepted literally or, more likely, as a parable teaching the necessity to foresee and provide for the future when one has the opportunity. No explanation is necessary. However, Juan Manuel appends to both stories expository conclusions that convert them into religious allegories. He does not deny the more human interpretation; he adds to it, especially in the proof of friendship story. Patronio tells the Count that he believes the story is good for knowing which are one's true friends in this world. Then he adds: 'Otrosí este enxiemplo se puede entender spiritalmente en esta manera', and gives a kind of *contrafactum* exegesis of the story, which equates the half friend with the saints and the true friend with God, who sent his only Son to die for mankind. In the forty-ninth *exemplo* Patronio also provides the spiritual explanation, after the story: the year during which the man was treated as ruler represents this life; the island to which he was then sent is the eternal life, and the preparations that he made during the year symbolize the good deeds one should do in this life in order to find a 'buena posada' (note the metaphor) in the next and enjoy eternal happiness. Both stories could be understood in various ways, but the author provides the allegorical interpretation that he wants the reader to accept. After the 'árbol de la Mentira', Patronio merely interprets some elements of the allegory (the flowers of the tree are the sayings, thoughts, etc. of Falsehood); in the last two cases, he interprets the entire story, which does not become specifically allegorical until he does so.

The outstanding feature of Juan Manuel's images and comparisons, within their variety, is their conceptual nature. His figures depend for effectiveness on the ability to stimulate mental activity rather than affective response. One notes the absence of some common types; there are, for example, almost no chromatic images. When he does use a simile of light, it is not for its visual impression, but for its physical characteristics. The same is true when he uses astronomical comparisons. Even though they are based on optical phenomena, the appeal is to the mind and not to the senses. There are few figures taken from the animal world, but several are based on aspects of life familiar to him, hunting, medicine and feudal concepts of hierarchy. A simple comparison that appears almost frequently enough to attain symbolic character is that based on 'fire', which he uses to express difficulty or impossibility. An aspect of his use of figures of comparison that seems related to his stylistic technique of employing parallel expressions and clauses, is the frequency of dual or contrasting comparisons: he uses the sun and also a powerful noble to explain God's might;

light through glass and also medicine, for the virginity of Mary; man equated to an inverted tree and also a microcosmos; justice like a man-made net and not a spider's web, etc. Similarly, four allegorical *exemplos* of *El Conde Lucanor* form pairs of stories that also produce the effect of duality. At times Don Juan begins with the concrete to enable him to discuss the abstract. In these cases especially, he uses similes and metaphors not so much for their artistic value or as decorative elements, but to explain, clarify and make concepts accessible. His general lack of originality in employing these figures, which are intellectual rather than sensuous, can be explained by the fact that his purpose is more didactic than aesthetic.

Michigan State University

HARLAN STURM

El Conde Lucanor: The Search for the Individual

One of the major perspectives which emerges from reading *El Conde Lucanor* is that of the nature and value of the individual. This emphasis has been variously attributed to Juan Manuel's own position as a powerful lord, who reflects a strong ego through his authoritative stance in *El Conde Lucanor,* or to that element in his own intellectual profile which justifies Menéndez y Pelayo's reference to him as 'el hombre más humano de su tiempo'.[1] The present study does not concern itself with the psychological or social basis for this emphasis, but rather with its literary expression: the articulation of a clear concern with exploring the inner nature of the individual, that concern articulated as 'lo que es el omne en sí'.

The author stresses this theme of the inner nature of the individual at the beginning, in the middle, and at the end of his collection: in the prologue, in *Exempla* xxiv and xxv, and in *Exemplum* 1. Certain superficial but important relationships between the stories are immediately suggested: *Exempla* xxiv and xxv are interrelated in that xxiv, the story of the testing of the king's three sons, serves as thematic preparation for xxv, the story of Saladín's advice to the captive Count of Provence about a choice between suitors. *Exempla* xxv and 1 are the only stories using the famous character of Saladín, and are also the only stories in the collection which revolve around the phrase 'el omne en sí', a concept introduced in the author's prologue, although not there articulated in those terms.

In the prologue to *El Conde Lucanor,* the theme of the importance of the 'inner nature' is introduced when the author points out that all are composed of the same elements. He illustrates this contention with the well-known analogy to the human face, which appears different in each individual despite its constant components of eyes, nose, and mouth. He concludes that men's souls, or what they are like 'within', are different too, despite the fact they are all composed of 'entençiones et voluntades' *Lucanor,* Prologue, 51.

---

[1] Marcelino Menéndez y Pelayo, *Orígenes de la novela* (repr. Santander, 1943), I, p. 144. For discussions of the author-figure in *El Conde Lucanor,* see Kenneth R. Scholberg, 'Modestia y orgullo: una nota sobre Don Juan Manuel', *HBalt,* XLII (1959), 24-31; 'Juan Manuel, personaje y autocrítico', *HBalt,* XLIV (1961), 457-60; and my 'Author and Authority in *El Conde Lucanor'*, *Hisp,* no. 52 (1974), 1-9.

Juan Manuel's work has often been studied as an important stage in the transmission of *exemplum* material, and an examination of his development of a given theme may properly begin with a comparison to traditional antecedents. In the case of *Exempla* xxiv and xxv, it seems likely that a single source inspired both stories, with the basic conception of the motif on which xxiv is patterned being merely amplified in xxv. This well-known motif is that of the choice of the best heir to the throne and its origin has been well documented. Angel González Palencia and Knust, researching the sources of *Exemplum* xxiv, have found analogues in the *Thousand and One Nights,* the *Scala Coeli,* and a number of related tales.[2] As it implied by the careful wording of González Palencia,[3] the relationship between Juan Manuel's version of the story and that found in other collections is superficial. The basic plot element of the story is found in the *Scala Coeli* of Johannes Gobius under the discussion of *Locutio Inordinata,*[4] in which an English king asks questions of his sons in order to judge which of them is more worthy to rule. Also in the *Scala Coeli,* under the discussion of *Ornatus Vanus,* is another story of a king of England who wishes to determine the son most worthy to rule, and in this version there is specific mention of the difficulty of determining relative merit on the basis of appearance. Earlier stories provide, then, the concept of the test, the characters (king, sons), and the decision, for what can be more important for all than the choice of the next monarch? Stith Thompson, Chauvin and others record the analogues from world folklore, and there are many.[5]

The story in *El Conde Lucanor* is this: the Count comes to Patronio with a general problem, that of determining which of the youths in his entourage will be the *mejor omne*. It is superficially a simpler problem than many about which he seeks Patronio's advice, involving neither difficult relations with some vassal in his realm, nor the pressure of time in arriving at important decisions. It involves instead the very important question of determination of character. Patronio, in one of his longer introductory discourses, discusses the relationship of a person's appearance to reality, or the 'person inside'. His 'Et las más çiertas señales son las de la cara', *Lucanor,* xxiv, 139, leads Knust to suggest analogues in Cicero, Aesop, Japanese lore, and Confucius, quoting the Confucian phrasing as 'the truth of what is within appears on the surface'.[6] Patronio's following phrase, 'et señaladamente las de los ojos', again causes Knust to quote pro-

---

[2] Angel González Palencia, ed., *El Conde Lucanor* (Barcelona, 1940), p. 54; and Herman Knust, *Juan Manuel, El libro de los enxiemplos del Conde Lucanor et de Patronio* (Leipzig, 1900), pp. 335-6.

[3] González Palencia, in the notes to his edition of the work, simply states that the *exemplum* is 'relacionado, sin duda, con el cuento del Rey y sus tres hijos que figura en las Mil y una Noches...' (p. 54).

[4] The *Scala Coeli* has not yet been re-edited. I used the Louvain, 1485 edition.

[5] See Chauvin, *Bibliographie des ouvrages arabes* (Liège, 1901), VIII, p. 115; and Stith Thompson, *Motif-Index of Folk Literature* (Bloomington, 1955-8), III, p. 323. Also, Mario Ruffini, 'Les sources de Don Juan Manuel', *LR,* VII (1953), 27-40.

[6] *Libro de los enxiemplos,* p. 335.

verb lore, best characterized by the phrase from the *Bocados de oro,* 'la catadura muestra lo que yaze en el corazón más que la palabra'.[7]

The zeal with which various scholars have investigated the analogues of these pronouncements may suggest that the problem in the twenty-fourth story of *El Conde Lucanor* is patterned on folklore, not on life. It would appear in this context as a literary problem to which Juan Manuel will suggest a literary solution. But Patronio continues with an obvious development from the traditional and an apparent contradiction of it, involving a measure of original thought and perception. He goes on to say, in effect, that in spite of old proverb lore:

> Estas son señales; et pues digo señales, digo cosa non çierta, ca la señal sienpre es cosa que paresçe por ella lo que deve seer; mas non es cosa forçada que sea assí en toda guisa. Et éstas son las señales de fuera que siempre son muy dubdosas para conosçer lo que vós me preguntades (*Lucanor,* I, xxiv, 139).

It is in order to illustrate this point about the unreliability of outward signs for assessing the inner nature of an individual that Patronio introduces the popular tale of a king testing his three sons to determine the most worthy. We recall from illustrations in folklore that such tests may be of wit, intelligence, valour, and many other qualities, requiring the demonstration of nobility and of the ability to rule a nation. Interestingly, Juan Manuel does not choose exalted actions but rather banal, everyday episodes as the framework for the test. In Juan Manuel's story, the king announces his wish to go riding in the country and asks each boy in turn to accompany him, and the reader observes in turn the actions of each son as he carries out the simple task of serving as valet to his father. The first arrives late, asks others to do the things he himself should do, and shuns responsibility by referring the questions of his valets to his father. After preparations for a trip into the village are completed, the king continues the test by announcing that he will allow the son to go in his stead and to report to him on the state of the kingdom. The first son returns to report that all is well except for the noise of all the 'estrumentos'. It is obvious from his conduct that this son is lazy, but more important, that he is unwilling to assume responsibility either for trivial details or for reporting that anything is wrong in his father's kingdom. The second son follows the pattern of the first, although the narrator does not relate it in detail.[8] The third son, however, in obvious contrast to his older brothers, arises earlier than his father, is properly respectful, and demonstrates his foresight by asking all the questions necessary to complete the preparations. He himself assists the king to dress, and prepares all things according to his father's wishes. Again the king decides not to ride into the village, asking the son to go instead and to report to him. This son asks to be shown the city 'de dentro' including all the streets where the king's towers

---

[7] *Libro de los enxiemplos,* p. 335.
[8] In the *Scala Coeli,* the section with the second son is likewise summarized.

and defences are located, and returns to inform the king that all is indeed not well in the village, which is not realizing its political potential. The king is pleased with this report, and in time makes this son, the youngest, his heir.

Juan Manuel's redaction of this story of testing involves two levels in the observation of an individual's actions: that which is trivial or routine, and that which is of major import, such as the conduct of affairs of state. These are implied to be interdependent, so that by observing one's management of everyday affairs it is possible to anticipate how he will meet significant challenges. The sons who failed in trivial tasks likewise showed no care in their observation of the village, a microcosm of the kingdom. The situations chosen by the king to test his sons are representative of two important aspects of royal responsibility. On the level of the commonplace, in the management of personal affairs, it is necessary to act with organization and efficiency, with the added suggestion that the only way to guarantee the successful completion of a task is to do it oneself. In affairs of state, one must be an observer at close range, relying on direct knowledge rather than on the reports of others. One of the more subtle analogies expressed in the story is that in which the son's observance of the city 'de dentro' parallels the king's observance of his son 'de dentro'.

Juan Manuel's choice of this particular elaboration of the testing theme is based on the nature of the problem posed in the frame situation for this story, in which the Count simply wishes to determine the best among the youths of the court. Lucanor's situation is similar to that of the king in Patronio's story, in that he would have ample opportunity to observe these young men in the minor functions of daily life, and could on this basis judge their potential ability to deal with important problems. The lesson is, of course, that the real nature of a person is revealed through 'obras et maneras', not through appearances.

The author's concern for the problem of determining the inner person is thus apparent in the extent to which he modifies or rejects traditional antecedents in his telling of *Exemplum* xxiv. In xxv, he explores a more complex situation which is nonetheless a different aspect of the same basic problem. *Exemplum* xxv seems to have no other analogue in other collections. It has been the object of extensive historical and critical comment, particularly in its use of Saladín; Juan Manuel's telling of the tale was so effective that both Lope and Calderón wrote dramas based on its situation.[9] The extreme form of the problem considered in xxv, the story of the Count of Provence imprisoned for many years by Saladín, is the following: if it is difficult really to know those nearest you, as a king would know his sons, for example, how much more difficult to know those whom one has never met. In the narrative frame of this story there is a variation from the general pattern in *El Conde Lucanor*. Here Count Lucanor is asked for advice by one of his vassals, who wishes to make

[9] Lope's *La pobreza estimada* and Calderón's *Conde Lucanor*. See J. Fradejas Lebrero, 'Un cuento de Don Juan Manuel y dos comedias del siglo de oro', *RLit*, VIII (1955), 67-80.

a good marriage, and the Count in turn asks advice of Patronio. The problem is not the Count's, and thus Juan Manuel establishes the context of the question at a second remove from Patronio; the casting of the Count in the role of advisor who in turn seeks advice recalls the several levels of advisor-advisee relationships illustrated in the first *exemplum* of the collection. The separation of problem and Patronio is particularly apt in the present story, which examines in very general terms the problem of determining inner qualities of someone not known to the person who must evaluate those qualities. Patronio's reply to this problem is phrased in terms of an *exemplum* whose own context reflects this aspect of the narrative frame. The story itself is carefully constructed to establish the fact that the subjects whose characteristics must be assessed are unknown both to the Count of Provence, who is called upon to choose between them, and to Saladín who suggests the means for the choice—to both the advisor and the advisee. The Count of Provence in the story is a good man who has always tried both to please God and to act wisely with regard to his own estate. As a test of his character, the Lord allowed him to be taken prisoner by Saladín when on pilgrimage. As time passed, he became a highly esteemed counsellor of his captor. The narrator then returns to the period preceding the count's captivity to relate that he had left behind an infant daughter, who, with the passing of so many years during her father's absence, has reached marriageable age. The Count's wife writes to him to request his aid in choosing among many suitors. Obviously at a disadvantage in being obliged to choose from afar among men whom he has never met, the Count asks Saladín for advice on how to make the choice. Thus the Count, asked by his wife who is directly confronted by the problem, turns to Saladín for advice just as Lucanor, asked for advice, turns to Patronio.

Saladín's brief answer, that the Count's daughter should marry 'con omne' [10] is cryptic only for the reader, as the Count clearly understands Saladín's meaning immediately, as demonstrated in the procedure which he adopts. The phrase 'con omne' becomes the pivotal point for the rest of the tale. Relaying Saladín's advice to his wife, the Count asks her to compile information about all the suitors:

> de qué maneras et de qué costumbres, et quáles eran en los sus cuerpos, et que non casassen por su riqueza nin por su poder, mas quel enviassen por escripto dezir qué tales eran en sí los fijos de los reyes et de los grandes señores que la demandavan et qué tales eran los otros omnes fijos dalgo que eran en las comarcas (*Lucanor*, I, xxv, 145).

Again there is a separation of wealth and beauty from 'maneras et costumbres', and the phrasing of this request shows his preoccupation with the search for the inner person, however awkwardly expressed in the words 'qué tales eran en sí'. The countess complies, giving all the necessary details including what they were like 'en sí'. When these profiles

---

[10] To which Gayangos inappropriately adds 'de buen logar', BAE, LI, p. 393.

arrive, the Count and Saladín review them together, pointing out personal shortcomings: one suitor is 'sañudo', another 'apartadizo', or 'enbargado en su palabra', etc. The winner of this strange contest is not the son of the richest man in the kingdom, but rather the one judged to be most complete ('conplido') on the basis of his deeds: 'et tovo que más de preçiar era el omne por las sus obras que non por su riqueza, nin por nobleza de su linage' (*Lucanor,* I, xxv, 146).

The importance of the relation of deeds to inner quality receives yet another extension. As the story continues, the successful suitor learns the criteria for the choice, and at once determines 'que non sería él omne si non fiziesse en este fecho lo que pertenesçía' (*Lucanor,* I, xxv, 147). After the wedding and before consummating the marriage, he leaves his bride in order to prove himself a man worthy of the esteem shown him. He travels to Armenia, masters the language, becomes a friend and hunting companion of Saladín, and eventually kidnaps him, granting him his freedom in return for that of his father-in-law, the Count of Provence.

A different aspect of the search for the inner person is presented in *Exemplum* l, the famous story of Saladín's wanderings. This treatment is concerned not with determining qualities in others, but rather with being aware of one's own innermost nature. More than any other story in the collection, this story deals with the individual's concept of himself, involving the search for the most important quality one may possess. The narrative further proceeds to the application of that quality to a personal situation.

The story of Saladín's quest is a lengthy expansion of a common *exemplum*.[11] The earliest known form of the story is rather brief, containing merely the clever answer as its core. A king meets secretly with the wife of one of his vassals; learning of these meetings, the vassal avoids his wife. Eventually, when the king and vassal meet, the king indirectly introduces this subject, which has occasioned much gossip, by referring to the vassal's lovely 'fountain', which is reputed to be very sweet. The vassal replies that he understands that a lion has been near the fountain, and consequently dares not approach it himself. Pleased with the clever and diplomatic phrasing of this reply, the King assures him that the lion has not drunk from the fountain; he then gives both the vassal and his wife valuable gifts, and they 'live happily ever after'.

This basic story increases in complexity in subsequent versions, but certain essential characteristics are retained. The clever response of the vassal-character is always central, and shows him to be one who knows his place in the kingdom and who demonstrates proper respect for the monarch. In later versions, the king may be taught a lesson by being led to read a book which contains a moral; when he then repents his conduct, he must convince the vassal of his new attitude. Juan Manuel

[11] The best study is González Palencia, 'La huella del león', *RFE,* XIII (1926), 39-59. See also Chauvin, *Bibliographie,* VII, p. 163. González Palencia reprints earlier versions of the *exemplum.*

breathes new life into this old tale, so definitively altering both its emphasis and its form that his *Exemplum* 1 can be said to belong properly to his collection and not to tradition. As with other tales in *El Conde Lucanor,* however, its apparent relation to the tradition has overshadowed the author's originality as assessed by critics, to the point that Juan Manuel's emphasis or meaning has been frequently lost or distorted.

The details of the story in *El Conde Lucanor* reveal numerous significant differences from the preceding versions. The protagonist is Saladín, who is smitten with love by the sight of the wife of one of his soldiers.[12] In Juan Manuel's version this lady is the mother of sons and daughters old enough to assist their parents in serving the emperor. It is, of course, the devil who causes Saladín to forget 'lo que devía guardar' and to love her in a manner 'non como devía', *Lucanor,* I, 1, 245. An advisor devises a plan to enable Saladín to satisfy his desire, by giving the soldier an honourable promotion to a position in a distant country. Saladín then confesses his love to the soldier's wife, and her diplomatic refusal, a development of the question found in traditional versions, indicates her intelligence. First, she applies a lesson suggested in *Exemplum* xi (the story of the Dean of Santiago), saying that she would fear Saladín's eventual ingratitude if she were to consent. In denying that he would esteem her less highly, he promises to do anything she wishes. She then says that he can have his way with her if he will do one thing only: tell her 'quál era la mejor cosa que omne podía aver en sí et que era madre et cabeça de todas las vondades', *Lucanor,* I, 1, 247. The clever turn introduced into the plot by Juan Manuel is that through her quick wit the lady has kept both her honour and her friendship with her lord; while Saladín must now complete a promise with the assurance that in time she will do his will, the reader recognizes the implication that after he learns it he will no longer ask for her love. The reader follows Saladín as he attempts to find the answer to the question. In roaming the world, he learns that the most important quality a man can have is 'vergüenza', or humility, shame. When he returns to the beautiful wife of the soldier, she falls on her knees and asks him to apply the lesson by allowing her to retain her honour, and he agrees.

The focus of the story is significantly altered in Juan Manuel's version, moving from the woman or her husband as they manage to escape dishonour, to concentrate on the figure of the ruler himself. Through the cleverness of the lady, it is he who is obliged to learn for himself the most important lesson of his life. The manner in which he learns this lesson is Juan Manuel's original contribution in the narration of this *exemplum.* In form it is much like a Byzantine novel, involving a semi-epic quest carried out by a king throughout the known world. Saladín first asks the lady's question of his 'sabios', who differ about the answer. Next he disguises himself and goes to Italy and France with a pair of

[12] The character of Saladín was studied by Américo Castro, 'La presencia del sultán Saladino en las literaturas románicas', in *Semblanzas y estudios españoles* (Princeton, 1956), pp. 17-43.

juglares; he finally encounters a squire hunting a stag, who leads Saladín to his aged blind father for advice. It is there that Saladín learns the name of the quality he has been seeking: 'vergüenza'. And from there he returns to the lady for the last and most important lesson, the application to his own situation. He is shown upon his return that lessons, once learned, must be applied. Juan Manuel has led Saladín through several literary genres and many common motifs—the quest, the disguise, the Arthurian hunter, the blind seer—to make him learn the answer for himself. But it is the wife of the vassal who, by asking him to demonstrate the quality he has recently identified, causes him to interiorize that lesson. For the first time he himself experiences 'vergüenza', and its recognition determines his conduct.

One aspect of *Exemplum* 1 which merits special consideration is the complexity of the advisor-advisee relationship, and of this relationship to the application of insights acquired. Aside from Patronio in the frame, there is within the story a proliferation of advisors and a variety of comments, both specific and implicit, about their function. First, there is the 'mal consejero' who advises Saladín about the means to satisfy his desire for the vassal's wife by sending the husband to a distant country. Saladín accepts this advice with Patronio's comment that 'ca si el señor lo quiere, çierto seed que nunca menguará quien gelo conseje et quien lo ayude a lo complir', *Lucanor,* I, 1, 245. When he agrees to find the answer to the lady's question, Saladín then turns to another set of advisors, his 'sabios'; these fail him because they are unable to agree on the answer to his most important question, and Patronio again comments: 'Et desta guisa fablavan en todas las cosas, et non podían acertar en lo que Saladín preguntava', *Lucanor,* I, 1, 247. Saladín is thus obliged to set out in search of the answer, visiting both papal and secular courts with equal lack of success.[13] During this time, his interest in the answer becomes greater than his interest in the lady whose question had occasioned his search, and his own experience prepares him to recognize the appropriate answer when he receives it. It comes to him, not from a 'consejero' or a 'sabio', but from a blind old man:

> vos digo que la mejor cosa que omne puede aver en sí, et que es madre et cabeça de todas las vondades, dígovos que ésta es la vergüenza; et por vergüenza suffre omne la muerte, que es la más grave cosa que puede seer, et por vergüenza dexa omne de fazer todas las cosas que non le paresçen bien, por grand voluntat que aya de las fazer. Et assí, en la vergüenza an comienço et cabo todas las vondades, et la vergüenza es partimiento de todos los malos fechos (*Lucanor,* I, 1, 250).

Yet even the knowledge of the answer to the question is not the final stage of Saladín's quest. That final stage goes beyond knowledge to the interior-

---

[13] Juan Manuel emphasizes the general nature of this failure: 'et fue a la corte del Papa, do se ayuntan *todos* los christianos. Et preguntando por aquella razón, nunca falló quien le diesse recabdo. Dende, fue a casa del rey de Francia et a *todos* los reyes et nunca falló recabdo'. *Lucanor,* I, 1, 248.

ization and consequent demonstration of the quality itself, in which the lady serves Saladín as a type of advisor: 'Et todo este bien acaesçió por la vondat daquella buena dueña, et porque ella guisó que fuesse sabido que la verguença es la meior cosa que omne puede aver en sí, et que es madre et cabeça de todas las vondades' (*Lucanor*, I, 1, 252).

In phrasing the question which elicits the Saladín story, Count Lucanor is not attempting to solve a worldly problem, but rather to resolve a question arising from his reflections on human conduct. He therefore asks Patronio simply '¿Quál es la mejor cosa que omne puede aver en sí?' (*Lucanor*, I, 1, 243). The question is not how to recognize this 'mejor cosa' in others, the problem in xxiv-xxv, for example, but rather the more fundamental question of its identity. Previous stories have suggested the means of assessing inner qualities through observation of 'obras'; toward the end of the collection, however, a few stories have suggested that 'obras' as a reliable means of assessing a man's character are limited to their worldly context, their ultimate motivation appearing to God alone.[14] This is the question, dramatically illustrated in the story of the Seneschal of Carcassonne in xl, which is treated in allegorical form in the two stories preceding *Exemplum* l. Lucanor himself seeks this time not to probe 'entendimiento' or 'obras', but rather to understand the relation between them, in asking Patronio to determine an inner quality which is the basis for 'buenas obras'. As he specifically states, he asks the question because 'bien entiendo que muchas cosas a mester el omne para saber acertar en lo mejor et fazerlo, ca por entender omne la cosa et non obrar della bien, non tengo que meiora muncho en su fazienda' (*Lucanor*, I, 1, 243-44).

The fact that Count Lucanor's question is suggested here only by his own reflection is one of the singular aspects of the introduction to *Exemplum* l, and requires careful consideration in relation to the general use of the frame of Lucanor's questions and Patronio's answers in *El Conde Lucanor*.[15] The use of the frame is one of Juan Manuel's most important contributions to the genre of *exempla* collections, however repetitious or unimaginative it may occasionally appear to the modern reader. Among the collections of *exempla* which precede *El Conde Lucanor*, including those with rudimentary story frames such as the *Libro de los engaños*, none has a frame which directs the reader to apply the lessons suggested to his own situation. Juan Manuel's significant innovation is a narrative device which establishes the relevance of the experiences related in the stories to the everyday experience of the reader, not merely suggesting but demonstrating through the interaction of frame situation and story situation in what manner the exemplary stories may be applied as patterns for conduct. Since the Saladín story in *Exemplum* l is the most complete and explicit casting of this relationship in *El Conde Lucanor*, its relation to the frame situation is particularly important.

[14] See Ian Macpherson, '*Dios y el mundo*—the Didacticism of *El Conde Lucanor*', *RPh*, XXIV (1970-1), 26-38, at p. 35.
[15] *Exemplum* xl represents a similar variation on the frame.

In the telling of *Exemplum* 1, Juan Manuel not only omits the context of an external situation or problem from the Count's request for the story, thus calling the reader's attention to its relevance to the individual's knowledge of himself; he also stresses this relevance through the details of Patronio's story. In fact the problem situation which occasions the general question, omitted in the frame, is here incorporated within the story. The traditional situation of a ruler who asks for a lady's love itself becomes the problem situation, and it is then the lady who phrases the question which had been asked of Patronio by Count Lucanor himself. It is highly significant that the phrasing of the question by Lucanor and by the lady is virtually identical, thus calling attention to the duplication of the question in frame and in story. Saladín's search for the answer to the question reads like a small *novella,* with complexity of conception and of detail. At its end, when he returns to the lady, he is obliged to apply the lesson learned in his search to his own conduct within the problem situation; the king-lady relationship provides a frame for the story of Saladín's quest, and the relationship between that frame and that story is one which obliges direct application of the insights acquired. Juan Manuel here dramatizes within the story the relationship of frame to story which has bound together all of Lucanor's questions and Patronio's answers throughout *El Conde Lucanor.* In the narrative pretext of the collection, Count Lucanor's resolutions of the situations which prompt his questions would be suggested by the stories told by Patronio. In *Exemplum* 1, that element of the context of the stories is finally omitted in the frame tale, to be reconstituted within the Saladín story itself. In fact Patronio's answer to the Count, after concluding the story, is a rephrasing and frequently literal repetition of the answer already offered Saladín by the old blind man within the story.

Both the emphasis on the advisor-advisee situation in the story and the incorporation within the story of the problem-answer frame are particularly significant in *Exemplum* 1 because at the end of his narration of the Saladín story, Patronio suggests to Count Lucanor an end to the very frame in which he exists as a character. Because he is sure that through such lengthy narration 'son ende enojados muchos de vuestras compañas', and also because of 'el trabajo que he tomado en las otras respuestas que vos di', he declares that 'vos non quiero más responder a otras preguntas que vós fagades' (*Lucanor,* I, 1, 253).

In completing his answer to the Count's question based on the Saladín story, Patronio states that 'con esta repuesta vos he respondido a cinquenta preguntas que me avedes fecho', and later 'que en este enxiemplo et en otro que se sigue adelante deste vos quiero fazer fin a este libro' (*Lucanor,* I, 1, 253). This mention of the fifty stories has a definitive tone, suggesting that Juan Manuel conceived of the collection as a pattern of fifty stories. There are a number of indications that *Exemplum* 1 is intended as the final story of the collection. According to José Amador de los Ríos,[16]

[16] *Historia crítica de la literatura española,* IV (Madrid, 1863), pp. 590-617.

Exemplum l, the Saladín story, is last in the manuscript of the Real Academia de la Historia ("A" in Knust's edition); last in the manuscript BN M100 of the Biblioteca Nacional ("M" in Knust); next to the last in BN S34 (the manuscript used as the basis for the editions of Knust, Blecua, and others), and third from the last in the manuscript which belonged to the Count of Puñonrostro. In the case of the latter, the *exempla* which follow are not accepted by any critics as belonging to the author, leaving the Saladín story as the last authentic *exemplum*. In MS S, the only manuscript in which *Exemplum* li is found, the position of this story is dubious whether or not we accept it as having been written by Juan Manuel.[17] In Patronio's phrase 'que en este enxiemplo et en otro que se sigue adelante deste vos quiero fazer fin a este libro', the section 'et en otro que se sigue' is lacking in all manuscripts except S and the imperfect Puñonrostro.

The positioning of stories presenting the search for the inner nature of the individual at the beginning, middle, and end of *El Conde Lucanor* suggests that Juan Manuel intended to emphasize its importance through this structural prominence.[18] While the basic question is the same in xxv and in l, that of 'el omne en sí', the emphasis or approach to this question is more profoundly explored in the latter of the two Saladín stories with the progression from observance of 'obras' to the problem of recognizing in oneself the quality which is responsible for 'buenas obras'. *Exemplum* l, however, even in the introduction as phrased by the Count, reflects and builds upon the insights which result from the earlier story, and there is an inner coherence between the treatments of the theme in the two *exempla*. Through the character of Saladín, Juan Manuel explores the inner nature of man and suggests a human ideal as noted by Castro: 'A ese ideal de hombre no lo afectan las circunstancias de cualquier poderío exterior a la persona; es el 'omne en sí', en palabras de don Juan Manuel, una calidad humana que no depende de la riqueza ni de la 'fidalguía''.[19] On the basis of these observations of the literary expression of the theme of the inner nature of the individual, it would seem

---

[17] If *Ex.* li was indeed a later accretion, its position at the end of the collection might reflect either a simple addition to an already completed work, or the recognition that its content, with its emphasis on *omildat*, is related to that of *Exemplum* l's discussion of *vergüenza*. John England, '*Exemplo* 51 of *El Conde Lucanor*: the Problem of Authorship', *BHS*, LI (1974), 16-27, argues on stylistic grounds that Juan Manuel is the author of the tale and feels that it satisfies a need to complete the range of Christian virtues presented in the collection. England sees humility lacking as a Christian ideal until the fifty-first tale is added.

[18] I have attempted to show elsewhere that the author establishes the first story as an introduction to the entire collection and his concern with the ordering of the stories in *El Conde Lucanor* is apparent in other sections of the work. See my 'The Conde Lucanor; the First Ejemplo', *MLN*, LXXXIV (1969), 286-92.

[19] Castro, in fact, chooses this aspect to differentiate between the treatment of Saladín in Boccaccio and Juan Manuel: 'el cuento novelado anunciaba la descripción novelística, con mayor profundidad vital en Don Juan Manuel que en Boccaccio. En este, en sus cuentos acerca de Saladino, los personajes carecen de un 'dentro', que se vislumbra en los de don Juan Manuel' ('Presencia', p. 43).

that the content and emphasis of Juan Manuel's *Conde Lucanor* must be approached as much through the form and structure of the narrative and the relationship of frame to *exempla* as through the social, psychological, or moral implications of the wise words of Patronio.

University of Massachusetts

R. B. TATE

The Infante Don Juan of Aragon and Don Juan Manuel

Critics have repeatedly observed that it has never been an easy task to establish the pattern of influences which bear upon the work of Juan Manuel.[1] A number of factors has frequently been adduced. The material Don Juan used was so repeatedly handled that any sequence of cause and effect is blurred; the audience he chose to addres would not be persuaded by quotations from *auctores approbati*. In consequence, suggest María Rosa Lida de Malkiel, he eliminated traces of the literary work-shop from the finished product.[2] It has been equally difficult to define the possible contributions of the figures surrounding his immediate family circle, like the tutors of his earlier years, his Jewish physicians (who exercised wider roles than the purely professional), his Dominican associates, particularly Fray Ramón Masquefa, and relatives or personal friends like Don Juan el Tuerto or Don Jaime de Jérica. Amongst all these, one figure stands out. The only recorded exchange of literature (understood in its broadest sense) takes place between Juan Manuel and the Infante Don Juan, son of Jaime II of Aragon and brother-in-law to the *adelantado de Murcia*. His life has been studied by generations of scholars, but no-one has as yet explored this distinctive circumstance to see what it may furnish for a better understanding of the evolution of Juan Manuel's ideology.[3]

Their personal relationship cannot be described as continuously harmonious. Indeed, at times they were open enemies. Juan Manuel had come into contact with the Infante Don Juan through the political heritage of his own family. As a royal lieutenant on the frontier, the *adelantado de*

---

[1] The most recent to do so has been Ian Macpherson, 'Don Juan Manuel: The Literary Process', *SP*, LXX (1973), 1-18, at p. 1.

[2] 'Tres notas sobre don Juan Manuel', *RPh*, IV (1950-1), 181.

[3] I. Janer, *El patriarca Don Juan de Aragón, su vida y sus obras* (Tarragona, 1904); A. Risco, 'Algo sobre el Infante don Juan de Aragón y por qué renunció al arzobispado de Toledo', *RyF*, LXXVII (1926), 22-31, 107-17, 316-26; J. Vincke, 'El trasllat de l'arquebisbe Joan d'Aragó de la seu de Toledo a la de Tarragona', *AST*, VI (1930), 127-30; R. Avezou, 'Un prince aragonais, archevêque de Tolède au XIVe siècle, Don Juan de Aragón y Anjou', *BH*, XXXII (1930), 326-71; M. Dykmans, S. J., 'Lettre de Jean d'Aragon, Patriarche d'Alexandrie, au Pape Jean XXII sur la vision béatifique', *AST*, XLII (1969), 1-26.

Murcia had always sought to manipulate to his own advantage, by marriage or treaty, the various policies of the rulers of Castile, Aragon and Granada. An unexpected event thrust him at the age of thirty-seven into the front line of the struggle for power within Castile. In 1319 the two Castilian Infantes Pedro and Juan were killed in the *vega* of Granada during a military expedition (*Estados* I, lxxvii, 150). Both had shared power with the dowager queen María de Molina in the regency council for the young Alfonso XI, and Juan Manuel hoped to participate in this power with the help, amongst others, of his father-in-law, Jaime II of Aragon, and his brother-in-law, the newly appointed Archbishop of Toledo, Juan of Aragon, not yet twenty.

The Infante Don Juan had had a meteoric career, for which his father's thrusting ambition was partially responsible, but there is also plenty of evidence for his own intellectual capacities. He was educated in great austerity at the Charterhouse of Scala Dei in the province of Tarragona, an education which he must have appreciated, given the generosity which he demonstrated towards the foundation in later life. He spent his formative years in Avignon, and Pope John XXII, his father and his mother saw to it that he was plentifully supplied with books[4]. The first and rather premature display of self-conscious authority occurred during his progression to Toledo through the diocese of Tarragona and the newly created one of Saragossa displaying a raised *pallium;* the two prelates concerned took this as an overt provocation to their sovereignty, and excommunicated him[5].

His presence in Toledo as member of the house of Aragon and, by tradition, chancellor of the crown of Castile[6], did not favour Juan Manuel's claim to be royal tutor. Jaime II himself played a waiting game[7], while the Pope exerted pressure on the Archbishop to dissuade Juan Manuel from pressing his demands[8]. A violent incident occurred in early May 1321 when Juan Manuel extracted a local nobleman, Diego García, from the protection of the Archbishop in Toledo, and had him executed for treason[9]. Over the next few years the situation got progressively

---

[4] Martínez Ferrando, *Jaime II de Aragón,* I, 145 and note 21.
[5] Martínez Ferrando, I, 146.
[6] Risco, p. 109.
[7] 'Vos respondemos que tal sodes vos, e que fiamos en Dios, e en vuestro buen entendimiento, que siempre sabredes esleyr el mejor e faredes aquello que sera a servicio de Dios e de vuestro senyor el Rey, e assessego de sus Reynos'. Martínez Ferrando, II, 233, doc. 311 of 3 Feb. 1320. See also p. 328, doc. 321 of 26 Mar. 1320.
[8] 'Guillelmo ep.o Sabinen, S. A. legato, mand. ut n. v. Joannem Manuelis compellat ad deponendum nomen et officium tutoris Alphonsi regis Castellae per ipsum propria auctoritate immo potius temeritate assumptum, ex quo terris ejusdem regis discriminosa pericula et periculosa discrimina supervenerant, et Agaranorum fuerat aucta temeritas.' G. Mollat, *Lettres communes, Jean XXII* (Paris, 1919), III, 219, no. 12695 of 4 Dec. 1320. See also p. 353, no. 14130 of 3 Oct. 1320.
[9] See report of Abbot of Montearagón to Jaime II of 17 May 1320, from Alcalá de Henares. Giménez Soler, *Don Juan Manuel,* 496-8, doc. ccclxviii. H. Tracy Sturcken has dealt with this incident using the documentation provided by Giménez Soler and A. Benavides, in 'The Assassination of Diego García by D. Juan Manuel', *KRQ,* XX (1973), 429-49.

worse, and it is to the credit of the Archbishop that he neither panicked in the face of pressures by the *adelantado* 'excitatus et indignatus'[10], nor yielded to his father's persuasion to accept a vacancy outside Castile while Juan Manuel and the remaining Castilian Infante Don Felipe remained at odds over the regency[11]. The situation reached a point of no return in October 1325 at the first Cortes called by the young King Alfonso XI in Valladolid after he had reached his majority. For reasons which are not germane to the present article, Juan Manuel, the self-styled regent whose daughter Costanza (aged nine) had unexpectedly received an offer of marriage from the throne, summoned the Archbishop into the royal presence and asked the King to withdraw the chancellorship from the prelate for gross lack of respect towards the throne and Juan Manuel. The *adelantado,* according to the Archbishop in a later letter to his brother Alfonso of Aragon, is reported to have broken into a frenzy: 'vituperaverat non nos set Deum, cuius vicarius sumus... vituperaverat etiam totum domum Aragonie in person[am no]stram'.[12] This violent exchange, evidently much more than a personal quarrel, provoked a deep rift with the crown of Aragon, centring on the 'egregio Johanne, filio infantis Emanuelis' and his 'paraulas desordenadas'[13].

There seemed not the remotest possibility of reconciliation. Yet by March the following year (1326), the same Archbishop in a letter to the same brother stated firmly that Juan Manuel and he were the closest of friends, that they had exchanged visits, that the King of Castile was intending to revoke all decisions taken against him and that he would probably recover the chancellorship shortly[14]. Juan Manuel, on the very same date, informed Alfonso of Aragon of this settlement of grievances[15]. Since the remainder of the letter deals with their common efforts to secure papal dispensation for the marriage of Juan Manuel's daughter, it could be argued that the *adelantado de Murcia* was acting out of self-

---

[10] Martínez Ferrando, II, 265.

[11] In a letter to his father the Archbishop insists on staying in his diocese to defend the rights of the church: 'quod, nisi Domini pietas subveniat, totum regnum magne subiacet vastitati ... quia tutores nostri, ne dicam destructores, quia omnibus indigent, omnes timent, sicquetimeo.' H. Finke, *Acta Aragonensia,* III, 404 doc. 186 of 3 Aug. 1322.

[12] Letter of 24 Oct. 1325, i.e. just a few days after the event: H. Finke, *AA,* II, 866, doc. 545. See also the report by Juan Manuel's wife, Doña Constanza, to her father, Jaime II of Aragon, in Giménez Soler, 519, doc. cccciii.

[13] E. Martínez Ferrando, II, 316, doc. 435, of 21 Nov. 1325; and a letter from Jaime II to Isabel of Portugal of 22 Nov. in R. Avezou, 368. See also J. Vincke, *Documenta selecta, mutuas civitatis Arago Cathalaunicae et Ecclesiae relationes illustrantia* (Barcelona, 1936), 310-11, and Infante Alfonso of Aragon's plea to John XXII on behalf of his brother, dated 2 Dec. 1325, H. Finke, *AA,* III, 491, doc. 224.

[14] 'Fraternitati vestre significamus dominum Johannem filium domini infantis Emanuelis venisse ad nos apud Alcalam et ibi duobus diebus stetisse et nobiscum de omnibus convenisse necnon dominum regem revocare per maiori parte gravamina per eum seu curiam nobis et ecclesie Toletane illata ac concessisse alia revocare. Officium autem cancellarie speramus recuperare in breui...', J. Vincke, *Documenta,* 315, doc. 434, of 10 March 1326 from Alcalá.

[15] '... sacamos de entre nos todas las contiendas que entre nos eran en manera que la nuestra fazienda es toda una.' Giménez Soler, 525, doc. cccix.

171

interest; but why, then, the vehemence a few months earlier? Scrutiny of further exchanges suggests that mutual trust and respect had been permanently established. The first surviving original work of Juan Manuel, the *Libro del cavallero et del escudero,* dated by Giménez Soler as March-December 1326, contains a cordial and respectful dedication to the Infante Don Juan, giving him all his titles, Archbishop of Toledo, Primate of all Spain and Chancellor of Castile.[16] On completing this work he sent a version of the first book of the *Libro de los estados* (1327-8, see *Estados,* Intro., p. xl) addressing him this time simply as Achbishop of Toledo, and asking him to be so kind as to comment on it. Shortly after May 1330 he dedicated to him the second book, in which the Infante is described as Archbishop of Tarragona and Patriarch of Alexandria. The Archbishop died in Pobo, Saragossa, at the age of thirty-three on 19 August 1334, and Juan Manuel makes no further explicit reference to him.

These three separate addresses to Don Juan of Aragon by Juan Manuel over a period of approximately four years sketch in quite positively the way the latter saw their final and lasting relationship. The tone of the earliest is warm and personal, not without a touch of spontaneity and humour in the midst of distress; the last is in a much more serious and reverential mood. For whereas the two previous items dealt with secular matters in which Juan Manuel could claim a lengthier and more varied experience, the second book of *Estados* trespassed to a great extent on ground more familiar to the Archbishop. One might advance the possibility that Juan Manuel's deference corresponds to the characteristic deployment of a rhetorical formula,[17] but the fact that he offered to withhold the manuscript until he received the Archbishop's approval ('non me atreví yo a publicar este libro fasta que lo vós viésedes', *Estados* I, ii, 16) argues for something in excess of pure convention. The older man recognized now, if not before, the dedicated churchman and scholar ('clérigo et muy letrado', *Cavallero,* 10.33) to whom his own literary efforts could appear, although worthy in intention, inadequately expressed by someone untutored in rhetoric and without professional experience in spiritual matters. As for the Infante Don Juan, we can only guess at his attitude, but encouragement there must have been. For he had sent a Latin commentary on the Lord's Prayer to his brother-in-law for him to translate or have translated into Romance. And if Juan Manuel repeated his dedication in warmer terms in Book II of the *Libro de los estados* after a substantial interval, this can only point to a bland disregard for the sensibility of others (a failing often attributed to the *adelantado*), or more plausibly,

[16] *Cavallero,* Prol, 9. A. Risco discounts the view of Janer that the Archbishop went on using the title of chancellor until 1328, 317-8. The last document Risco found in which the title of chancellor appears is of the provincial council in Toledo of 26 June 1326. But already in April of that year Martínez Ferrando de Toledo had signed a document as chancellor, and in July Don Juan of Aragon signed a document as Archbishop of Toledo next to the signature of Garcilaso de la Vega, chancellor of the king.
[17] Macpherson, 'Don Juan Manuel', p. 13.

a response to encouragement and advice about the elaboration of his most ambitious project.

It may be improper at the present stage of research to regard the two periods 1320-25 and 1326-1330 as presenting two contrasting facets of the relationship between Juan Manuel and the Infante Juan. The documentation is patchy, and the case may not be so black-and-white. For instance, when the Archbishop tried in the Cortes in 1325 to set the record straight about his past experience with Juan Manuel, he protested that he had acted favourably to him in the past [18]. And in the *Libro de los estados* (II, xlv, 275-6) we learn that Juan Manuel had urged the Archbishop to use all the influence he could offer as the king's tutor to support the Archbishop's claim to be the Primate of all Spain. However this is interpreted, it seems clear that the policies emerging from Alfonso XI's new advisers drew these two figures into an attitude of mutual respect, while at the same time they forced one to choose between his pastoral responsibilities and his own liberty, and the other between his loyalty to the king and his own honour. Both were in fact at the same time obliged to make decisions about their private and public lives and to reflect on spiritual and secular matters, which could hardly fail to emerge in their subsequent actions or writings.

The style and titles of the Infante Don Juan of Aragon—prince, chancellor and archbishop—disclose to us a man involved in both the active and contemplative worlds. It hardly needs mentioning that Juan Manuel also spent his life as a writer arguing over the proper balance of these concerns. This preoccupation is with him from the *Libro del cavallero* to the *Conde Lucanor* and it surfaces repeatedly in the *Libro de los estados*. One might even say that it is the one strong subterranean motive for this work, dedicated, moreover, to the Archbishop and Patriarch. It cannot pass unnoticed, therefore, that Juan Manuel, in treating of the ecclesiastical estate, reverses the normal hierarchy, placing the cardinals before the patriarchs. And he is led to justify this reversal at length in terms of this same topic:

> Et por todas estas mejorías et avantajas que la vida contenplativa [a] de la vida activa, es muy más sancta et muy más provechosa para salvamiento de las almas la vida contenplativa que la vida activa... porque agora pensamos más en la vida activa que non en la vida contenplativa, et non podemos escusar de bevir commo bive todo el mundo nin paresce bien de tomar omne manera apartada del todo, tenemos que es [más] alto estado el de los cardenales que non el de los patriarchas. Et por [ende] pus yo en este libro el estado de los patriarcas en pos el estado de los cardenales.

(*Estados,* II, xliv, 273-4)

[18] 'Exposuimus etiam sibi [Don Juan Manuel] qualia in curiis preteritis, quando fuit in tutorem receptus, pro eo feceramus et contra omnes maiores regni pro honore suo nos, quantum decebat, et forte plus exponentes quodammodo inimicicias et signanter domini inffantis Philippe incurreramus'. H. Finke, *AA,* II, 866.

That this delicate point is not an issue considered in the abstract, but one linked with his own experience, is partially borne out by the way his pen drifts immediately and almost unconsciously in the next chapter to memories of past discussions with the Archbishop on the totally irrelevant topic of the primacy of Toledo, to which we have referred before.

Was the Patriarch, in Don Juan's eyes, too much concerned with the world of the intellect and the spirit, too little with the health of his temporalities? Incidental information we have of his spiritual inclinations does not contradict this suggestion. He had, as we have noted, been brought up under the strict regime of the Carthusians, and it was to his old monastery of Scala Dei that he precipitately returned after the distasteful events in Castile in 1326. There he imposed upon himself such penance and flagellation that his father feared for his health [19]. Indeed, Villanueva reports that documents in the monastery say he had taken up monastic orders [20]. The epitaph on Don Juan of Aragon's marble sepulchre at Tarragona also contains a reference to his ascetic practices: 'carnem suam jejunis et ciliciis macerans' [21]. He had always revered his uncle, St Louis of Toulouse, whose Franciscan sympathies had had such an effect on the royal houses of Aragon and Majorca, and from whom he inherited the great glossed bible in eleven volumes, still preserved in the seminary at Tarragona. His psalter, now in the Biblioteca Central de la Diputación de Barcelona, contains a series of hymns in honour of the Saint [22]. When he returned to Barcelona in 1326, the Archbishop had a chapel dedicated to him on the occasion of his canonisation in the church of the monastery of St Francis [23]. Like his uncle, Robert of Naples, before writing on the Beatific Vision he had written around the theme of evangelical poverty and defended the Spirituals in a letter to the Chapter General of Perpignan in 1331 [24].

But there is another equally important side to the Archbishop. Don Juan of Aragon was an active administrator, an educator and a preacher. Derek Lomax would place him amongst that generation of clerics who promoted the educational reforms of the Fourth Lateran Council and did so much to encourage the spread of secular material amongst the preaching orders [25]. Don Juan celebrated five provincial councils and dictated synodal constitutions for Tarragona which lasted long after he died. He preached regularly: MS 182 of the chapter library in Valencia contains 165 sermons delivered over fifteen years: 'dictati et in diversis membranis ac papiri foliis... propria manu conscripti' [26]. In 1327, at twenty-five, he

[19] Martínez Ferrando, II, 319-20, doc. 440 of 17 Nov. from Barcelona.
[20] *Viaje literario a las iglesias de España,* XVIII, 273.
[21] *Viaje,* XX, 160; XIX, 204-6.
[22] A. J. Soberanas Lleó, 'Notas sobre dos manuscritos tarraconenses de la Biblioteca Central', *Biblioteconomía,* XV (1958), 135-8.
[23] Martínez Ferrando, *Els fills de Jaume II* (Barcelona, 1950), p. 134.
[24] Dykmans, p. 148.
[25] 'El catecismo de Albornoz', *Studia Albornotiana,* XI (1972), 216.
[26] Dykmans, p. 149.

was considered the best performer in the *curia* at Avignon[27]. For the instruction of the untutored clergy, he wrote the popular *Tractatus brevis de articulis fidei, sacramentis ecclesie, preceptis decalogi, virtutibus et viciis compilatus ... pro instructione simplicium clericorum.*[28] Father M. Dykmans, who recently edited the Archbishop's epistle on the Beatific Vision, remarks on the 'hauteur magnifique' of this young man's familiar second-person singular address to John XXII, a pontiff three times his age, his nimble and brusque redirection of the arguments made previously by the Pope ('replico argumentum tuum contra te') and his solid knowledge of the Holy Fathers and the Scriptures[29]. There is enough here to make one realise that whatever may have been his instinctive inclinations to meditation, withdrawal and self-chastisement, the Archbishop was a formidable debater on paper and in the pulpit, and may equally have been an aggressive conversationalist, sufficiently to merit the wary respect if not the grudging admiration of the worldly *adelantado de Murcia*. At the time of the famous confrontation, there is a trace of icy frustration and barely contained passion in the report on the incident sent by the Archbishop to his brother about Juan Manuel's insulting behaviour in Valladolid: 'Set quia prelatus et persona ecclesiastica eramus, ista volebamus pacienter tolerare, nam si laycus vel secularis essemus, aliter nos haberemus'[30]. On occasions he could obviously be as spirited as he was spiritual.

Given the present state of research, it is difficult to establish with clarity the impact, if any, of the Archbishop's works on those of Juan Manuel. However, in the light of the above-quoted article by Lomax there are a number of instances worth exploring. In the *Libro de los estados,* when Julio, the evangelical priest, is listing the contents of Don Juan's *Libro del cavallero et del escudero* for the benefit of the newly-converted Joas, his pupil, he draws his attention to the fact that in the latter work Don Juan had referred to 'quáles son los artículos de la fe, et los sacramentos de [Sancta] Eglesia, et los mandamientos de la ley, et las obras de misericordia, et los pecados mortales' (*Estados,* I, xci, 187). This is in effect close to the title of one of the treatises of the Archbishop noted above and which Lomax has edited under the shortened title *Tractatus brevis de articulis fidei*. If we turn to the appropriate point in the *Libro del cavallero* (xxxviii, 43), the reference is here presented in an expanded form. It still retains the shape of a catalogue easy to memorize, and intended for the daily scrutiny of the conscience.

The sequence of points is precisely the same, the fourteen articles of faith, seven referring to the divinity of Christ, and seven to His humanity; the seven sacraments; the ten commandments. At this point, Juan Manuel, instead of following on with the seven capital sins, includes the

[27] 'Reputatur communiter melior et excellentior predicator qui in curia nunc existat'. Letter quoted by Avezou, p. 364.
[28] Dykmans, p. 149: also Villanueva, *Viaje,* XVIII, 273; R. Beer, *Handschriftenschätze Spaniens* (Vienna, 1894), p. 76; Lomax, p. 219, etc.
[29] Dykmans, pp. 150, 154.
[30] Finke, *AA,* p. 865.

fourteen works of mercy, and he does not conclude with the seven virtues. The form of the whole is much briefer than that of the Archbishop's. It is noteworthy that the so-called vernacular catechism of Gil de Albornoz, which Lomax also publishes in the same article as a direct descendant of the *Tractatus,* does possess a form of the fourteen works of mercy. In commenting on the appearance of this Castilian version twenty years later in a Toledo manuscript, the editor hazards a guess that 'fue uno de sus sucesores quien lo tradujo' (p. 219). Now we can affirm that the earliest known translation or adaptation was by Juan Manuel while the Archbishop was still in Toledo. There is one tiny detail worthy of remark. When Juan Manuel comes to the fifth commandment, which is rendered by the Archbishop as '"Non occidas" scilicet manu vel mente, quia qui odit fratrem suum, ait Johannes, homicida est'; and in the vernacular translation as 'non deue omne matar a alguno. Contra este mandamiento fazen los que matan alguno de fecho o son en consejo o dan ayuda que lo maten...' Juan Manuel renders this as 'non deve matar a ninguno a tuerto' (xxxviii, 44). What little touch of conscience operated here? Perhaps the death of Diego García? It is equally striking that Juan Manuel, whose pen often wandered back into his central preoccupation whatever its initial course, concludes this section of the *Libro del cavallero* with a comment on the balance of man's duties between the spiritual and the temporal worlds:

> Et ciertamente, fijo, si pudiese ser que el omne non cuidase en ál si non en quánt grande es la gloria del paraíso, et quánto devía omne fazer por la aver et quán grande la pena del infierno, et quánto devía omne fazer por non caer en ella, sería muy bien. Mas así commo el omne, que es mundo menor, es conpuesto et se mantiene por el alma et por el cuerpo, bien así el mundo mayor se mantiene por las obras spirituales et temporales. Et que los estados de los omnes que an mester muchas cosas corporales non se podrían mantener, si los omnes siempre cuidassen en las cosas spirituales, por ende conviene que cada omne cuide et obre en las cosas temporales segunt perteneçe a su estado... Ca el que non quiere cuidar sinon solamente en los fechos spirituales, non aprovecha sinon a él mismo (*Cavallero,* xxxviii, 45.185-99).

In other words, however worthy and well-meaning your preacher or your chaplain may be, let him not be so successful that your whole attention is dedicated to your personal salvation, a message which comes through more trenchantly in *Lucanor,* I, iii in the persons of the monk and the crusader Richard Lionheart.

There is a third instance which reinforces this almost involuntary association of Don Juan of Aragon's evangelical role with Juan Manuel's eternal preoccupation with satisfying both Christ and Caesar. The well-known introduction to the *Libro del cavallero* was written at the most critical point in the career of the *adelantado.* He had received from the Archbishop a commentary on the *Paternoster* to be translated into Romance, in return for which he hoped that his modest 'fabliella' would be done into Latin. Of the Romance translation, no trace has survived, but the *Paternoster* exists in the Valencian cathedral archives, in its original Latin form (MS 182, f. 262-70). It is an elaborate, but expressly not learned, exegesis. Each phrase of the text is taken in isolation and is teased out into a host of implications, so that the whole is made to serve as the focal point of a wide range of Christian teachings [31]. The central concern is, of course, personal salvation through submission and the confession of sins. Now there is no trace that I can find of a version of the Lord's Prayer in any of the surviving chapters of the *Libro del cavallero*. Nor indeed is there any extensive exploration of it in the immediately following *Libro de los Estados*. However, in describing the daily ritual of the emperor (I, lx, 109), Juan Manuel concludes by saying that the ten commandments provide the most convenient guide for satisfying one's obligations to God 'de voluntad et de dicho et de obra', adding that lengthy prayers and similar devotions are a waste of time if attention and intention are lacking.

> Et vale más dezir el omne un Pater Noster o una Ave Maria o una oración cuidando qué quiere dezir "pater" et "noster", et después "qui es in celis" et después "sanctificetur nomen tuum", et así todo lo ál—et eso mismo en qualquier oración que diga—que non dezir muchas oraçiones... digo que valdría muy más pocas oraçiones, teniendo el talante en Dios et en la oración, que dezir muchas oraçiones en la manera que dicha es (*Estados*, I, lx, 110).

These views follow quite explicitly the tenets of the Lateran Council and their instructions to the prelates of the Church in this period of basic education for clergy [32]. But once again Juan Manuel raises the warning finger:

> Si omne pudiese pensar sienpre en esto et non en ál, tienen

---

[31] 'Et sic cum omnibus dico: *Pater Noster*. Hoc enim dicit imperator, hoc enim dicit medicus, hoc dicit servus, hoc dicit dominus. Intelligunt enim se esse fratres qui unum habent patrem sed non dedignantur fratrem habere servum. Dominus eius fratrem volui habere Dominus Christus. Habeo ergo, domine, te patrem, habeo hominem fratrem. Da ergo mihi ut ad te tendens non dividar ab isto. Trahit me ad te dilectio, non dividat ab illo elato ut veraciter possim dicere *Pater Noster*. Tercio oriunda in premissa captatione habitationis paterne sublimitas que erigat spem meam cum dicit: *Qui es in celis*. Ex quo, domine, multum sperare possum obtinere a tua bonitate quod iuste petivero quia cum sis pater largiri voles cum sis in celis largiri poteris. Ad te ergo levavi oculos meos qui habitas in celis. Erigat ulterius mens mea ad tendendum desiderio ad hereditatem premissam. Ibi enim est hereditas, ubi est pater. Nichil enim, domine, peto in terra qui te patrem fateor habere in celo sed de toto corde oro ut des mihi sic vivere in terris ut talem invenire patrem possim in celis. Dicamus ergo corde et ore: *Pater Noster qui es in celis*. Sicque prima petitio est: *sanctificetur nomen tuum,* etc.' MS. 182, f. 266r, Cathedral Archives, Valencia. In this same commentary he quotes (f. 264v) from Hugh of St Victor's *De quinque septenis*, on, amongst other topics, the seven gifts of the Holy Spirit and the seven virtues. This may well be the source of Juan Manuel's reference at the conclusion of the *Libro de los estados* (II, li, 283.23).

[32] As far as Aragon was concerned, in 1273 the diocesan synod of Valencia repor-

muchos sanctos et ductores que esto es el mayor plazer et mayor deleite que puede ser. Et a esto llaman vida contenplativa. [Et] ésta es la más acabada vida que pueda ser. Pero porque esto non lo pueden todos fazer, conviene que a lo menos que ponga omne en su talante lo que es dicho desuso (*Estados,* I, lx, 109-10).

Each of the three instances quoted from the works of Juan Manuel would not by itself signify a great deal. But the one sharply reiterated topic concerns the problem of balance between personal salvation and public obligation. This is, of of course, the central theme of the well-known ascetic romance of *Barlaam and Josaphat* which Juan Manuel reshaped into his *Libro de los estados.* Only the first instance mentioned has an explicit connection with Don Juan of Aragon, but I think association of his name with the other two instances is reasonable and plausible. If this is so, then one may ask oneself whether the rewriting of the *Barlaam* theme in the *Libro de los estados* may not have evolved through the association of the two Don Juans, and whether the dedication of the treatise to the Archbishop may not signify much more than a gesture of admiration of the soldier for the prelate. Several points are worth considering.

First, the original title of the *Libro de los estados* was the *Libro del infante.* This title corresponds accurately enough to the dialogue between the preacher Julio and the King's son on the secular hierarchy in Book I, the bulk of which concerns emperors, kings and nobles, of immediate relevance to the future of the royal prince. There are indications that Book II, corresponding to the ecclesiastical estates, was an afterthought. It could be argued that the extension of the *Libro de los estados* into a further book and the dedication to the Patriarch are not unconnected. Something or someone must have persuaded Juan Manuel to extend his range. Second, there is Don Juan's plea to the Archbishop that he should read over the manuscript of the *Libro de los estados* before it was publicly circulated. On the surface, this is a perfectly innocuous request. But if the central issue was one which these two might well have debated from different points of view, this gesture carries deeper implications. Third, a knowledge of their mutual relationship over the preceding years can go some way to illuminating the observations in the prologue to the *Libro de los estados:*

Hermano sennor: vós sabedes que los tienpos et las cosas que en ellos acaesçen mudan los fechos. Et todos los philósofos et las prophetas, et después los sanctos, segunt las cosas que les acaesçieron en cada tienpo, así dizían et fazían sus dichos et sus fechos.

ted that 'multi sunt in nostra civitate et Diocesi qui ignorant Orationem Dominicam, scilicet *Pater noster;* seu ipsam perfecti non sciunt; et sunt paucissimi qui sciunt *Credo in Deum',* cit. R. I. Burns, *The Crusader Kingdom of Valencia* (Cambridge, Mass., 1967), II, 427-8, 75. The clergy were advised to chant these prayers slowly and loudly during the office and to teach parishioners their meaning, ibid., I, 124.

E aun todos los omnes en este nuestro tienpo de agora así lo fazen, ca segunt les acaesçen en los fechos, así an de fazer et de dezir (*Estados,* I, i, 15).

This change of outlook is linked to a quotation from Boethius, ill-transcribed in the manuscript. If it is read as the first lines of the *Consolation of Philosophy,* it can be taken as an additional and confirmatory reference to the change of fortune they had experienced together [33].

Lastly, Juan Manuel in his didactic treatises uses several mouthpieces to put across the wisdom of his gathered experience. The aged knight in the *Libro del cavallero* talks down to youth with the lofty conviction of one who knows all the answers. Patronio in the *Conde Lucanor,* on the other hand, is a subordinate who deals mainly in worldly wisdom with the tact and delicacy of a family physician. Julio, however, in the *Libro de los estados,* can speak with equal authority on the prime mover, imperial elections, the sacraments and cavalry tactics.

If we take all these points together, the role of Don Juan of Aragon takes on a sharper focus: the convergence of mutual interests after years of acrimony, the detectable presence of the Archbishop's works in Juan Manuel's two earliest treatises, and above all the linking of the theme of the active and contemplative life with quotations from the Archbishop's pen. Bearing this in mind, one cannot fail to see in the dedications of the *Libro del cavallero* and the *Libro de los estados* a token of a wide exchange of views between two figures of contrasting temper, with markedly differing viewpoints. This creative friction may have a great deal more to do with the nature of the *Libro de los estados* as we know it than the more impersonal pressures of Dominican learning in and about the household of the *adelantado de Murcia.*

University of Nottingham

---

[33] The quotation of a few words from Boethius should be read as 'Carmina qui quondam', which continues, 'studio florente peregi, flebilis heu maestros cogor inire modos': or as the Loeb translator has it: 'I that with youthful heat did verses write, must now my woes in doleful tunes indite', Boethius, *The Theological Tractates; the Consolation of Philosophy* (London, 1918), 128-9. This is the only explicit non-biblical Latin quotation in the *Libro de los estados,* appropriately addressed to a scholar who would grasp the significance of the change of emotional climate that had invaded Don Juan. Previous editors have failed to produce a satisfactory rendering of the scribe's uncomprehending transcript of the lost original MS.

JULIO VALDEÓN BARUQUE

Las tensiones sociales en Castilla en tiempos de don Juan Manuel

Don Juan Manuel, figura señera de las letras castellanas y protagonista de excepción de los acontecimientos políticos y sociales de su tiempo, vivió en una de las etapas más confusas de la historia de Castilla en la Edad Media. Como rasgos característicos de aquella época pueden señalarse los siguientes:

1) Una sucesión sin fin de conflictos entre los más prominentes miembros de la nobleza castellana, particularmente acentuados durante las difíciles minoridades de Fernando IV y de Alfonso XI. A veces se presentan como enfrentamientos entre los linajes más destacados del reino, otras son una pugna entre la autoridad monárquica y las apetencias nobiliarias. No hay otras noticias de Castilla salvo 'que el rey e todos los otros entre si punnan por destroyrla que qui mas puede mas lieva e qui menos puede lazra e no saben que es justicia ni les place en ella', se lee en una carta de principios del siglo XIV dirigida al rey de Aragón, y que sintetiza con gran clarividencia los males que aquejaban al país a consecuencia de las discordias internas.[1]

2) Una paralización de la reconquista que, después de haber incorporado a mediados del siglo XIII las feraces tierras de la Andalucía Bética y de haber llegado a las costas del golfo de Cádiz, entró en una fase de agotamiento. Quedaba en pie el reino nazarita de Granada. Para la lucha contra él se invoca la continuidad de la cruzada y se piden ayudas económicas a los pecheros. Pero los únicos triunfos importantes de la época fueron los conseguidos en el Estrecho a partir de 1340 contra los granadinos y sus aliados los benimerines.

3) Los comienzos de evidentes dificultades económicas. Las repetidas quejas que se escuchan desde los más diversos rincones del reino insisten en la disminución de la población, los elevados impuestos y la pobreza de las gentes. 'Son muchos logares astragados e pobres', se dice con insistencia en las Cortes, y en una reunión de obispos celebrada en Zamora en 1310 se reconoce que el país está 'astragado e venido a gran poblesa'[2]. En rea-

---

[1] Andrés Giménez Soler, *Don Juan Manuel. Bibliografía y estudio crítico* (Zaragoza, 1932), p. 67.
[2] Julio Valdeón Baruque, 'Aspectos de la crisis castellana en la primera mitad del siglo XIV', *His,* XXIX (1969), pp. 5-24.

lidad las dificultades se anunciaban ya desde finales del siglo XIII, preludiando una depresión, demográfica y económica, que alcanzó su culminación a raíz de la difusión de la Peste Negra.

Don Juan Manuel, nacido en 1282, aunque entró muy tempranamente en la corte, coincidiendo con los últimos tiempos de Sancho IV, desarrolló sus actividades fundamentales durante los reinados de Fernando IV y de Alfonso XI. En don Juan Manuel se daban cita una preclara ascendencia (era hijo del infante don Manuel, y por lo tanto nieto de Fernando III), unas sólidas posesiones, que le convirtieron en un señor prepotente (quizá pueda servir como símbolo el señorío de Peñafiel), un matrimonio de prestigio (con la hija de Jaime II de Aragón, Constanza), cargos destacados en la administración castellana (adelantado del reino de Murcia) y, por encima de todo, una decidida voluntad de participación en la vida política y social de Castilla. Don Juan Manuel alcanzó su apogeo en la época de la minoridad de Alfonso XI, en la que fue regente y árbitro indiscutido de Castilla. Pero su estrella comenzó a declinar cuando Alfonso XI alcanzó la mayoría de edad, rompiendo con el monarca castellano y llegando incluso don Juan Manuel a desnaturarse de él. Los últimos años de su vida fueron bastante oscuros desde el punto de vista político, aunque fructíferos en cuanto a su producción literaria.

El argumento básico de la historia castellana de la primera mitad del siglo XIV[3] parece ser esa tupida red de conflictos de tipo político (pues lo que está en juego es, en definitiva, la mayor o menor participación en el gobierno del reino) entre los grandes personajes de la época: los infantes D. Juan y D. Pedro en una primera época, más tarde D. Felipe y D. Juan el Tuerto, Juan Núñez de Lara, Juan Manuel, la enérgica y dinámica María de Molina (en primera fila hasta su muerte en 1321) y tantos otros ricos hombres. Con ellos se entremezclan miembros de una nobleza de segundo rango, innumerables hijosdalgos y caballeros que actúan, a modo de clientelas políticas, a la sombra de los grandes. En los combates participa en ocasiones, aunque siempre en la penumbra, el pueblo, del que se dice que actuó con un sano instinto político, en defensa de la autoridad monárquica y en contra de la insaciable ambición de la nobleza.

Recientemente se ha señalado la existencia de tensiones y revueltas en diversas ciudades de Castilla en la primera mitad del siglo XIV.[4] A pesar de la parquedad de los testimonios documentales y de la complejidad misma de los conflictos de la época, se insiste en el hecho de que muchas de las disputas acaecidas en diversas ciudades (Córdoba podría servir de ejemplo) escondían, por debajo de su apariencia de lucha política, un enfrentamiento social, en general el pueblo menudo hostil a las oligar-

[3] Una visión global de los problemas de la época ofrece el trabajo de J. Gautier-Dalché: 'L'Histoire castillane dans la première moitié du XIVe siècle', *AEM*, VII (1970-1), pp. 239-52.
[4] Carmen Carlé, 'Tensiones y revueltas urbanas en León y Castilla (siglos XIII-XIV)', *Anuario del Instituto de Investigaciones Históricas* (Rosario), VIII (1965), pp. 325-56.

quías que se habían ido apoderando de los puestos claves en los regimientos municipales. Estas tensiones sociales de tipo urbano, aunque con las particularidades propias de Castilla, enlazarían con los fenómenos de la misma índole que tuvieron lugar por entonces en diversos países del Occidente de Europa.

No obstante, es posible analizar los conflictos (políticos, sociales o ambas cosas a la vez) de la época de don Juan Manuel partiendo de otra óptica, la consideración de la estructura de la sociedad castellana de aquel tiempo y de sus contradicciones internas. En este sentido parece lógico admitir que las luchas de tipo político y las tensiones sociales de la primera mitad del siglo XIV en Castilla responden a una agudización de esas contradicciones.

Castilla ofrecía en aquella época un modelo típico de sociedad estamental. *Oratores, bellatores* y *laboratores* tenían perfectamente delimitadas sus funciones dentro del conjunto orgánico de la sociedad. Precisamente don Juan Manuel analizó los fundamentos de esa estructura social en su *Libro de los estados,* 'el único tratado de la Baja Edad Media española que se ocupa especialmente de los estamentos' y al mismo tiempo 'el más completo de la literatura europea del tiempo en torno al tema' [5]. Constituida a semejanza del orden celeste, la sociedad estamental se basaba en la desigualdad de derechos y deberes de cada uno de los grupos que la integraban. Los nobles, defensores de la comunidad, eran al mismo tiempo poseedores de señoríos, solariegos y jurisdiccionales, de los que extraían las rentas necesarias para el mantenimiento de su tono de vida. Los duques, que según don Juan Manuel constituían el estado más importante de la nobleza, 'an muy grant tierra et muy grandes gentes et muy grandes rendas' (*Estados*, I, lxxxvi, 173). Privilegios ante la ley, prestigio social y elevadas fortunas se daban cita en los miembros de este estamento. 'Mas quando dize[n] rrico omne ponen la rriqueza, que es onra, delante, que quiere dezir que es más onrado que las otras gentes' (*Estados*, I, lxxxix, 183), dice en otro párrafo don Juan Manuel al establecer una neta diferencia entre este grupo y los posibles hombres ricos no nobles, como los mercaderes.

Los *laboratores* constituían el estamento despreciado, por más que suministraran la fuerza de trabajo que permitía el mantenimiento del edificio social. Don Juan Manuel tuvo sus dudas antes de incluir en su *Libro de los estados* a los trabajadores [6]. Claro que el concepto de *laboratores,* aplicado inicialmente a los cultivadores del campo, abarcaba en el siglo XIV a una gama muy variada de personas, que vivían dedicadas al trabajo artesanal o a la práctica del comercio. Son los ruanos, mercaderes, menestrales, etc. Pero en la Castilla del siglo XIV la masa fundamental del tercer estado seguía siendo la que se ocupaba del trabajo del campo, pues incluso muchos de los habitantes de las ciudades de aquella época

---

[5] Luciana de Stefano, *La sociedad estamental de la Baja Edad Media española a la luz de la literatura de la época* (Caracas, 1966), p. 20.

[6] *Ibíd.,* p. 129.

eran en verdad cultivadores de la tierra. Su condición era tan miserable que, según don Juan Manuel, tenían incluso menos posibilidades de salvar sus almas: 'todas estas maneras de menestrales, et aun los labradores que labran por sí mismos... porque muchos déstos son menguados de entendimiento, que con torpedat podrían caer en grandes yerros non lo entendiendo, por ende son sus estados muy peligrosos para salvamiento de las almas' (*Estados*, I, xcviii, 205).

La contradicción fundamental en este tipo de sociedad era la que oponía a los señores y a los campesinos. En los períodos de expansión económica y militar, como sucedió en la primera mitad del siglo XIII, ese enfrentamiento estuvo bastante amortiguado, pues todos podían obtener su parte en los beneficios. Pero la situación cambió a partir del último tercio del mencionado siglo. La expansión parecía haber alcanzado su límite. El repartimiento de Andalucía no fue en un principio tan sustancioso para la nobleza. Por otra parte, la emigración de numerosos colonos desde tierras septentrionales hacia las campiñas béticas, ¿no supuso un descenso de las rentas señoriales en sus lugares de procedencia? La inflación se acentuó en el último tercio del siglo XIII, contribuyendo poderosamente a ella la política económica de Alfonso X [7]. El primer ordenamiento regio de precios data precisamente de 1268. Así las cosas, las rentas señoriales, estancadas o en descenso, no permitían a la nobleza atender a una demanda creciente, y con unos precios de los artículos manufacturados en alza. De ahí que los nobles procurasen por todos los medios fortalecer sus recursos. Podían intentar incrementar la explotación del campesinado, exigiendo prestaciones o tributos caídos en desuso (los famosos 'malos usos', tan típicos en Europa occidental en los siglos XIV y XV). Otra vía posible consistía en establecer con los cultivadores de la tierra contratos de corta vigencia, que permitieran actualizar las rentas al ser renovadas. Los nobles tenían a su alcance el recurso a la violencia, procediendo a requisas arbitrarias o al puro bandolerismo. Pero también podían acudir al monarca, al fin y al cabo el 'primus inter pares', en solicitud de rentas y mercedes. Este fue uno de los caminos más frecuentemente utilizados por los ricos hombres de Castilla en la primera mitad del siglo XIV. Aprovechando la debilidad de los titulares de la corona, la alta nobleza arrancó apetitosos bocados, especialmente en tiempos de las dos minoridades de Fernando IV y de Alfonso XI.

Algunos ejemplos concretos pueden ilustrar este constante interés de la nobleza por incrementar sus rentas. En un mensaje del año 1303, dirigido a D. Enrique, D. Diego, D. Juan Manuel y a todos los caballeros que estaban con ellos, la reina madre, D.ª María de Molina, les recordaba como el rey 'heredera a ellos e a otros muchos e les ficiera otros bienes muchos e les cresciera en las soldadas' [8]. En 1307, al establecer un esbozo de los ingresos y de los gastos de la corona, se puso de manifiesto que

---

[7] Carmen Carlé, 'El precio de la vida en Castilla del Rey Sabio al Emplazado', *CHE*, XV (1951), pp. 132-56.

[8] *Crónica del rey don Fernando Cuarto*, BAE, LXVI (reimpr., 1953), p. 130.

'las cuantías que tenían todos los fijosdalgo... eran muy grandes, más de cuanto solían tener en tiempo del rey don Sancho'[9]. En 1312 se insistía en que las rentas eran muy escasas, entre otras razones por 'las quantias que tenian los Ricos-omes, et los Caballeros'[10]. La crónica sigue diciendo que al repartirse los dineros, como no llegaban a un acuerdo por su escasez, 'comenzóse una pelea entre todos los fijosdalgo en los palacios del Rey'[11]. Pero quizá son más expresivos los testimonios que nos ofrecen las peticiones hechas en 1331 por los emisarios de D. Juan Manuel y D. Juan Núñez al rey Alfonso XI, en respuesta a la solicitud de ayuda formulada por éste. D. Juan Manuel pedía que su cuantía fuera elevada de 400.000 a 600.000 maravedís, y que los 180.000 maravedís que tenía en tierra fueran aumentados hasta 300.000, aparte de la concesión del título de ducado y de la facultad de acuñar moneda[12]. Como vemos, la pugna entre nobleza y monarquía se presenta en su verdadero sentido: el deseo de la alta nobleza de incrementar su participación en 'soldadas' y 'tierras', para lo cual era un punto de partida imprescindible tener sólidas bases en el plano político. El tercer estado, y a su frente el grupo más dinámico, las ciudades, apoya al monarca en cuanto significa defensa de una institución que se sitúa por encima de todos los grupos. Pero no cabe deducir de ello que la pugna decisiva sea la que opone por una parte a los nobles y por otra a una coalición del rey y las ciudades. La lucha entre nobles y reyes tiene como finalidad definir el exacto papel de ambos en una sociedad feudal que está sufriendo profundas transformaciones por efecto de la depresión que se anuncia, pero no se trata en absoluto de una contradicción antagónica, mientras que sí tiene este sentido el enfrentamiento entre las capas dominantes de la sociedad y la masa de los pecheros, campesinos en su inmensa mayoría.

La violencia ejercida por la nobleza sobre los grupos desamparados de campesinos fue continua durante la primera mitad del siglo XIV, y a ella no fue ajeno, ni mucho menos, D. Juan Manuel. Realicemos un rápido recorrido al hilo de la cronología. En la mayoría de los casos nos encontramos con quejas vagas contra los abusos cometidos por nobles belicosos. Pero la víctima es siempre la misma. En 1303 el abad de Covarrubias protestaba de que individuos poderosos fueran a los lugares de su infantazgo a tomar yantares y otros pechos, y si los campesinos se negaban a darlos 'que lo prenden e les lievan todo quanto han'[13]. En 1307 se escuchaban en las Cortes parecidas lamentaciones: los ricos hombres y los caballeros 'quando... an assonadas que toman viandas e lo que fallan por o van'[14]. En 1307 fue preciso emprender una campaña contra 'algunos caballeros malfechores que tenian muchas casas fuertes (en la región de

---

[9] *Crónica de Fernando IV*, p. 159.
[10] *Crónica del rey don Alfonso el Onceno*, BAE, LXVI, pp. 179-81.
[11] *Crónica de Alfonso XI*, p. 181.
[12] *Crónica de Alfonso XI*, p. 241.
[13] Luciano Serrano, *Cartulario del Infantado de Covarrubias* (Madrid, 1907), p. 147.
[14] *Cortes de los antiguos reinos de León y Castilla*, I (Madrid, 1861), p. 194.

Soria)... donde se facia mucho mal' [15]. En 1311 el concejo de Covarrubias exponía que los habitantes del lugar se hallaban muy pobres y alegaba como razón de ello 'las grandes guerras que son levantadas en el regno' y 'los grandes robos e males que fazen a las eglesias e a los labradores fiios dalgo e otros omnes' [16]. Por las mismas fechas, en una carta enviada a un consejero del rey de Aragón, se especificaba claramente la incidencia negativa de la actitud de los poderosos sobre el país: 'lo mays que dizen del astragamiento de la tierra dizen que yes por los privados' [17]. 'Los ricos omes et los caballeros et omes Fijosdalgo del regno... facian muchos robos et tomas et grandes atrevimientos', se decía hacia 1320, por más que se diese como razón explicativa de esa irregularidad la división existente entre los tutores [18]. Las fechorías protagonizadas por los poderosos no tenían fin y D. Juan Manuel, directa o indirectamente, fue también partícipe en ellas. Dos caballeros enviados en su ayuda por el rey de Aragón, hacia 1325, cometieron desmanes sin cuento en la zona oriental de Castilla: 'por todos estos logares por do pasaron (Atienza, Ayllón, Sepúlveda...) fecieron muchos robos et mucho mal et mucho daño, quemando las aldeas, et matando los omes, et levando et robando todo quanto fallaban' [19]. Por las mismas fechas Alfonso XI recordaba los abusos cometidos por D. Juan Manuel en Murcia, tierra de su adelantamiento: 'echo muchos omes buenos de la çibdad', 'otros que fincaron en la çibdad que les tomo mucho de lo suyo' [20]. La discordia entre los tutores, se dijo en 1326, había sido la causa principal de la despoblación y empobrecimiento de Castilla, 'por muchos robos e fuerzas e quemas e desafueros' llevados a cabo por los poderosos [21]. En 1328 el monarca castellano se quejaba de las 'quemas et astragamientos et dannos' que cometía D. Juan Manuel en el reino [22]. La audacia de los grandes no tenía límites. En las Cortes de Madrid de 1329 se protestó de que muchos poderosos tomaran yantares en tierras de realengo, debido a lo cual, se dijo, 'son muchos logares astragados e pobres' [23]. Y en la misma sesión de Cortes se culpó a 'algunos consseieros e privados e officiales' reales de tropelías que traían como consecuencia la despoblación del reino [24]. Podríamos recordar, finalmente, las correrías efectuadas en 1331 por hombres de D. Juan Núñez. 'Ayunto todas las más gentes que pudo aver de malfechores et de encartados' y con ellos recorrió diversos lugares hasta llegar a Cuenca de Campos, pero en vista de que no pudo entrar en esta villa 'enviaba los suyos que robasen la tierra et tomaban todo lo que fallaban, et cohechaban los logares por pan et por dineros' [25]. Todavía en 1332

[15] *Crónica de Fernando IV,* pp. 161-2.
[16] Serrano, *Cartulario,* pp. 156-7.
[17] Giménez Soler, *Don Juan Manuel,* p. 397.
[18] *Crónica de Alfonso XI,* p. 193.
[19] *Crónica de Alfonso XI,* p. 210.
[20] Giménez Soler, p. 515.
[21] Luciano Serrano, *Cartulario de S. Millán de la Cogolla* (Madrid, 1930), p. cxi.
[22] Giménez Soler, p. 564.
[23] *Cortes,* I, p. 432.
[24] *Cortes,* I, p. 415.
[25] *Crónica de Alfonso XI,* pp. 254-5.

se acusaba a D. Juan Manuel de que 'robaba la tierra et la astragaba tomando las sus gentes todo lo que fallaban por los caminos, et él llevando grandes contías de dineros de las villas del Rey por yantares'[26]. Paralelamente al despliegue de la violencia señorial floreció el bandolerismo puro y simple, manifestado a fines del siglo XIII y principios del XIV en las correrías de los golfines[27], denunciado en diversas ocasiones en las Cortes[28], protagonizado en los primeros años del gobierno personal de Alfonso XI por la banda de malhechores que, bajo la dirección de un tal Egas Paes, operaba en la zona de Talavera[29]. ¿Dónde establecer los límites entre la violencia ejercida por los nobles y la de los simples forajidos? Precisamente en las Cortes de Medina del Campo de 1305 los representantes del tercer estado se quejaron al rey de la protección dispensada a los bandidos por los grandes: 'los malfechores... se acogen a infantes et a ricos omes et a otros omes poderosos'[30]. Pero las consecuencias las pagaban siempre los mismos: los menestrales y los labradores indefensos, el pueblo menudo.

El tercer estado no permaneció inactivo ante estos atropellos. La violencia señorial por una parte y la creciente presión fiscal de la corona, reflejada angustiosamente en los textos de la época[31], obligó al pueblo a defenderse. Pero ¿cómo podía hacerlo y a través de qué cauces? No hay que olvidar la falta absoluta de homogeneidad entre los componentes del tercer estado: habitantes de las ciudades y del campo, mercaderes y simples menestrales, labradores acomodados y campesinos miserables, jornaleros del campo, pastores, etc. Evidentemente no era posible una respuesta unánime por parte de un estamento tan complejo en su propia composición y tan variado en su distribución geográfica.

Las mayores posibilidades de resistencia a la violencia de los poderosos se daban, por supuesto, en las ciudades. En ellas confluían muchos factores favorables: las mayores concentraciones de población, la tradición de las comunidades burguesas en defensa de sus libertades, una movilidad social desconocida por completo en los núcleos rurales, una especial sensibilidad política, los inicios de la réplica popular al acaparamiento de los puestos de mando por las oligarquías de los caballeros-patricios. Por eso la reacción de las ciudades fue más llamativa y su noticia fue, por lo general, recogida por los cronistas de la época: Zamora, Palencia, Córdoba, Segovia, Soria, Valladolid, Ubeda...

Las ciudades tuvieron, durante las confusas épocas del reinado de Fernando IV y de la minoridad de Alfonso XI, un excelente cauce de actua-

---

[26] *Crónica de Alfonso XI*, p. 258.
[27] A. Benavides, *Memorias de Fernando IV*, II (Madrid, 1860), pp. 363-4 y 439-40.
[28] En las Cortes de Valladolid de 1322 se dijo que a raíz de la muerte de Fernando IV los malhechores 'tomaron grant ssuelta en rrobar e en fforçiar e en tener los caminos e matar los ommes e quemar las aldeas e en ffazer otros muchos males e desaguisados...'. *Cortes*, I, p. 366.
[29] *Crónica de Alfonso XI*, p. 229.
[30] *Cortes*, I, p. 177.
[31] He aquí una cita muy expresiva: 'las gentes de la su tierra eran tan empobrecidas por los muchos pechos que avian pechado... que lo non podian complir' [dar nuevos tributos]. *Crónica de Alfonso XI*, p. 294.

ción en las Hermandades. La proliferación del movimiento de las Hermandades en el primer tercio del siglo XIV se explica, entre otros motivos, por la necesidad de defensa de sus intereses sentida por los municipios. Claro que el fenómeno no fue exclusivo de los concejos castellanos. También los obispos y los hidalgos se asociaban y constituían Hermandades. En julio de 1311 diversos obispos de las diócesis occidentales del reino castellano-leonés, reunidos en Zamora, decidieron asociarse en Hermandad, para acabar con los 'muchos agravamientos e muchos males' que recibían[32]. En los primeros momentos de la minoridad de Alfonso XI, se relata en la crónica de este monarca, 'los fijosdalgo [que se encontraban reunidos en Palencia, con motivo de las Cortes de 1313]... cometieron muchos pleytos a voz de hermandat'[33]. Por otra parte, las Hermandades, aunque en líneas generales puede decirse que fueron un puntal de apoyo para el poder monárquico y un freno a las apetencias nobiliarias, no siempre expresaron de manera precisa la actitud popular de resistencia a la violencia de los poderosos. En ocasiones los mismos tutores intentaron explotar en su beneficio la tradición del movimiento. El infante D. Juan, en 1313, procuró formar una Hermandad de los concejos del reino de León, si bien sólo acudieron a su cita representantes de León, Zamora y Benavente. Estos aceptaron del tutor 'que fasian hermandat con el en guisa que el que les ayudase a guardar sus fueros'[34]. La Hermandad aparecía ante todo como una institución al servicio de los intereses concejiles.

En las Cortes de Burgos de 1315 se constituyó una Hermandad general[35], que dos años más tarde, al reunirse de nuevo las Cortes en Carrión de los Condes, había adquirido un matiz ciertamente radical. La Hermandad perseguía una triple finalidad: defensa del orden en sus territorios, garantía en el ejercicio de la justicia e intervención de los concejos asociados en la vida política del reino, en defensa por supuesto de la institución monárquica. Era 'la voz de los concejos'. Pero éstos estaban integrados a la vez por hombres buenos pecheros y por capas de hidalgos de fortuna variable. ¿No se perdía así la posible homogeneidad social que la Hermandad parecía querer representar? Lo cierto es que la Hermandad general se limitó a actuar en el terreno político y en el jurídico, pero no en asuntos directamente económicos o sociales. No obstante la Hermandad, a pesar de su ambigüedad, de sus limitaciones y de la propia contradicción social que albergaba en su seno, podía resultar a la larga peligrosa, convirtiéndose en germen de auténticos movimientos revolucionarios, como se vio en tiempos de Enrique IV con los Hermandinos gallegos. De ahí que Alfonso XI, en cuanto salió de la minoridad, decidió suprimirla.

La réplica del pueblo menudo a la creciente presión señorial encontró una válvula de escape en las Hermandades. Pero también se concretó en otras formas, más anárquicas y generalmente más violentas, pero quizá

[32] Benavides, *Memorias,* p. 816.
[33] *Crónica de Alfonso XI,* p. 175.
[34] Giménez Soler, p. 424.
[35] Interesante análisis de esta Hermandad en el trabajo de Luis Suárez, 'Evolución histórica de las Hermandades castellanas', *CHE,* XVI (1951), pp. 26-8.

también más genuinamente populares, en cuanto que no iban asociadas a intereses de grupos de la baja nobleza, como sucedía con las Hermandades. Aunque, una vez más, el punto de partida de las agitaciones populares de la época fueron las ciudades, es muy significativo que los textos conservados de aquellos acontecimientos hablen expresamente de la presencia de 'labradores', 'gentes de los pueblos', etc.

Fijaremos nuestra atención en tres direcciones básicas: las explosiones violentas, que degeneraron en actos sangrientos (Segovia, 1324; Soria, 1326); las agitaciones populares, con dirigentes conocidos (caso de Ubeda); las disputas internas, en el seno de algunas ciudades, entre los nobles y los pecheros (la mejor conocida es la de Córdoba).

En los últimos años de la minoridad de Alfonso XI tuvieron lugar en Segovia sucesos de extrema gravedad. Se encontraba en aquella ciudad, en el séquito del infante D. Felipe, un caballero llamado Pero Laso, el cual, al parecer, se comportó con la mayor arbitrariedad. 'Tomo mucho en Segovia et en su termino', dice de él la crónica de Alfonso XI[36]. El malestar causado en Segovia por las tropelías de Pero Laso fue tan grande que, en cuanto D. Felipe salió de la ciudad, 'juntaronse grandes gentes de los pueblos de Segovia, et entraron en la ciubdat, et pelearon con Pero Laso et con sus compañas, et encerraronle en la calongia, et ovo á salir fuyendo...'[37]. La osadía de los segovianos no quedó sin castigo. Poco tiempo después, sigue diciendo la crónica, el rey 'quiso facer escarmiento en los de Segovia por las muertes que fecieron', para lo cual ordenó abrir una pesquisa e impuso severas penas a los culpables[38]. Pero independientemente de las consecuencias que tuvieron los sucesos de Segovia, ¿qué nos revelan éstos?: en primer lugar, la existencia de un descontento popular por los abusos de los poderosos; en segundo lugar, el estallido de la violencia popular contra los nobles, aunque en este caso el episodio se presente encuadrado en la pugna entre los tutores (D. Felipe era uno de ellos); por último, la presencia masiva entre los amotinados de 'gentes del pueblo', es decir, trabajadores del campo.

Hacia 1326, en Soria, el furor popular desembocó en una matanza de nobles. Garcilaso y otros veintidós infanzones e hidalgos perecieron en aquella ocasión. El relato de estos sucesos, también recogido en la crónica de Alfonso XI, nos dice que al llegar Garcilaso a tierras de Soria, algunos caballeros y escuderos de la villa hicieron correr entre las gentes el bulo de que tenía el propósito de hacerles prisioneros a todos. El choque se presenta así en un principio distinto al anterior de Segovia. En Soria se trataba de un conflicto entre dos bandos nobiliarios, los caballeros locales por una parte y por la otra Garcilaso y su comitiva. Pero lo que nos interesa destacar es la participación popular. 'Et por esto enviaron por los de los pueblos de las aldeas, et fueron ayuntados en la villa de Soria muy grandes gentes'[39]. Cuando Garcilaso se encontraba con sus caballeros y

[36] *Crónica de Alfonso XI*, p. 196.
[37] *Ibíd.*, p. 196.
[38] *Ibíd.*, pp. 203-4.
[39] *Ibíd.*, p. 211.

escuderos oyendo misa en el monasterio de S. Francisco, llegaron los hidalgos sorianos armados 'et con ellos muy grandes gentes de los pueblos'[40]. El final ya lo conocemos: una horrenda carnicería entre los hombres de Garcilaso, incluyéndole a él mismo. Pero aunque los caballeros sorianos fueron los iniciadores de la reyerta, se vieron precisados a llamar a las 'gentes de los pueblos', es decir, a campesinos de las regiones del contorno. El ataque a Garcilaso y los suyos sólo se produjo cuando se concentró en Soria una gran masa popular. ¿Por qué prendía tan fácilmente el furor antinobiliario en el pueblo menudo?

Hay noticias, aisladas por supuesto, de levantamientos populares. En algún caso se conoce incluso el nombre del dirigente de la rebelión. En Ubeda un tal Joan Martínez Avariro 'avia alborozado el pueblo et echado de la villa todos los caballeros'[41]. Ignoramos cuándo sucedió ese levantamiento y qué características tuvo. También desconocemos todo lo referente a ese personaje al que la crónica de Alfonso XI presenta como 'alborozador de pueblos'. Pero lo interesante es el carácter popular de esta sublevación y su sentido claramente antinobiliario. ¿Hay que interpretarlo como un movimiento ciudadano? En cierto modo sí, pero no hay que olvidar que Ubeda, como la mayor parte de las aglomeraciones de la Andalucía Bética de la época, tenía un carácter marcadamente rural si nos fijamos en el medio de vida de sus habitantes, dedicados al cultivo de los campos circundantes. El citado Joan Martínez Avariro, después del triunfo del alzamiento popular, 'tenía toda la villa apoderada, et llamábase proveedor de Ubeda'[42]. ¿Qué carácter tuvo este gobierno de emergencia instaurado tras el triunfo de la rebelión popular? ¿En qué consistió realmente el título de 'proveedor' que se dio el dirigente de la revuelta? Son preguntas que, lamentablemente, quedan sin contestación.

Disputas en el seno de las ciudades hubo muchas. La división en bandos fue una constante en la historia política de Castilla durante la primera mitad del siglo XIV. Pero las ásperas disputas entre los ricos hombres y los caballeros, divididos en facciones que arrastraban a su causa a sectores más o menos amplios del pueblo, dificultan la interpretación de estas banderías. No obstante, hay ejemplos de enfrentamientos directos entre la masa popular y los caballeros patricios. En Sevilla 'se levantó "el común"' contra un caballero que defendía los intereses de Juan Alonso de Guzmán'[43]. En Córdoba, en tiempos de Fernando IV, 'avia... grand levantamiento del pueblo contra algunos de los caballeros más honrados de la villa'[44]. Según la versión que da la crónica de Fernando IV de estos sucesos el monarca ordenó abrir una investigación para determinar quiénes habían sido los 'acuciadores deste levantamiento del pueblo'[45]. Pero la tensión no cedió lo más mínimo. Durante la minoría de Alfonso XI

[40] *Crónica de Alfonso XI,* p. 211.
[41] *Ibíd.,* p. 244.
[42] *Ibíd.,* p. 244.
[43] Carmen Carlé, 'Tensiones y revueltas', p. 350.
[44] *Crónica de Fernando IV,* p. 164.
[45] *Crónica de Fernando IV,* p. 164.

continuaba habiendo en la ciudad 'grand contienda entre el pueblo... et los caballeros' [46]. Precisamente en función de esta disputa pudo dominar por algunos años la ciudad D. Juan Manuel, pues accedió a las peticiones populares.

Al lado de estos ejemplos podrían aducirse otros muchos que si bien no nos muestran de una manera tan directa la pugna entre el tercer estado y las capas dominantes de la sociedad, reflejan al menos la sensibilidad popular ante la creciente presión señorial. ¿Qué decir de la actitud de los concejos de Zamora y Toro, que decidieron en 1326, como protesta por los atropellos que cometía el conde Alvar Núñez, no acoger en sus villas al rey hasta tanto que no hubiera despedido de su círculo de seguidores al odiado noble? [47]. ¿O de la reacción del pueblo de Valladolid ante el rumor de que querían llevarse a la infanta D.ª Leonor, hermana de Alfonso XI, para casarla con el mencionado Alvar Núñez? 'Movieronse los labradores et la gente menuda...', dice a este respecto la crónica de Alfonso XI [48].

Un pasaje de la citada crónica, que se sitúa hacia 1325, es decir, en el momento en que concluyó la minoridad de Alfonso XI, refleja con toda claridad la problemática social de la época, aunque la presente, una vez más, a través de las pasadas pugnas entre los tutores [49]. En las villas 'los que más podían apremiaban a los otros' y en aquellos lugares que no habían reconocido a los tutores, se lee en el citado pasaje, 'los que avian el poder tomaban las rentas del Rey... et apremiaban los que poco podian'. Por último, se dice con una fuerza expresiva difícilmente igualable, 'en algunas villas... levantábanse por esta razon algunas gentes de labradores a voz de común'. El texto mencionado refleja, entre otros muchos aspectos, los siguientes:

1. Una división, neta y rotunda, entre los que detentaban el poder político y los que 'poco podian', que en última instancia hacía referencia a una dicotomía social, poderosos por un lado, pueblo menudo por otro.

2. El grupo deprimido estaba representado, esencialmente, por 'labradores', es decir, gentes que vivían del cultivo del campo, y esto a pesar de que se habla de levantamientos en el interior de las villas.

3. El pueblo se levantaba con un claro sentido unitario, con una conciencia, más o menos clara, de que tenía unos intereses comunes que defender. De ahí la expresión 'a voz de común', que traía resonancias de los tiempos en que se formaron las comunas urbanas.

El mundo campesino fue, por lo tanto, el principal perjudicado por las turbulencias de la época [50]. Pero hay que admitir que la actitud de la nobleza castellana, durante la primera mitad del siglo XIV, no obedecía solamente a factores subjetivos, tales como la ambición o el deseo de in-

[46] *Crónica de Alfonso XI*, p. 190.
[47] *Ibíd.*, p. 214.
[48] *Ibíd.*, pp. 214-5.
[49] *Ibíd.*, p. 197.
[50] Luciana de Stefano *La sociedad estamental...*, p. 131.

triga. Respondía fundamentalmente a una reacción como grupo social, deseoso de hacer frente a la caída de sus rentas y de asegurar su participación directa en el gobierno del reino. Por su parte, el tercer estado reaccionó, es verdad que de formas muy diversas, e incluso a veces contradictorias, ante la creciente presión de los poderosos. El *Poema de Alfonso Onceno* recoge la angustiada voz de los campesinos, víctimas principales de la anarquía y de los atropellos de los nobles. Al fin y al cabo, como decía a finales del siglo XIV el autor del *Libro de miseria de omne:*

Onde dice gran verdad el rey sabio Salomón: el siervo con su señor non andan bien a compañón, nin el pobre con el rico non partirán bien quiñón, nin será bien segurada oveja con el león[51].

Universidad de Valladolid

[51] Tomado del libro de Julio Rodríguez-Puértolas, *Poesía de protesta en la Edad Media castellana* (Madrid, 1968), p. 101.

BIBLIOGRAPHICAL APPENDIX

This appendix provides a supplement to what is now the principal bibliographical tool for scholars interested in Juan Manuel of Castile: Daniel Devoto, *Introducción al estudio de don Juan Manuel y en particular de 'El Conde Lucanor': una bibliografía* (Madrid, Castalia, 1972). I have sought to include all editions and literary studies published since Devoto's work went to press, and to repair a few omissions. Further valuable bibliographical references to scholarly works on related topics and on the historical context for Juan Manuel's writings may be found in three major reviews of Devoto which have appeared recently: see R. B. Tate, *MLR*, LXIX (1974), 671-7, Charles B. Faulhaber, *HR*, XLIII (1975), 412-8, Derek W. Lomax, *BHS*, LII (1975), 90-1.

1. EDITIONS

Juan Manuel, *El Conde Lucanor*, 2nd ed., ed. José Manuel Blecua (Madrid, Castalia, 1971) [The 2nd ed. is slightly revised].

— *El Conde Lucanor:* an Edition of Manuscript 4.236 in the Biblioteca Nacional in Madrid, ed. Nydia Rivera Gloeckner (Unpubl. diss., Pennsylvania State Univ., 1971). Summarized in *DAI*, XXXII (1971-2), 5183A.

An Edition of Don Juan Manuel's *El Conde Lucanor* according to MS. 18.415 in the Biblioteca Nacional: 'The Gayangos manuscript', ed. Paul B. Gloeckner (Unpubl. diss., New York Univ., 1972). Summarized in *DAI*, XXXIV (1973-4), 298-9.

Juan Manuel, *Libro del Conde Lucanor et de Patronio,* ed. Germán Orduna (Buenos Aires, Huemul, 1972).

El Conde Lucanor y otros cuentos medievales, ed. J. Alcina Franch (Barcelona, Col. Libro Clásico, 1973) [Selections].

Juan Manuel, *Libro de los estados. Edición según el manuscrito de la Biblioteca Nacional,* ed. José María Castro y Calvo (Barcelona, F.I.U., Departamento de Literatura Española, 1968).

— *Libro de los estados,* ed. R. B. Tate and I. R. Macpherson (Oxford, Clarendon, 1974).

13

2. STUDIES

Arenal, Celestino del, 'Don Juan Manuel, y su visión de la sociedad internacional del siglo XIV', *Cuadernos Hispanoamericanos,* CIII (1976), 90-109.

Arias y Arias, Ricardo, *El concepto del destino en la literatura medieval española* (Madrid, Insula, 1970) [pp. 193-212 are on Juan Manuel].

Asensio, P. Jaime, 'Una versión desconocida del *enxemplo* xxv del *Libro de Patronio* o del *Conde Lucanor',* in *Miscelánea hispánica,* I (London, Ont.: Univ. of Western Ontario Press, 1967), pp. 279-81 [Reprinted from Asensio's 'Tres fuentes literarias', first publ. in *Estudios* (Madrid), XV (1959), 273-85, at 283-5].

Ayerbe-Chaux, Reinaldo, 'El ejemplo iv de *El Conde Lucanor:* su originalidad artística', *Romance Notes,* XV (1973-4), 572-7.

— *'El Conde Lucanor': materia tradicional y originalidad creadora* (Madrid, Porrúa Turanzas, 1975).

Battesti, Jeanne, 'Proverbes et aphorismes dans le *Conde Lucanor* de Don Juan Manuel', *Hommage à André Joucla-Ruau* (Aix-en-Provence, Université, 1974), 1-61.

Bloom, Leonard, The Emergence of an Intellectual and Social Ideal as Expressed in Selected Writings of Alfonso X and Don Juan Manuel (Unpubl. diss., Univ. of Pittsburgh, 1967) [Summarized in *DA,* XXVIII (1967-8), 1427A].

Bobes Naves, María del Carmen, 'Sintaxis narrativa en algunos *ensienplos* de *El Conde Lucanor',* *Prohemio,* VI (1975), 257-76.

Bourligueux-Aubé, J., 'A propos de la notion de *saber',* *Cahiers de Lexicologie,* XXXI (1972), 23-65 [On *Cavallero*].

Burke, James F., 'Juan Manuel's *Tabardíe* and *Golfín',* *HR,* XLIV (1976), 171-8.

Carilla, Emilio, 'Los árabes y la literatura fantástica en España', in *Literatura española (Momentos, géneros, obras),* I (Cuadernos de *Humanitas,* XXXVI, Tucumán, Univ. Nacional, 1971), pp. 27-48 [pp. 43-8 deal with *Lucanor, Ex.* xi. Previously publ. in Carilla's *Estudios de literatura española* (Rosario, 1958)].

Catalán, Diego, 'Poesía y novela en la historiografía castellana de los siglos XIII y XIV', in *Mélanges offerts à Rita Lejeune* (Gembloux, 1969), I, pp. 423-41.

Compton, James Donald, A Linguistic Study of the *Libro del cavallero et del escudero* of Don Juan Manuel in manuscript 6376 of the National Library of Madrid, Spain (Unpubl. diss., Madison, Wisconsin, 1965). Summarized in *DA,* XXXV (1964-65), 6620.

Deyermond, Alan, 'Editors, Critics, and *El Conde Lucanor',* *RPh* (in press) [Review art. on the Blecua and Orduna editions of *El Conde Lucanor,* and on Santiago Gubern's *Sobre los orígenes de 'El Conde Lucanor'*].

Díez de Revenga, Francisco J., and Angel-Luis Molina Molina, 'Don Juan Manuel y el reino de Murcia: notas al *Libro de la caza',* in *Miscelánea medieval murciana* (Murcia, Departamento de Historia de España, 1973), pp. 9-47.

England, John, '*Exemplo* 51 of *El Conde Lucanor:* the Problem of Authorship', *BHS,* LI (1974), 16-27.

Entrambasaguas, J. de, 'Otra versión más de la fábula de la lechera', in *Miscelánea erudita* (Madrid, 1957), pp. 83-4.

Flory, David Allen, The World of Don Juan Manuel, Seen in *El Conde Lucanor* (Unpubl. diss., Austin, Texas, 1971). Summarized in *DAI,* XXXII (1971-2), 6424A.

García-Pelayo, Manuel, *El reino de Dios. Arquetipo político; estudio sobre las formas políticas de la alta edad media* (Madrid, Revista de Occidente, 1959).

Gubern Garriga-Nogués, Santiago, *Sobre los orígenes de 'El Conde Lucanor' de don Juan Manuel* (Mexico City, Instituto de Estudios Iberoamericanos, 1972).

Hernández Esteban, María, 'Seducción por obtener / adulterio por evitar en "Sendebar" I, "Lucanor" L, y "Decameron" 1,5', *Prohemio,* VI (1975), 45-66.

Johnson, David D., A Study of the Moralizations as They Appear in the Thirteenth and Fourteenth Century Spanish *Exempla* (Unpubl. diss., Univ. of North Carolina, 1966). Summarized in *DA,* XXVI (1965-6), 1647-8.

Keller, John E., 'From Masterpiece to Résumé: Don Juan Manuel's Misuse of a Source', in *Estudios literarios de hispanistas norteamericanos dedicados a Helmut Hatzfeld con motivo de su 80 aniversario* (Barcelona, Hispam, 1974), 41-50.

— 'A Re-examination of Don Juan Manuel's Narrative Techniques: *La mujer brava*', *HBalt,* LVIII (1975), 45-51.

— 'A Feasible Source of the Denouements of the *Exemplos* in *El Conde Lucanor*', *American Notes and Queries,* XIV, 3 (November, 1975), 34-7.

Kinkade, Richard P., 'Sancho IV: Puente literario entre Alfonso el Sabio y Juan Manuel', *PMLA,* LXXXVII (1972), 1039-51.

Laurence, Kemlin, '*Los tres consejos:* the Persistence of Medieval Material in the Spanish Folk Tradition of Trinidad', in *Medieval Studies Presented to Rita Hamilton,* ed. A. D. Deyermond (London, Tamesis, 1976), pp. 107-16.

Lomax, Derek W., 'The Lateran Reforms and Spanish Literature', *Iberoromania,* I (1969), 299-313.

Macpherson, Ian, '*Amor* and Don Juan Manuel', *HR,* XXXIX (1971), 167-82.

— 'Don Juan Manuel: The Literary Process', *SP,* LXX (1973), 1-18.

Martins, Mário, 'O livro da Romaquya', in *Estudos de cultura medieval,* II (Braga, Magnificat, 1972), pp. 77-80 [*Lucanor, Ex.* vii].

Marsan, Rameline E., *Itinéraire espagnol du conte medieval (VIII-XV siècles),* (París, Klincksieck, 1974).

Orduna, Germán, 'Notas para una edición crítica del *Libro del conde Lucanor et de Patronio*', *BRAE,* CXCIV (1971), 493-511.

— 'Los prólogos a la *Crónica abreviada* y al *Libro de la caza:* la tradición alfonsí y la primera época en la obra literaria de don Juan Manuel', *CHE,* LI-LII (1970) [1973], 123-44.

— '¿Un catálogo más de obras de don Juan Manuel?', *BHS,* L (1973), 217-23.

Prieto de la Yglesia, María R., 'Rasgos autobiográficos en el *Exemplo* V de *El Conde Lucanor* y estudio particular del apólogo', *RABM,* LXXVII (1974), 627-63.

Ricapito, J. V., 'El contorno picaresco de *El Conde Lucanor*', *RF,* LXXXIV (1972), 97-107.

Richter, Armin, 'Der widerspenstigen Zähmung. B. Travens Neugestaltung eines *exemplo* des Don Juan Manuel', *Germanisch-Romanische Monatsschrift,* XXI (1971), 431-42 [*Lucanor, Ex.* xxxv].

Rico, Francisco, *El pequeño mundo del hombre. Varia fortuna de una idea en las letras españolas* (Madrid, Castalia, 1970) [pp. 85-90 are on Juan Manuel].

Romeo, Andrew Lawrence, An Etymological Vocabulary for MS. S34 of Don Juan Manuel's *Los enxiemplos del Conde Lucanor et de Patronio,* together with a total word-frequency concordance (Unpubl. diss., Tulane Univ., 1950). Summarized in *Tulane Abstracts,* series 51, no. 13, p. 63.

Schafler, Norman, The Works of Don Juan Manuel: The Aesthetic and Ideological Development of a Writer (Unpubl. diss., Cornell Univ., 1973). Summarized in *DAI,* XXXIV (1973-4), 6659A.

Segre, Cesare, 'Negromanzia e ingratitudine (Juan Manuel, il *Novellino,* Ludovico Ariosto),' in *Mélanges de linguistique romane et de philologie médiévale offerts à M. Maurice Delbouille* (Gembloux, Duculot, 1964), II, pp. 653-8.

Sturcken, H. Tracy, 'The Assassination of Diego García by Don Juan Manuel', *KRQ,* XX (1973), 429-49.

— *Don Juan Manuel* (New York, Twayne [TWAS, 303], 1974).

Sturm, Harlan G., 'Author and Authority in *El conde Lucanor*', *Hisp,* 52 (September, 1974), 1-9.

Tate, R. B., 'Don Juan Manuel and his Sources: *Ejemplos* 48, 28, 1', in *Studia Hispanica in Honorem R. Lapesa,* I (Madrid, Cátedra-Seminario Menéndez Pidal and Gredos, 1972), pp. 549-61.

Welter, J.-Th., *L'Exemplum dans la littérature religieuse et didactique du Moyen Age* (Paris-Toulouse, 1927).

Zimmerman, Samuel A., Arabic Influence on the Tales of *Conde Lucanor* (Unpubl. diss., Florida, 1969). Summarized in *DAI,* XXXI (1970-1), 774A.

November 1976

I.R.M.

INDEX